성공 프랜차이즈 컨설팅 노트

강기석, 이종익, 김성민, 박남규 지음

성공 프랜차이즈 컨설팅 노트

초판 1쇄 인쇄   2012년 12월 24일
초판 1쇄 발행   2012년 12월 31일

지은이   강 기 석, 이 종 익, 김 성 민, 박 남 규
펴낸이   손 형 국
펴낸곳   (주)북랩
출판등록   2004. 12. 1(제2012-000051호)
주소   153-786 서울시 금천구 가산디지털 1로 168,
             우림라이온스밸리 B동 B113, 114호
홈페이지   www.book.co.kr
전화번호   (02)2026-5777
팩스   (02)2026-5747

ISBN 978-89-98268-92-3 13320

성공 프랜차이즈 컨설팅 노트

강기석 이종익 김성민 박남규 지음

book Lab

책을 쓴다는 것은 쉽지가 않은 일임을 학자의 길을 걸어오며 익히 알고 있다. 그러한 고통을 이겨내고 또 다시 집필의 길에 나서서 성공한 저자 여러분에게 축하의 말을 드리고 싶다.

창업대학원에서 창업학과 창업컨설팅을 지도하면서 많은 사례들을 접하고 이를 활용하는 제자들의 모습을 볼 때 기쁜 마음을 감출 수가 없다. 더욱이 공동으로 저술한다는 것은 혼자 저술하는 것보다 더욱 많은 노력이 필요함을 감안한다면 더욱 그러하다.

지금은 창업의 시대라고 해도 과언이 아닐 만큼 창업에 대한 관심과 지원이 활발하다. 대학의 경우에는 각 지역별로 50곳이 정부의 LINC(산학협력선도대학) 사업을 통하여 지원을 받고 있으며 이를 통하여 많은 창업 활동이 이루어지고 있다.

본인은 LINC 선정 대학 중 한 곳인 호서대학교 산학협력선도대학 창업지원단장으로 많은 예비창업자들을 지도 육성하는 일도 겸하고 있다.

이를 통하여 준비되지 않은 창업의 위험성을 느끼고 있다. 창업의 길에는 많은 어려움과 힘든 고통이 있을 수 있다. 이러한 길을 나서기 전에 충분한 준비를 하여야 한다. 프랜차이즈 창업이라고 예외일 수는 없다.

'성공 프랜차이즈 컨설팅 노트'는 프랜차이즈에 대하여 전반적인 내용과 함께 SNS를 활용한 프랜차이즈 홍보 전략, 편의점을 중심으로 한 도소매 프랜차이즈 그리고 서비스부문 프랜차이즈로 크게 4가지 주제를 가지고 4명의 저자들이 공동으로 집필한 책이다.

프랜차이즈는 창업 형태 중에서 가장 주목받으며, 실제 창업 사례에서도 가장 많은 비중을 차지하고 있다. 이러한 시점에서 '성공 프랜차이즈 컨설팅 노트'가 나오게 됨을 기쁘게 생각하며, 창업하시는 분들, 특히 프랜차이즈 관련하여 창업하시는 분들에게 많은 도움과 준비가 될 수 있으리라 믿으며 국내 프랜차이즈 분야에서 요긴한 지침서가 되기를 기대한다.

또한 강기석, 박남규 두 저자는 본인이 재직하고 있는 호서대학교 글로벌 창업대학원의 제자로 많은 지식과 실무 경험을 갖추고 있어 이 책에 대한 내용은 물론 실제 컨설팅과 강의 현장에서 많은 활약을 기대한다. 그리고 김성민, 이종익 두 분의 저자도 현업에서 많은 경험을 갖추신 분들로 이 네 분이 함께 해나가는 앞으로의 일들이 더욱 잘 될 것으로 믿는다.

호서대학교 산학협력선도대학 창업지원단장 겸
글로벌창업대학원 교수
전인오

창업의 시대를 맞이하여 가장 큰 이슈는 프랜차이즈라고 할 수 있겠다. 생계형에서부터 사업형까지 그 모습은 조금씩 다르지만 모두들 안정적인 수입을 기대하며 프랜차이즈 창업을 찾고 있다. 가맹 희망자들의 보유 역량에 따라 선택의 폭이 넓고 다양하다는 장점을 무기삼아 프랜차이즈 가맹본부도 적극적으로 가맹점 유치에 나서고 있다.

하지만 프랜차이즈가 모든 것을 해결해 주지는 않는다. 창업 그 자체는 쉬울지 몰라도 유지하고 확대하는 것은 어느 창업과 마찬가지로 쉽지 않다. 창업이라는 시작은 어느 누구에게나 있었다. 오늘날 한국의 대기업들도 처음에는 작은 가게로 시작한 곳이 많다. 그들이 오늘의 기업을 이룬 것은 결코 현실에 안주해서가 아님을 모든 창업자들도 알고는 있을 것이다.

그러한 이유로 이 책 '성공 프랜차이즈 컨설팅 노트'는 이전의 책들보다는 창업과 창업자의 태도에 대한 부분을 강조하고 있다. 창업자는 바위보다 단단해서 어려움을 견디어야 하고, 물보다 부드러워 회복력이 좋아야 하고, 바람보다 빨라서 저만치 앞서가야 하고, 창업자는 대나무보다 곧아서 높이 커야 한다. 이러한 마음을 가지고 창업을 하면 최소한 성공의 입구에는 다가설 수 있을 것으로 확신한다.

이 책의 첫 번째 장에서는 국내 자동차회사에서 다년간 대리점 업무를 경험하였고, 대학원에서 창업학과 창업컨설팅을 익혀 이론과 실제에 밝은 강기석 대표가 프랜차이즈 시스템의 기본적인 이해를 돕기 위한 내용을 기술했다. 가맹본부 측면과 가맹점 부분에서 기본적인 내용을 소개하고 프랜차이즈 정보공개서를 확인하는 방법을 기술했다.

두 번째 장에서는 프랜차이즈 가맹점들이 활용할 수 있는 SNS 전략에 대해서 소개하고 있다. 프랜차이즈 가맹점의 경우에는 가맹본부에서 기본적으로 홍보 활동을 해준다고 생각해 특별한 노력을 기울이지 않는 경우가 있다. 하지만 가맹점 차원에서 할 수 있는 효과적인 SNS 활용법을 익힌다면 매출이나 고객 만족도 측면에서 다양하게 활용할 수 있을 것이다. 이 부분은 소셜과 SNS 전문큐레이터로 활동하는 이종익 대표가 수고하였다.

세 번째 장에서는 각론으로 프랜차이즈 창업의 3대 축의 하나인 도소매 프랜차이즈 창업 형태에 대해 편의점을 중심으로 기술하고 있다. 편의점 창업은 국내 대기업들이 주도하는 시장으로 가맹계약에 더욱 주의를 기울여야 한다. 이 부분은 대기업 편의점 본사에서 현장업무부터 홍보파트까지 두루 10여년 근무한 김성민 대표가 기술했고 편의점 창업에 관심 있는 분들은 반드시 일독하시기를 권한다.

네 번째 장에서는 서비스 프랜차이즈에 대한 것이다. 서비스 부분은 프랜차이즈가 산업으로 성숙될수록 비중이 커지고 있는 분야로 아직은 비중이 작지만 앞으로는 지속적 성장이 예상되고 있다. 직접 서비스 프랜차이즈 사업을 운영한 경력을 가진 박남규 대표는 관련 강의를 폭넓게 진행하고 있어 좋은 안내가 되리라고 믿는다.

한 가지 독자 여러분께 밝혀둘 것은 이 책에서는 외식 프랜차이즈는 다루고 있지 않다는 것이다. 한국의 프랜차이즈 산업에서 외식업 비중이 워낙 크기에 외식 업종만을 전문적으로 다룬 많은 책들이 있어 여기에서 간략하게 다루는 것은 큰 의미를 찾기 어려워 그리했음을 독자 여러분들께서 양지하여 주시기 바란다. 독자들을 위해 공정위가 제시하는 외식분야의 표준계약서를 첨부했으니 도움이 될 것이다.

이 책을 내기까지 학문적인 가르침은 물론 다양한 창업자과 교류를 가질 수 있게 많은 도움을 주신 호서대학교 글로벌창업대학원의 서상혁 교수님, 전인오 교수님, 김중규 교수님, 황보윤 교수님, 방스커뮤니티 방용성 대표님께 마음에서 나오는 깊은 감사한 말씀을 드린다. 또한, 책을 내는 일에 실제적인 도움을 주신 마포시니어비즈플라자의 조정우 총괄매니저에게 아울러 감사를 표한다.

끝으로 이 책을 접하시는 모든 분에게도 평안과 행복이 가득하시기를 기도한다.

저자 대표 **강기석**

목차

프랜차이즈 창업에 대한 이해

강기석
(kkspoem@gmail.com)

업무영역
경영 컨설팅 / 창업 컨설팅 / facilitation 컨설팅
기업가정신/창업/마케팅/조직/영업/커뮤니케이션 전략 강의

주요경력
현) KS C&E 대표 컨설턴트
전)GM Autoworld 분당지점장, 크라이슬러 서초지점장

저서
『성공 Biz Consulting 노트』 (2012, 라온) 공저
『성공 Biz 컨설팅 노트·실전편』 (2012, 북랩) 공저

01 왜 창업인가?

　2012년도 점점 마무리되어 가는 시점에서 한 해를 돌아보면 여러 가지 화두들이 나올 수 있겠지만 그 중에서 공통적인 단어를 꺼내본다면 '창업'이라는 단어도 있을 것으로 믿어 의심치 않는다. 물론 창업이 2012년 만의 문제는 아니고 그 이전에도 지속적으로 제기된 문제였다. 하지만 문제는 앞으로 일 것이다. 2013년과 그 이후를 계속하여 창업에 대한 문제가 계속적으로 확대될 것으로 보인다. 이러한 판단에는 다음의 몇 가지 이유가 있다.

1) 창업이 필요한 이유

　첫째, 정책적 이유: 현대 국가의 가장 큰 의무는 고용에 관한 것이다. 2012년 미국 대통령 선거에서 보듯이 고용에 관한 통계 발표는 그 다음 날 지지율 조사의 가장 큰 변동요인으로 작용하였다. 이렇듯 고용이 중요한 이유는 국가 경제의 움직임을 일반 국민이 바로 느낄 수 있는 Skiny index이기 때문이다. 과거에는 고용률이라는 지표 대신에 실업률이라는 지표를 중시하였다. 과거 경제가 성장기에 있는 시기의 경우에는 고용과 실업의 차이가 크게 부각되지 않았기에 실업률 지표만 이슈가 되었다. 하지만 경제의 성장기가 둔화되기 시작하면 실업률과 고용률의 차이가 부각되기 시작한다. 가장 큰 이유로는 각 지표의 산출하는 방법의 차이에 기인한다.
　실업률은 잘 알려져 있다시피 (실업자수/경제활동인구) * 100이다.

그런데 문제는 여기에서 실업자의 개념이다. 이때의 실업자는 자발적 실업자나 경제활동 즉 구직활동을 포기한 사람들은 제외된 개념이다. 지속적으로 구직활동을 하거나 취업을 위하여 학원에 다니는 등의 활동을 하는 사람은 제외되는 것이다. 따라서 경기 하강시의 실업률은 현상에서 조금은 비껴 있을 수 있는 것이다.

이에 반하여 고용률은 15세에서 64세의 인구 중에서 취업자의 비율을 말하는데, 좀 더 정확한 고용상황을 반영한다고 볼 수 있다. 국가적 관점에서는 국민의 일자리 창출에 상당한 역량을 집중해야 하고, 그로 인한 여러 가지 공과를 평가받을 수 있다. 최근에는 고용의 양뿐만 아니라 고용의 질도 중요시되고 있다. 예를 들면 연령대별 고용 현황에서 50대 여성의 비율이 올라갔다는 통계가 최근에 나온 적이 있는데, 이는 결국 고용의 질은 그만큼 나빠졌다는 결과어서 정부의 고용 정책이 한동안 도마 위에 올랐다. 이러한 점을 의식한 듯 담당 주무부서인 노동부의 이름을 고용노동부로 바꾼 바 있다.

그러나 이러한 고용 증가는 지속적으로 늘어나기에는 한계가 있다. 저 출산 기조와 함께 의학기술의 발달 및 건강에 관한 관심 증대로 인한 기대수명의 증가는 인구의 고령화와 연결되어 경제활동 가능인구의 축소와 함께 장년층을 위한 양질의 일자리 확보라는 정책적 접근이 모색되어야 할 시점인 것이다. 이를 위한 정부 대책의 큰 줄기는 창업 활성화로 보인다. 21세기 들어서서 창업을 위한 지속적인 정책들이 잇달아 선보이고 있고, 이를 뒷받침하기 위한 예산도 증가추세에 있다. 또한 다음 정부에서는 이를 좀 더 강화하기 위해서 중소기업청의 승격에 대한 논의도 진행 중인 것으로 안다. 이러한 정부의 기조에 근거하면 창업의 큰 물줄기는 변함없을 것으로 보이며 이에 맞는 적절한 준비가 필요할 것으로 생각한다.

둘째, 인구의 고령화: 우리나라의 급속한 인구의 고령화는 세계 최저 수준의 출산율로 인하여 가속화되고 있다. 이러한 저 출산의 근본 원인은 "자녀 양육의 경제적 부담"과 "가정과 일터라는 두 가지를 유지하는 어려움"을 들 수 있다. 하지만 보다 근본적인 원인을 파악해 본다면 고용 불안정 등으로 인한 소득 불안의 증가와 노동시장의 변화를 들 수 있을 것이다. 정부에서는 이를 해소하기 위해 직접적으로는 "저 출산, 고령사회기본법"을 제정하는 등의 법과 제도적 기반을 마련하였지만 아직은 그 효과가 미흡한 것으로 평가되고 있다. 최근의 육아보육지원제도의 혼선에서 보는 바와 같이 투입비용 대비 효과라고 하는 측면과 함께 소득에 따른 차별지원문제까지 해결해야할 많은 난제들을 가지고 있다. 문제를 해결하려는 논의를 통하여 한층 성숙된 사회로 나아간다는 점을 생각해본다면 지속적인 논의를 헛된 것으로 생각해서는 아니된다. 창업과 직접적으로 관련된 저 출산 정책으로는 노동정책과 연계하는 논의에 주목해야 할 것으로 보며, 관련 산업 활성화에 따른 성장 가능성에도 관심을 가져야 할 것이다.

인구성장 시나리오		2010년	2060년		
			고위	중위	저위
합계출산율(명)		1.23	1.79	1.42	1.01
기대수명(세)	남자	77.20	89.09	86.59	83.64
	여자	84.07	92.53	90.30	87.81
국제순이동률(인구천명당)		1.67	1.50	0.53	-0.07

자료: 통계청(2011.12.7), "'장래인구추계:2010~2060년" 3p.

셋째, 베이비 붐 세대의 퇴직: 경제 성장의 중추적인 역할을 했던 베이비 붐 세대(55년~63년 출생자)들의 은퇴시기가 시작되고 있다. 이들의 대부분은 아직도 한창 일을 할 수 있는 나이라는 것이다. 하지만 더욱 중요한 점은 아직 가장의 역할이 끝나지 않은 세대라는 것이다. 출산시기가 늦어지거나, 사회적으로 늦은 결혼이 지속되면서 자녀들의 뒷바라지가 끝나지 않은 분들이 많다. 그래서 일정 금액 이상의 수입이 지속적으로 필요하다는 것이다. 직장에서는 은퇴했지만, 가장으로서는 은퇴하지 못한 시기라는 것이다. 가장의 은퇴 시기는 대략적으로 10년 정도 더 걸릴 것으로 보인다. 은퇴 이후 지속적인 경제활동을 통하여 은퇴 이전의 수입을 확보해야 하는데, 이를 창업으로 풀어야 하는 숙제가 남아 있는 것이다.

베이비부머의 창업에 있어서 가장 큰 명제는 '실패해서는 안 된다'는 것이다. 소유하고 있는 자본이 줄어들지 않는 안정적 창업이어야 하는 것이다. 이러한 추세에 의해 소규모 자영업으로 진출이 이루어지고 있는 바, 결국에는 가족 노동력에 의존한 생계형이 되기 쉬운 창업 유형이라고 할 수 있다. 당장은 쉽게 창업을 하고, 경제활동을 지속할 수 있겠지만, 경기변동과 경쟁강화에 따른 위험성을 내포한 창업이라고 할 수 있다. 베이비부머 세대의 창업시장 유입이 지속적으로 이루어지고 있고, 정부의 정책기조 또한 이러한 방향으로 맞추어져 있다고 판단할 때 창업시장의 경쟁은 불 보듯 뻔한 상황으로 치닫고 있기 때문이다. 결국에는 경쟁 등으로 인한 자영업자들의 소득저하와 이에 따른 경기침체의 상황이 악 순환될 여지가 생기는 것이다. 이를 위한 대책으로 단순 창업을 지양하고 창업자의 경험과 지식을 활용한 다양한 분야의 창업으로 유도하는 정책 마련이 필요하다고 할 수 있다.

2) 무엇을, 어느 시점에 창업을 해야 하는가?

지금까지 창업이 요청되어지는 상황에 대해서 간략히 파악해 보았다. 그렇다면 창업을 해야 되는 상황에서 어떻게 해야 지속가능한 창업이 될 수 있는지, 창업은 어느 시기에 해야 하는 지에 대해서 여러 사례를 통해서 자세히 보도록 하자.

- 무엇을 할 것인가?: 아이템 선정

사업을 시작할 때 업종은 '어떤 것으로 할 것인가?'에 대한 고민은 모든 창업자들의 화두일 것이다. 여러분들은 '모임공간'이라는 말을 들어 보았는가? 토즈, CNN비즈 등 많은 이름을 떠올릴 수 있을 것이다. 모임공간을 맨 처음 한국에서 시작한 토즈의 김윤환 대표의 말을 들어보자. 처음 시작한 것은 2002년이다. 그 당시에는 민들레영토라는 곳이 있었지만 모임 전문공간이라고 하기에는 아쉬운 점이 있다고 생각하던 중이었다. 대학에 다니며 이런 저런 모임을 진행한 경험으로 모임공간이 필요하다는 생각을 가지게 되었고, "모임공간이라는 아이템이 과연 사업성, 즉 돈을 벌어주는 일이 될 것인가?"에 대한 검증작업에 착수하였다고 한다. 만약 여러분이 모임공간이라는 아이템을 생각했고, 주변에 알아보니 아직은 그러한 아이템으로 사업을 영위하는 업체가 존재하지 않는 새로운 시장이라고 확인되었다면, 그 다음은 무엇을 할 것인가? 토즈의 김윤환 대표는 그 다음으로 자신의 주변에서 각종 모임을 주최하는 운영자들을 찾아다녔다고 한다. 거의 400여 개의 모임 운영자들을 만났고, 그들에게 모임공간이라는 아이템의 가능성 여부를 확인하였다고 한다. 여러분의 입장에서는 400명 중 몇 명의 사람들이 좋다고 하면 사업을 시작할 수 있을까?

다음의 몇 사례를 통해 적정한 가능성에 대한 확인을 해보도록 하자. 여러분들은 각종 뉴스 매체를 통하여 성인남녀 000명을 대상으로 표본오차 +, - 5%이다' 는 말을 들어보았을 것이다. 이 말은 조사된 결과가 '+5%에서 -5% 사이의 구간에 있으면 유의미한 결과라고 볼 수 없다는 뜻이다. 조사 결과에 있어서는 오차범위의 밖에 있는 것이어야 의미가 있는 결과라는 이야기이다. 그렇다면 '과연 몇 명을 대상으로 조사를 해야 할까'의 문제는 어떻게 해결하여야 할까? 언론기관에서 실시하는 일반적인 조사를 제외하면 보편적으로는 논문 작성을 위한 조사를 위해서 설문을 많이 하는데, 이때 표본의 숫자는 250명 전후의 숫자가 유의미하게 받아들여진다. 통계조사기법이 발달한 요즘은 이 정도의 표본만 확보된다면 충분히 유의미한 결과를 얻을 수 있다고 한다. 물론 표본 자체가 조사하고 싶은 대상을 정확하게 대표할 수 있어야겠지만 말이다. 사업을 시작하고자 아이템을 선정할 때 200여 명의 표본을 선정하여 조사를 마쳤다면 어느 정도의 찬성의견이 나와야 사업을 시작할 수 있을까? 물론 사업을 시작하고 안 하고의 문제는 개인적인 문제이지만 그래도 어느 정도의 수준으로 나와야 할까? 만약 논문처럼 통계처리를 통하여 할 수 있는 것이라 하여도 실제 사업의 시행여부와 성공 여부에 대한 타당성 여부는 담보하지 못할 것이다. 그렇다면 실제 많은 분들의 사례를 통해서 추측해 볼 수 있을 것인데, 여기에서는 소프트뱅크의 창업자인 손정의 회장의 사례를 들어보고자 한다.

손정의 회장이 미국 UC버클리 경제학과를 졸업하고 일본으로 귀국한 후 1년 6개월 동안 고정적인 일을 하지 않고 보냈다고 한다. 주변 사람들은 도대체 저 친구가 미국에서 공부를 열심히 하고 왔다더니 취직도 안하고 그렇다고 당장 사업을 시작하는 것도 아닌 모습으로 그냥 세월을 보내나 하는 생각을 많이 했을 것이다. 그렇게 1년 6개월 보내고 시작한 사업이 소프트뱅크이다. 손정의 회장은 1년 6개월이라는 시간을 그냥 허투루 보낸 것이 아니라 자신에게 맞는 아이템, 시대에 맞는 아이템 등을 고민했고 그 치열한 고민의 결과로 결정한 것이 소프트웨어 유통업이었다고 한다. 그렇다면 최종적으로 소프트웨어 유통이라는 아이템을 결정한 방법은 무엇일까? 나는 지기지피知己知彼라고 말하고 싶다. 자신의 상황에 대한 냉철한 분석 그리고 시장에 대한 이해와 경제 상황을 면밀히 연구한 자신감을 바탕으로 내린 결정이었다고 한다. 일본의 경우, 소프트웨어 불법복제가 많지 않은 여건도 감안되었다고 한다.

- 언제 시작할 것인가? 위에서 언급한 소프트 뱅크의 손정의 회장의 말을 빌린다면 70%의 법칙이다. 여기에서 70%라고 하는 의미는 자신이 시작하고자 하는 아이템의 자세하고도 면밀한 시장조사 결과를 바탕으로 내린 성공할 가능성을 말한다. 그렇다면 왜 70%일까? 100%나 90%가 아니고, 그리고 50%도 아닌 70%일까? 눈치가 빠르신 분들은 짐작하셨겠지만 결과가 90% 이상이면 아이템이 제품의 product 사이클 상에서 이미 성장기를 넘어 성숙기에 접어들었기에 신규 진입하기에는 늦은 아이템으로 판단할 수 있다는 것이다.

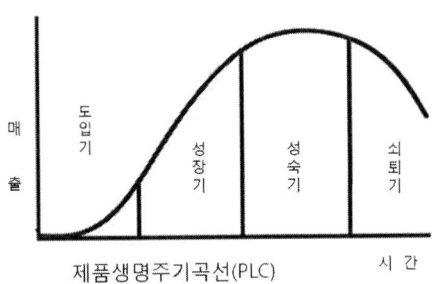

제품생명주기곡선(PLC)

한때, 조개구이 전문점이 유행한 적이 있다. 동네마다 2~3곳씩 생기기 시작하더니 3개월이 채 되지 않아서 사라지고 말았다. 최근에는 커피전문점도 이와 비슷한 상황으로 치닫고 있어서 정부에서 프랜차이즈 커피전문점의 거리 제한제 실시를 준비하고 있는 상황이다. 이 제한에는 직영점 점포는 제외되어 있어 외국계 2곳은 여전히 원하는 곳에 출점이 가능해 이 제한에 역차별 논란 조짐이 일고 있는 것이 커피전문점 창업시장이다. 반대로 50% 수준의 결과에 대해서는 해당 아이템에 대한 시장이 형성되지 않은 상황이라는 것이다. 실제로 위에서 사례로 든 토즈의 상황이 그러하였다. 수많은 모임 운영자들과의 대화를 통해서 사업성에 대한 확신을 가졌지만 실제로 신촌에 1호점을 내고 안정화까지는 많은 시간이 필요했다.

창업 10년이 지난 지금 시점에서 70여 곳의 지점을 운영하고 있어서 연평균 7곳의 지점을 오픈했다고 생각할 수 있지만 실제로는 2호점을 오픈할 때까지 걸린 시간은 6개월이 아닌 2년이 지난 시점이었고 3호점을 오픈하기까지는 추가로 1년 6개월의 시간이 걸렸다고 한다. 그만큼 시장이 성숙될 때까지의 시간이 필요했던 것이다. 2호점을 내기까지 걸린 2년의 시간동안 견딜 수 있는 힘이 없었다면 오늘의 토즈는 없었을 수 있다. 이 시기를 버티는 힘을 기르는 것 또한 창업자가 준비해야 하는 계획에 포함되어 있어야 할 것이다. 이 시간을 견딜 수 없다면 결국에 후발주자들이 아이템을 가져가고 정작 아이템을 시작한 창업자는 잘해야 빈손이고, 잘못하면 신용불량의 나락으로 떨어지게 된다. 재기불능의 상태가 될 수도 있는 것이다.

오늘날 매출 600억 달러에 달하는 세계적인 여성 패션 판매회사인 빅토리아 시크릿의 창업자 로이 레이몬드(Roy Raymond)을 기억하는 분은 아마 거의 없을 것이다. 그는 백화점에 아내의 속옷을 선물로 사러고 갔다가 불편한 경험을 하였고, 이러한 경험을 바탕으로 사업에 착안하였다. 스텐포드 경영대학원 출신답게 수년동안 사업화 모델 연구를 한 끝에 빅토리아 시크릿을 1977년 설립하였다. 하지만 6개의 매장을 낸 1982년에 6백만 달러를 받고 리미티드쇼핑의 레슬리 웨스너 (Leslie Wexner)에게 매각했다. 이후 빅토리아 시크릿은 미국 내에만 천여개의 매장을 가진 여성 패션회사의 대표가 되었지만 창업자 로이 레이몬드(Roy Raymond)는 여러 사업을 전전한 끝에 자살을 택했다. 누구나 창업을 할 수 있지만 성공은 쉽지가 않다. 로이 레이몬드(Roy Raymond)처럼 경영대학원을 졸업하고 수년간의 준비 끝에 창업을 하여도 매 순간의 위기를 극복하지 못한다면 결국 성공을 다른 사람의 손에 넘길 수밖에 없는 상황이 된다.

정부의 창업 지원 정책 중에서 '예비기술창업 지원제도'가 있다. 지식 또는 기술 관련된 사업 아이템을 가지고 있는 예비 창업자 또는 1년 미만의 창업자들을 대상으로 일정 금액을 개발자금으로 지원하는 제도인데, 주로 3~4월에 신청을 받아 선정하게 된다. 이 자금은 주로 학교의 창업지원단을 활용하여 이루어진다. 그러다보니 젊은 대학생들이 많이 신청하게 되는데, 그들 중에는 부모님들의 반대로 선정되고도 자금을 반납하는 경우가 있다고 한다. 만에 하나 잘못되면 신용불량자가 되고, 다시 새로운 일을 하기도 어려운데 무엇하려고 그런 일을 하느냐는 것이다. 이러한 점을 반영하여 정부의 정책도 한 번 실패를 영원한 실패로 남기지 않고, 좋은 자산으로 키우기 위한 지원 제도를 도입하는 중이다.

왜 프랜차이즈인가?

1) 프랜차이즈의 정의와 유래

한국의 경우, 프랜차이즈에 대한 사항을 관할하는 곳은 공정거래위원회이고 담당 부서는 가맹유통과이다. 공정거래위원회 규정에 의해서 프랜차이즈 관련 세부 규정이 만들어지기에 가장 기본적으로 확인할 필요가 있다.

공정거래위원회는 가맹사업거래 홈페이지(franchise.ftc.go.kr)를 별도로 운영하고 이를 통해 관련 규정들을 홍보하는 창구로 쓰고 있으며 프랜차이즈 가맹본부의 필수사항인 정보공개서 역시 이곳에 등록하여야 한다. 따라서 가맹본부를 설립하거나, 가맹점을 창업하고자 하는 분들은 가맹사업거래 홈페이지에 친숙해지도록 해야 할 것이다.

프랜차이즈를 가맹사업이라는 이름으로 칭하는데, 가맹사업거래 홈페이지의 정의를 보면 다음과 같다.

"가맹사업거래는 흔히 우리에게 '프랜차이즈'라는 용어로 더 널리 알려져 있습니다. 프랜차이즈는 가맹본부(franchisor)가 자신의 상품, 서비스를 보다 효과적으로 판매하기 위하여 가맹점사업자(Franchisee)에게 일정한 지원, 교육을 수행하고 그 대가로 가맹금을 받는 거래관계를 의미합니다. 이러한 관계를 통하여 가맹본부는 부족한 자금, 노동력을 공급받고, 가맹점 사업자는 브랜드 이미지 및 경영 노하우를 전수받아 양자가 동반 성장할 수 있는 것입니다." 라고 규정하고 있다. 이 규정을 좀 더 구체적으로 풀어 설명하는 글을 추가하고 있는데 그 내용은 이렇다.

"가맹사업거래에서 가맹본부와 가맹점 사업자 간의 연관성은 독립된 사업자 간의 관계보다는 가깝지만, 한 기업 내의 본사-지사 간의 관계보다는 멀다고 할 수 있습니다. 〈아래 그림 참조〉 독립된 사업자 간에는 별도로 거래관계가 형성되어 있지 않습니다. 반면, 특정 기업이 지사를 운영하는 경우에는 강력한 위계질서에 따라 수직적인 통제가 이루어집니다. 가맹사업은 그 중간으로 가맹본부가 일정 부분 가맹점 사업자의 영업을 통제하고 있으나 가맹점사업자도 어느 정도 가맹본부에 영향을 미칠 수 있습니다. 또한, 가맹본부의 통제는 가맹사업의 동일성 유지를 위한 범위 내에서만 이루어지게 됩니다."

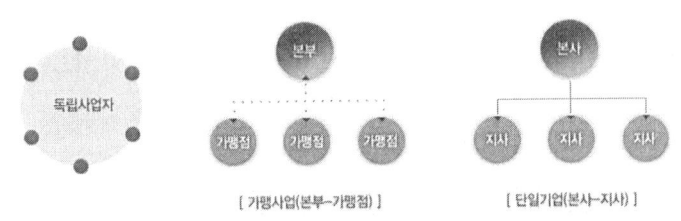

[가맹사업(본부~가맹점)]   [단일기업(본사~지사)]

공정거래위원회의 정의를 개인적으로는 이렇게 표현하고 싶다. "프랜차이저(franchisor, 가맹본부)와 프랜차이지(franchisee, 가맹점)의 계약에 의해 성립하는 상호 보완적 관계이다." 여기에서 보완적 관계라고 이야기하는 것은 어느 일방의 이익이 우선하기보다는 공동의 발전을 도모하는 관계여야 한다는 의미이다. 프랜차이즈 가맹본부의 이익이 우선되어서도 아니 되고, 프랜차이즈 가맹점의 이익이 우선되어서도 아니 되는 상호 균형의 관계가 가장 바람직하다는 것이다.

공정거래위원회에서는 가맹거래에 해당하기 위한 5가지 조건을 규정하고 있다.

- 가맹본부가 가맹점 사업자에게 영업표지 사용을 허락한 경우
- 가맹점 사업자는 일정한 품질기준이나 영업방식에 따라 상품 또는 용역을 판매함
- 가맹본부는 경영 및 영업활동 등에 대한 지원, 교육, 통제를 수행
- 영업표지 사용 및 경영/영업활동 등에 대한 지원/교육에 대가로 가맹금을 지급
- 계속적인 거래관계

이 5가지의 조건중 일부만 충족되어서는 가맹거래가 성립하지 아니하고 모두 성립되어야만 가맹거래로 인정할 수 있다고 밝히고 있다. 즉, 가맹본부의 영업표지를 사용하고, 가맹본부가 제공한 절차나 서비스 방식에 의한 판매활동을 하며, 가맹본부로부터 일정한 지원과 통제를 받는 대가로 가맹금을 지급하여 지속적인 거래활동을 유지하는 사업관계를 말한다.

이러한 프랜차이즈 탄생의 출발점은 1858년 아이작 싱어(Isaac Singer)에 의해서 시작되었다고 보는 것이 정설이다. 당시 싱어는 많은 연구와 노력을 기울인 끝에 재봉틀을 개발하였지만, 대량 생산에 드는 비용과 전국적인 판매 시스템의 구축 그리고 재봉틀 사용법을 보급하기 위한 고민이 가득하였다. 이를 해결하기 위해 재봉틀 사용법을 가르치기 위한 직원을 지역에 파견하는 것과 함께 해당 지역 사업가들에게 판매 권한을 위임하는 아이디어를 생각하기에 이르렀다. 그 결과 싱어의 재봉틀은 단기간 시장에 안착하여 많은 판매 실적을 올리게 되었다. 싱어의 이와 같은 사업모델은 연이어서 다른 사업자들에게 채용되어 많은 성과를 올리게 되었고 급속하게 확장되었다. 이 당시의 프랜차이즈는 가맹본부와 가맹점들의 사이에 자율성에 대한 명확한 규

정이 존재하지 않아서 같은 브랜드를 공유하는 단순한 형태였다. 그러나 1950년대 이후 소비 붐과 함께 외식 산업이 확장되면서 동일한 브랜드의 동일한 맛이라는 개념이 자리를 잡게 되어 오늘날과 같은 형태의 품질과 서비스의 통일성이 시작되게 되었다. 프랜차이즈는 미국에서 탄생하여 전 세계적으로 확산되는 과정에서 1970년대 말에 우리나라에도 도입되어 오늘날에 이르고 있다.

좀 더 구체적인 내용을 국제 프랜차이즈 협회의 정의를 통해서 보면 다음과 같다.

"프랜차이즈업은 어느 한 조직 즉 가맹본부가 일정 지역의 다른 조직 즉 가맹점에 대하여 자기의 상호, 상표 등 영업을 상징하는 표지를 사용하여 제품 또는 서비스를 판매하거나 기타 영업을 할 수 있는 권리를 부여함과 동시에 영업에 대한 일정한 지시, 통제를 하는 한편, 선택적으로 그 영업에 대한 노하우를 제공하거나 상품을 공급하고 이에 대하여 가맹점은 가맹본부에게 대가로서 가맹비, 보증금 또는 로열티나 제품대금 등을 지급하는 지속적인 계약을 체결하는 것"으로 정하고 있다. 한국 프랜차이즈 협회에서는 "가맹사업이란 가맹본부가 프랜차이즈를 구매한 사람에게 가맹본부의 이름, 상호, 영업방법 등을 제공하여 상품과 서비스를 시장에 판매하거나, 기타 영업을 할 수 있는 권리를 부여하며, 영업에 관하여 일정한 통제, 지원을 하고 이러한 포괄적 관계에 따라 일정한 대가를 수수하는 계속적 채권관계"라고 정의하고 있다.

현재 한국에서는 프랜차이즈 관련하여 가맹사업법, 가맹사업진흥에 관한 법률, 유통산업발전법 상의 체인사업의 3가지 법률로 규율하고 있다. 이 법들에서 규정하는 내용은 위의 IFA(국제프랜차이즈협회)와 KFA(한국프랜차이즈협회)에서 규정하는 내용과 크게 다르지 않지만 가맹사업, 가맹본부, 가맹점사업자에 대한 각각의 정의와 함께 중요한 용어들에 대한 정의에 대해서는 알아둘 필요가 있을 것이다.

- 가맹사업: '가맹사업'이라 함은 가맹본부가 가맹점 사업자로 하여금 자기의 상표·서비스표·상호·간판 그 밖의 영업표지(이하 '영업표지'라 한다)를 사용하여 일정한 품질기준에 따라 상품(원재료 및 부재료를 포함한다. 이하 같다)또는 용역을 판매하도록 함과 아울러 이에 따른 경영 및 영업활동 등에 대한 지원, 교육과 통제를 하며, 가맹점 사업자는 영업표지의 사용과 경영 및 영업활동 등에 대한 지원·교육의 대가로 가맹금을 지급하는 계속적인 거래를 말한다.

- 가맹본부: '가맹본부'라 함은 가맹사업과 관련하여 가맹점 사업자에게 가맹점운영권을 부여하는 사업자를 말한다.

- 가맹점 사업자: '가맹점 사업자'라 함은 가맹사업과 관련하여 가맹본부로부터 가맹점운영권을 부여받은 사업자를 말한다. 이 책에서는 편의상 가맹점 사업자를 가맹점이라고 부르기로 한다.

- 가맹희망자: 가맹계약을 체결하기 위하여 가맹본부와 상담 및 협의하는 자

- 가맹점: 프랜차이즈 본부로부터 그의 상호, 상표, 서비스표, 휘장 등을 사용하여 그와 동일한 이미지로 상품판매의 영업활동을 허용 받고, 그 영업을 위하여 교육, 지원, 통제를 받으며, 이에 대한 대가로 가입비, 로열티를 지급하는 사업관계를 말함.

- 가맹점운영권: 가맹본부가 가맹계약에 의하여 가맹점 사업자에게 가맹사업을 영위하도록 부여하는 권리를 말함.

- 가맹금: 크게 다섯 가지로 세분화하고 있다.

가. 가입비, 입회비, 가맹비, 교육비 또는 계약금 등 가맹점사업자가 영업표지의 사용허락 등 가맹점 운영권이나 영업활동에 대한 지원, 교육 등을 받기 위해 가맹본부에 지급하는 대가

나. 가맹점사업자가 가맹본부로부터 공급받는 상품의 대금 등에 관한 채무액이나 손해배상액의 지급을 담보하기 위하여 가맹본부에 지급하는 대가

다. 가맹점사업자가 가맹점 운영권을 부여받을 당시에 가맹사업을 착수하기 위하여 가맹본부로부터 공급받는 정착물, 설비, 상품의 가격 또는 부동산의 임차료 명목으로 가맹본부에 지급하는 대가

라, 가맹점사업자가 가맹본부와의 계약에 의하여 허락받은 영업표지의 사용과 영업활동 등에 관한 사항에 대하여 가맹본부에 정기적으로 또는 비정기적으로 지급하는 대가

마. 그 밖에 가맹희망자나 가맹점사업자가 가맹점 운영권을 취득하거나 유지하기 위하여 가맹본부에 지급하는 모든 대가

- 가맹계약서: 가맹사업의 구체적인 내용과 조건 등에 있어 가맹본부 또는 가맹점 사업자의 권리와 의무에 관한 사항을 기재한 문서이다.

- 거래거절: 공정거래법상 불공정거래행위의 한 유형으로 사업자가 단독 또는 경쟁사업자와 공동으로 특정사업자에 대하여 거래의 개시를 거절하거나, 계속적인 거래관계에 있는 특정사업자에 대하여 거래

를 중단하거나, 거래하는 상품 또는 용역의 수량 및 내용을 현저히 제한하는 행위 등을 말함. 거래거절행위는 행위 자체만으로 위법성이 인정되는 것은 아니며, 거래처 선택의 제한, 특정사업자의 신규진입방해 또는 경쟁사업자 배제 등 부당성이 있어야 한다.

- 부당염매: 염매는 Dumping이라고도 하며, 통상은 해외시장에 동일한 상품을 원가 이하로 또는 국내 가격보다 현저히 낮은 가격으로 판매하는 행위를 말한다. 또한 부당염매에는 국내시장에서 경쟁사업자 배제나 시장점유율증대 또는 신규시장 진입 등 판매촉진전략의 일환으로 통상 시장에서 거래되고 있는 가격이나 제조원가 또는 구매가격에 대비 현저히 낮은 가격으로 판매하는 행위를 말한다. 공정거래법상 부당염매는 후자를 말하며 동법은 이를 불공정거래행위인 '경쟁사업자배제'의 한 유형으로 보고 있다. 즉 부당염매란 사업자가 상품 또는 용역을 공급하거나 장기 납품 또는 운송계약 등 장기간 동안의 상품 또는 용역을 거래하는 계약에 있어서 정당한 이유 없이 그 공급에 소요되는 비용보다 현저히 낮은 대가로 계속 공급하거나 부당하게 낮은 대가로 계약함으로써 자기 또는 계열회사의 경쟁사업자를 배제시킬 우려가 있는 행위를 말한다. 동법은 부당염매를 "계속거래상의 부당염매"와 "장기거래계약상의 부당염매"로 구분하고 있으며 이는 사업자가 자기가 공급하는 상품이나 용역에 대해서 원가보다 현저히 낮은 가격으로 판매하여 궁극적으로 경쟁사업자의 배제를 통해 공정한 경쟁을 저해하기 때문에 규제대상이 되는 것이다. 동법 상 부당염매 행위의 위법성 판단기준은 일반적으로 말하는 염매행위 즉 싼 가격으로 판매하는 행위 자체가 문제되는 것이 아니며 염매행위 자체에 부당성이 있어야 한다. 즉 염매를 행하는 동기, 목적, 염매규모, 주변 제반상

황, 경쟁사업자의 배제 여부 등을 종합적으로 판단하여 정당한 이유가 없는 경우에만 부당염매로 간주될 수 있다.

- 부당고객유인: 공정거래법상 불공정거래행위의 한 유형으로 사업자가 불특정다수의 고객에게 정상적인 거래 관행에 비추어 부당하거나 과다한 경제적 이익을 제공 또는 제공할 제의를 하거나 자기가 공급하는 상품 또는 용역의 내용이나 거래조건 기타 거래에 관한 사항에 대해서 고객에게 표시, 광고 이외의 방법으로 다소 오인의 소지가 있는 행위 또는 기타의 방법으로 고객을 부당하게 유인하는 행위를 말한다. 동법은 부당한 고객유인을 "부당한 이익에 의한 고객유인", "위계에 의한 고객유인"과 "기타의 유인"으로 구분하고 있으며, 동 행위를 금지한 이유는 부당한 고객유인행위로 인하여 고객의 적정하고 자유스러운 상품선택을 왜곡할 우려가 있기 때문이다.

- 위계에 의한 고객유인: 공정거래법상 불공정거래행위인 '부당고객유인' 행위의 한 유형으로 부당한 표시, 광고 이외의 방법으로 자기가 공급하는 상품 또는 용역의 내용이나 거래조건 기타 거래에 관한 사항에 관하여 실제보다 또는 경쟁사업자의 것보다 현저히 우량 또는 유리한 것으로 고객을 오인시키거나 경쟁사업자의 것이 실제보다 또는 자기의 것보다 현저히 불량 또는 불리한 것으로 고객을 오인시켜 경쟁사업자의 고객을 자기와 거래하도록 부당하게 유인하는 행위를 말한다. 위계에 의한 고객유인행위는 고객의 적정하고 자유로운 상품선택을 왜곡하는 등 그 자체의 경쟁수단이 불공정하므로 이를 금지한다.

- 끼워팔기: 공정거래법상 불공정거래행위인 '거래강제' 행위의 한 유

형으로 거래상대방에 대하여 자기의 상품 또는 용역을 공급하면서 정상적인 거래관행에 비추어 부당하게 다른 상품 또는 용역을 자기 또는 자기가 지정하는 사업자로부터 구입하도록 하는 행위를 말한다. 끼워팔기는 어떤 사업자가 거래상대방에 대하여 주된 물품을 판매하면서 거래상대방의 의사에 반하여 부수적인 물품을 구입하지 않으면 주된 물품을 판매하지 않는다는 조건으로 부수적인 물품의 구입을 강제하거나 통상 시장에서 인기 있는 제품을 공급하면서 인기 없는 제품을 일정비율로 끼워서 공급하는 경우 등이 이에 해당한다.

- 사원판매: 공정거래법상 불공정거래행위인 '거래강제' 행위 유형의 하나로 부당하게 자기 또는 계열회사의 임직원으로 하여금 자기 또는 계열회사의 상품이나 용역을 구입하도록 강제하는 행위를 말한다. 통상 불이익은 인사 상 불이익, 사용인이 피사용인에게 줄 수 있는 모든 불이익이 포함된다. 구체적 유형으로는 판매목표량의 부과, 구입대금 미납에 대한 급여공제, 판매책임의 지정 등 사원으로서는 거절할 수 없는 제반사정에 처해 있는 경우가 해당한다.

- 구입강제: 공정거래법상 구입강제는 동법상의 불공정거래행위인 '거래강제' 및 '우월적 지위 남용행위'의 일종으로 자기의 상품 또는 용역을 공급하면서 정상적인 거래관행에 비추어 부당한 조건 등의 불이익을 거래상대방에게 제시하여 자기 또는 자기가 지정하는 사업자의 상품 또는 용역을 구입하도록 강제하거나 우월적 지위에 있는 사업자가 거래상대방에 대해 구입할 의사가 없는 상품 또는 용역을 구입하도록 강제하는 행위를 말하며 하도급 상 구입강제는 원사업자가 목적물의 품질개선이나 기타 정당한 사유 없이 그가 지정하는 물품, 장비 등을

수급사업자에게 매입 또는 사용하도록 강요하는 행위를 말한다. 구입강제는 공정거래법상 거래강제의 대표적 유형인 끼워팔기와 같이 주된 상품에 대한 부차적인 상품을 구입하도록 강제하는 행위와 우월적 지위에 있는 물품공급업자가 대리점에 대하여 대리점의 의사에 반해 물품구입을 강요하는 행위 및 건설위탁 시 원사업자의 수급사업자에 대한 건설장비구입을 강요하는 행위가 이에 해당한다.

- 구속조건부거래: 공정거래법상 불공정거래행위의 한 유형으로 사업자가 거래상대방에게 자기의 상품 또는 용역을 공급함에 있어 거래지역 또는 거래상대방을 부당하게 구속하거나 거래상대방의 사업활동을 부당하게 구속하는 조건으로 거래상대방과 거래하는 행위를 말한다. 구속조건부거래행위에는 배타조건부 거래와 거래지역 또는 거래상대방제한이 있다. '배타조건부거래'란 부당하게 거래 상대방이 자기 또는 계열회사의 경쟁사업자와 거래하지 아니하는 조건으로 그 거래상대방과 거래하는 행위를 말하고, '거래지역/상대방제한'이란 사업자가 상품 또는 용역을 거래함에 있어서 그 거래상대방의 거래지역 또는 거래상대방을 부당하게 구속하는 조건으로 거래하는 행위를 말한다. 구속조건부거래행위에는 가격구속, 거래처구속, 거래지역구속, 거래중단, 거래수량제한, 리베이트 지급방법제한, 영업방법제한 등이 있다.

- 배타조건부거래: 공정거래법상 불공정거래행위인 '구속조건부거래'의 대표적 유형으로 부당하게 거래상대방이 자기 또는 계열회사의 경쟁사업자와 거래하지 아니 하도록 구속하는 조건으로 거래하는 행위를 말한다. 통상 배타조건부거래는 계약서 자체에 경쟁사업자와의 거래를 배제하거나 제품취급을 못하게 조건을 설정하는 경우와 거래도

중 경쟁사업자와 거래를 하고 있는 사업자에 대해 경쟁사업자의 진입을 배제하여 자기상품의 유통경로를 독점함으로써 시장지배를 용이하게 하기 위하여 거래상대방에게 자기나 계열회사 이외의 자와의 거래 또는 자사제품이나 계열회사 제품이외의 제품취급을 못하게 하는 경우가 대부분이다.

- 이익제공강요: 공정거래법상 불공정거래행위인 우월적 지위남용행위의 한 유형으로 사업자가 거래상대방에게 자기를 위하여 금전, 물품, 용역, 기타의 경제적 이익을 제공하도록 강요하는 행위를 말한다. 이익제공강요는 이익제공을 거래조건에 명시하거나, 이익제공이 실제로 이루어진 경우 등 거래상대방의 의사에 반해 경제적 이익이 제공되는 경우를 포함하여 예로 사업자가 자기의 대리점에 담보액을 과다하게 제공하도록 거래조건을 설정하거나 계약서상 하자보증기간을 준공 후 2년으로 약정하였음에도 보증기간 경과 후 적절한 보상 없이 계속하여 하자보수를 강제한 경우 등이 이에 해당한다.

- 불이익제공: 공정거래법상 불공정거래행위인 '거래상지위남용행위'의 한 유형으로 일정한 시장에서 거래상의 우월적 지위에 있는 자가 자기의 거래상대방에 대하여 불이익이 되도록 거래조건을 설정 또는 변경하거나 그 이행과정에서 불이익을 주는 행위를 말한다. 불이익이 되는 거래조건에는 각종의 구속조건, 저가매입, 또는 고가매입, 가격조건, 대금지급방법 및 시기, 반품, 제품검사방법 등이 거래상대방에게 불리하게 되어 있는 경우를 말하며, 불이익제공행위에는 이러한 불이익한 거래조건을 당초부터 설정 또는 변경하는 행위, 거래조건을 불이행하는 행위, 계속적인 거래관계에 있어 어떤 사실행위를 강요함으로

써 거래상대방에게 불이익이 되는 행위 등 거래상대방의 의사에 반한 제반 불이익을 주는 행위 등이 포함된다.

- 판매목표강제: 공정거래법상 불공정거래행위인 '우월적 지위 남용행위'의 한 유형으로서 우월적지위에 있는 사업자 또는 사업자단체가 자기의 거래상대방에 대하여 자기가 공급하는 물품 또는 용역과 관련하여 거래상대방의 거래에 관한 목표를 제시하고 이를 달성하도록 강제하는 행위를 말한다. 동법은 판매목표 강제행위가 제품의 밀어내기(구입강제, 끼워팔기)와 부당염매를 유발할 가능성이 크기 때문에 금지하고 있으나 그 행위의 위법성은 단순히 판매목표를 설정한 행위 그 자체보다는 판매목표를 달성하지 않으면 계약해지, 리베이트율 조정 등을 한다는 강제수단이 있는 경우에 한한다. 구체적인 예로는 '제시된 목표가 과다하고 이를 달성하게 하는 수단이 제재적인 경우', '판매목표와 연계된 장려금지급 등이 판매촉진을 위한 순수한 유인수단의 범위를 넘어선 경우', '공정거래법상 밀어내기 판매목표강제 등 위법 또는 부당한 행위를 달성할 목적으로 사용되는 경우' 등이 있다.

2) 프랜차이즈 형태에 따른 특징

프랜차이즈 시스템은 매우 많은 업종과 업태에 폭넓게 적용될 수 있다. 따라서 프랜차이즈 시스템에는 많은 형태들이 존재할 수 있는데, 제조업과 도소매업과의 프랜차이징, 도매업과 소매업의 프랜차이징, 라이센스 계약, 제조업 프랜차이징, 서비스 프랜차이징, 공동운영 프랜차이징 등 그 종류가 상당히 다양하다. 그러나 여기서는 프랜차이즈 시스템을 가맹본부가 채용하는 목적에 따라 분류하면 다음과 같이 나눌 수 있다.

- 상품유통을 목적으로 하여 채용하는 프랜차이즈 시스템(Product Distribution Franchise)

제조업체 또는 도매업자가 자사의 상품을 유통시키기 위해 프랜차이즈 시스템으로서 가맹본부가 되어 어떤 지역에 존재하는 소매업자에게 그 지역에서의 상품의 판매권을 부여하는 방식이다. 이러한 시스템을 바탕으로 해서 회사의 지도와 지원도 이루어지게 되며 통일된 상표, 상호 아래에서 가맹점은 영업을 하게 된다. 대표적으로 자동차 대리점을 들 수 있다.

- 프랜차이즈 비즈니스로서의 프랜차이즈 시스템 (Business Format Franchise)

가장 보편화되어 있고, 현재 성장하고 있는 프랜차이즈 영역이라고 할 수 있다. 프랜차이즈 가맹본부는 특정한 상품을 유통시킴으로써 생긴 이익을 얻는 것이 아니라 프랜차이즈 패키지라고 불리는 상표와 상호의 제공, 각종의 지도와 지원, 상품, 자재의 판매 등을 포괄적으로 규정한 프로그램을 개발하며 그 위에서 가맹점을 모집하고 주로 가맹점이 지불하는 가입금, 로열티에 의해 이익을 얻으려는 방식이다. 말하자면 회사는 상품을 판다는 것보다는 오히려 프랜차이즈 패키지를 가맹점에게 판다고 하는 형태의 것이라고 할 수 있다. 이러한 프랜차이즈 시스템의 채택방법을 프랜차이즈 비즈니스라고 부른다. 외식업 프랜차이즈가 대표적인 예로 볼수 있다.

3) 프랜차이즈 산업의 국가 경제적 장점과 단점

- 프랜차이즈 산업은 활발한 창업을 촉진함으로써 국가 경제 활성화에 기여할 수 있으며, 프랜차이즈 가맹본부 입장에서는 짧은 시간에 최소의 비용으로 상품과 서비스의 매출을 증대시킬 수 있는 사업 확장 수단이라고 볼 수 있다. 또한 자본과 인력이 부족한 초기 기업들이 프랜차이즈를 활용하여 효율적인 운영을 기할 수 있으며, 창업을 준비하는 사람들에게 부족한 경험이나 관련 지식을 보완하여 단기간에 안정적 매출을 이룰 수 있도록 지원할 수 있다.

- 효율적 정책지원을 통하여 창업을 유도할 수 있으며 이를 통해 신규 고용을 늘릴 수 있다.

- 해외진출을 통하여 국제 수지를 개선하고, 국가 이미지 개선 및 신한류에 힘을 더할 수 있다.

- 지속적인 가맹점의 활성화로 인하여 지역경제에 긍정적 효과를 가져 올 수 있다.

- 프랜차이즈 시스템은 직접 물류활동을 통하여 유통의 현대화를 도모할 수 있으며, 한정된 자본의 효율적 운영을 가능하게 할 수 있다.

- 프랜차이즈 가맹본부나 가맹점 모두에게 비교적 적은 자본을 가지고 효율성이 높은 사업을 할 수 있다는 점에서 긍정적인 효과를 가져 올 수 있다.

- 단점으로는 경제분야에 지나친 표준화로 인하여 개인 사업자들의 창의력을 약화시킬 우려가 있으며 순수 개인의 창업 의욕을 떨어지게 할 수 있다.

4) 프랜차이즈 시스템의 장단점

(1) 가맹점 측면에서의 장점

- 가맹본부가 합리적인 방법에 의해 프랜차이즈 패키지를 개발하여 지도와 지원을 하기 때문에 실패의 위험성이 적다.
- 개인창업으로 시작하는 것보다 설비의 대여, 금융지원 등의 이유에 의하여 비교적 소액의 자본으로 사업을 시작할 수 있다.
- 사업에 경험이 없더라도 본부의 교육 프로그램, 매뉴얼에 의한 교육, 각종 지도에 의해 사업을 수행해 나갈 수 있다.
- 가맹본부가 개발한 우량상품, 점포디자인, 상표 등을 사용해서 사업을 수행하기 때문에 창업 초기부터 지명도를 가질 수 있고 효율적인 운영이 가능하다.
- 가맹본부가 일괄적으로 광고 캠페인을 하기 때문에 개별적으로 하는 것보다 훨씬 파급효과가 높고 영향력이 좋다. 이에 따른 프로모션 수행이 원활하게 된다.
- 가맹본부의 집중적인 대량구매를 통해서 공급을 받음으로써 싼 가격으로 상품의 판매가 가능하다. 즉, 안정적인 품질을 공급받을 수 있다.
- 환경변화, 소비자 행동에 따라 본부가 프랜차이즈 패키지의 개발 및 개선을 지속적으로 행하여 주기 때문에 시장의 변화에 적합한 사업운영이 가능하다.
- 판매활동 이외의 사업처리, 노무관리 등의 많은 부분을 본부가 집중적으로 지원해 주기 때문에 판매에 전념할 수가 있다.
- 개인 점포 단독으로는 불가능한 법률, 점포 디자인, 경영의 전문가를 본부가 스태프로 두고 있기 때문에 그들의 지도와 지원을 받을 수가 있다.
- 가맹점으로 성공하여 자금여유가 생기면 그 이윤을 바탕으로 또

다른 가맹점 개설을 통한 사업 확대가 가능하다.

- 가맹점의 점주가 질병 또는 사망의 경우에도 자녀나 처가 본부와 계약을 갱신하고 교육을 받음으로써 사업을 계속하는 것이 가능하다.(가맹점 양도 등)

(2) 가맹점 측면에서의 단점

- 가맹본부가 표준화된 프랜차이즈 패키지를 만들고 그것에 의해 지도와 지원을 하기 때문에 자율성이 약해져서 스스로가 문제해결이나 경영개선의 노력을 게을리 할 우려가 있다.

- 상품구입, 판매방법, 점포 디자인 등이 표준화되어 통일적인 운영을 하기 때문에 스스로 보다 좋은 방법을 개발하더라도 그것을 직접 독자적으로 수용하기 어렵다.

- 가맹본부는 전체의 효과를 고려한 기본 정책을 입안, 실시하기 때문에 특정 가맹점에 있어서는 현실에는 맞지 않는 일이 생길 우려가 있다.

- 가맹본부와 가맹점의 이해가 상반되는 경우 쌍방 모두 독립된 사업자이기 때문에 가맹본부가 자기의 이익을 위해서만 고집하는 경우가 있다.

- 이웃 또는 특정 가맹점에 문제가 발생할 경우 동반하여 이미지와 신용의 하락이라는 영향을 받을 수가 있다.

- 가맹본부 방침 등의 변경이 있을 경우 가맹점은 그 의사결정에 참여할 수가 없다. 단, 가맹점 연합회 등을 통해 의견을 개진해 반영하는 창구가 있을 수 있다.

- 계약이 부합계약이기 때문에 가맹점 희망자가 자기의 희망, 조건 등을 붙일 여지가 없다.

- 프랜차이즈 시스템은 가맹본부의 상품, 상표, 가맹본부의 노하우

를 토대로 운영되기 때문에 계약을 해지한 후 가맹점은 그때까지의 실적을 인정받지 못할 수 있다. 점포에 살릴 수가 없다.

 - 가맹본부가 부실화되거나 판매정책을 대폭 변경한 경우 가맹점에게 책임이 없더라도 지도 및 지원을 충분히 받을 수 없게 될 우려가 있다.

 - 계약 해지 시에는 가맹 시에 지불한 보증금이 계약조건에 따라서는 반환되지 않는 경우가 있는데 충분한 보증이 없는 채 계약이 해지되는 경우에는 손실을 입게 된다.

 (3) 가맹 본부 측면에서의 장점

 - 자신이 가맹점을 설치하는 것이 아니라 사업 의욕이 있는 사람을 가맹점으로 모집함으로써 점포 투자액을 적게 하고 넓은 지역에 단 시간 내에 판매망을 확보할 수 있다. 그리고 프랜차이즈 시스템의 실적이 오르고 지명도가 높아짐에 따라 가맹사업 확장을 가속화할 수 있다.

 - 가맹비와 로열티 등의 수입을 확보할 수 있기 때문에 안정된 사업을 수행할 수 있다.

 - 가맹점 점포 스타일, 판매원의 유니폼 등을 통일할 수 있기 때문에 소비자와 업계에 대하여 통일적인 이미지를 강력히 어필할 수 있다.

 - 상품의 유통을 목적으로 한 프랜차이즈 시스템의 경우 확실한 상품 유통의 경로가 설정되기 때문에 일정 상품의 판매망을 확보할 수 있다.

 - 가맹점 영업상황, 가맹본부 내부여건, 환경조건의 변화를 보면서 가맹점 모집을 조절, 유연하게 성장시켜 나갈 수 있다.

 (4) 가맹본부 측면에서의 단점

 - 계속적인 지도와 지원을 위해서 추가적인 비용과 노력이 필요하다.

 - 가맹점이 급증한 경우 가맹본부의 지도력 체계가 뒤따라가기 힘들

며 통제를 할 수 없게 될 우려가 있다.

- 가맹점이 프랜차이즈 시스템이라는 권리 위에 안일한 생각으로 운영한다면 프랜차이즈 시스템 전체에 활력이 없어질 우려가 있다.

- 투자 효율은 높지만 직영점을 운영하는 것보다 수익이 적을 수 있다.

- 직영점보다는 가맹점이 가맹본부의 지도를 적극적으로 수용하지 않을 수 있다.

(5) 소비자 측면에서의 장점

- 우수한 경영방법을 개발한 기업이 가맹본부가 됨으로써 그 뛰어난 노하우가 널리 일반에게 개방되어 소비자에 대한 상품 및 서비스 제공의 수준이 높아진다.

- 소비자는 가맹본부에 의해 미리 연구되고 표준화된 양질의 서비스와 상품을 장소에 구애받지 않고 제공받을 수가 있다.

- 가맹점이 효율적인 경영을 해 나갈 수 있도록 가맹본부에 의해 시스템이 개발되고 있기 때문에 판매에 필요한 비용이 억제되어 저렴한 가격의 상품 서비스를 받을 수가 있다.

(6) 소비자 측면에서의 단점

- 가맹본부의 힘이 강력하게 작용하면 거래상 가맹점이 불리한 입장에 놓이게 되어 결과적으로 가격 면이나 서비스 면이나 소비자에게 불이익이 되는 위험이 있다.

- 프랜차이즈 시스템을 악용하는 자가 생김으로써 거래상 불안이 일어나며 서비스를 받는 소비자에게도 나쁜 영향을 준다.

- 영업상 책임의 소재가 가맹본부인지 가맹점인지 분명치 않은 경우에는 소비자의 불만창구가 불분명하게 된다.

- 지역(상권)의 보호에 따른 타 가맹점 지역의 소비자에 대한 판매거절이 있을 수 있다.(예, 배달업종)

03 미국의 프랜차이즈 산업현황

	2012년 Entrepreneur 선정 글로벌 프랜차이즈 순위			단위:달러
	브랜드	사업내역	최저비용	최고비용
1	Hampton Hotels	Mid-priced hotels	3,700,000	13,520,000
2	Subway	sandwiches & salads	85,200	260,350
3	7-Eleven Inc	convenience store	30,800	1,640,000
4	Servpro	insurance	133,050	181,450
5	Days Inn	Hotels	187,370	6,990,000
6	McDonald's	Hamburgers	1,000,000	2,160,000
7	Denny's Inc	family restaurant	1,180,000	2,400,000
8	H & R Block	Tax preparation	31,510	138,700
9	Pizza Hut Inc	Pizza,	295,000	2,150,000
10	Dunkin' Donuts	coffee,doughnuts	374,720	1,610,000
11	Anytime Fitness	Fitness center	56,300	353,900
12	Stratus Building Solutions	Commercial cleaning	3,450	57,750
13	Jazzercise Inc	Dance fitness classes	2,980	76,500
14	Supercuts	Hair salon	103,550	196,500
15	Jiffy Lube int'l. Inc	Fast oil change	196,500	304,000
16	ampm	convenience store	1,820,000	7,770,000
17	KFC Corp.	Chicken	1,310,000	2,470,0005
18	Kumon Math & Reading Centers	Supplemental education	69,940	147,050
19	Miracle-Ear Inc.	Hearing instruments	122,500	450,000
20	Taco Bell Corp	Quick-service Mexican restaurant	1,320,000	2,470,000
21	Aaron's	leasing & sales	263,870	692,580
22	Jimmy John's Gourmet Sandwich Shops	Gourmet sandwiches	305,500	487,000
23	American Dairy Queen	Ice cream, hamburgers.	779,680	1,730,000
24	Circle K	convenience store	172,500	1,410,000
25	Liberty Tax Service	Individual & online tax prep	56,800	69,000

2012년 Entrepreneur 선정 글로벌 프랜차이즈 순위

미국은 프랜차이즈가 시작된 나라답게 수많은 프랜차이즈 가맹본부와 가맹점들이 있다. 많은 가맹본부들이 생겨나고 대부분은 몇 년 안에 사라지는 곳이 미국이다. 2007년 기준으로 미국 프랜차이즈 산업의 총생산은 약 2.3조 달러로 전 산업의 11.4%, 고용인원은 약 2,097만 명으로 총 고용의 15.3%를 차지하고 있어 미국 경제의 한 축을 구성하는 산업임을 알 수 있다. 또한 프랜차이즈화 하는 산업의 종류도 다양해서 18개 업종으로 구분하고 있을 정도이다. 앞 페이지 25개 업체를 3개분류에 따라 보면 서비스업종은 12곳, 외식업종은 9곳, 도소매 업종은 4곳으로 서비스 업종이 강세인 것을 확인할 수 있다.

한국에서는 활성화되지 않은 업종을 몇 가지 예로 들어본다면 빌딩 건축업, 유지관리 서비스업, 인쇄업 등을 들 수 있겠다. 미국에서 프랜차이즈 가맹본부를 설립하는 것은 무척 절차가 복잡하고 시간도 오래 걸리는 일이다. 그 이유는 프랜차이즈 사업을 법적으로 규제하고 있기 때문인데, 문제는 미국이 연방국가이기에 연방법과 프랜차이즈 가맹본부가 속한 주정부의 법 모두에 만족되어야 가맹점을 모집할 수 있다는 것이다. 또한 이러한 각 절차마다 생략하거나 나중에 하는 등의 융통성은 전혀 없다고 보면 된다. 그리고 대부분 인허가를 담당하는 공무원의 확인이 없으면 다음 절차를 진행할 수 없어서 그냥 손을 놓고 기다리는 일이 허다하다. 미국에서 프랜차이즈 가맹본부를 설립하기 위한 최소한의 절차를 간략하게나마 소개하고자 한다. 프랜차이즈 발상국이자, 가장 활성화된 미국의 제도와 절차를 알아봄으로써 한국의 방향을 어느정도 가늠해볼 수 있을 것이다.

1) 본인의 사업체가 프랜차이즈 시스템에 적합한지 평가해 본다

가장 중요한 것은 본인이 운영하는 비즈니스가 프랜차이즈로 적합한지를 스스로 판단하는 것이다. 아이프랜차이즈그룹의 마크 시버트 CEO에 의하면 "과거의 판매기록을 점검하고 사업체의 수익을 분석해서 경쟁력 있는 프랜차이즈가 될 수 있는지를 점검해야 한다"고 한다. 그리고 프랜차이즈 사업이 고객들에게 친화적이고 특화된 아이템을 갖고 있는지도 검토해야 된다는 것이다. 클리블랜드 소재 프랜차이즈 컨설턴트인 조엘 리바야는 "프랜차이즈가 되기 위한 첫 걸음은 본인의 사업체가 프랜차이즈 개념에 맞는지를 확인하고 그에 따른 수익을 낼 수 있는가에 대한 분석이 필요하다"고 조언했다. 이를 풀어본다면 미국의 경우, 직영점을 운영하는 상태에 프랜차이즈화에 대한 논의를 진행한다는 것이다. 즉 직영점 없이 바로 프랜차이즈를 시작하는 가맹본부는 찾기가 힘들다.

2) 법적요건을 구비하라

프랜차이즈 가맹본부와 일반 개별 사업체의 가장 큰 차이점은 창업에 필요한 법적서류다. 일반 개인사업체는 회사에 대한 법적 요건만 갖추면 되지만 프랜차이즈는 이보다 훨씬 복잡한 서류를 필요로 한다. 많은 자금을 투자하는 프랜차이즈 가맹점사업자들을 보호할 법적장치가 필요하기 때문이다. 프랜차이즈 가맹본부가 되려면 연방 공정거래위원회(FTC)에서 요구하는 '프랜차이즈 표준정보 공개양식' (Franchise standard offering circular)이나 프랜차이즈기업 공개열람서(Uniform Franchise Offering circular;UFOC)를 등록해야 된다. 한국식으로는 정보공개서와 같은 개념이라고 이해하면 빠르겠다. UFOC는 표준화된 양식으로 23개의 정보를 작성해야 하고 이를 예비 가맹점에게 공개해야 한다. 보통은 프랜차이즈 전문 변호사를 통해 작성하기에 상당한 비용이 발생한다. 주요 내용은 가맹본부 개요, 가맹본부 운영진의 사업경험, 소송기록, 도산 기록, 가맹비, 기타 부담금, 초기 투자비, 가맹점의 제한 사항, 가맹점의 의무, 재무상태, 가맹본의 의무, 영업지역, 상호 및 상표권, 특허 및 지적 재산권, 사업에 참여하는 가맹점의 의무, 상품과 서비스를 판매하는 가맹점에 대한 제한사항, 재계약 및 계약해지, 홍보방식, 손익제시, 프랜차이즈 시스템 통계, 재무상태 회계감사 결과, 계약서, 인수확인증이다. 여기에는 한 달에 얼마의 수익을 낼 수 있다는 가상의 수치를 기입해서는 안 된다. 또한 미국은 주마다 프랜차이즈 기업에 대해 등록법이 있는 주와 관계법이 있는 주로 나눌 수가 있다. 통상적으로 등록제 규정이 있는 주가 관계법이 있는 주보다 기본 규정이나 등록절차 등이 훨씬 까다롭다. 그러한 점 때문에 일부 프랜차이즈 가맹본부의 경우에는 관계법이 있는 주만을 대상으로 가맹점을 모집하고 등록법이 있는 주에는 출점하지 않기도 한다. 이러한 법적인 규제들의 핵심은 가맹점의 보호수준 정도에 따른 것이라고 이해하면 되고, 역으로 생각하면 규제가 심한 주에서 가맹점을 모집하는 것이 쉬울 수도 있다.

3) 가맹점과 체결할 기본 계약조건을 만들어라

법적인 서류가 완료되었다면 프랜차이즈 가맹본사가 가맹점들에게 요구하는 다음과 같은 계약조건을 만들어야 된다.

-프랜차이즈 가맹비와 로열티

-프랜차이즈 계약기간

-프랜차이즈 지역권

-교육기간 및 프로그램 내용

-가맹점들이 본사에서 제공하는 재료를 반드시 구입해야 되는 것에 대한 조항

-가맹점 업주의 비즈니스 자격조건과 재정적인 자산기준-프랜차이즈 마케팅 전략

-가맹점 업주가 프랜차이즈 운영에 직접 참여해야 되는지에 대한 허용여부

-가맹점 업주가 여러 프랜차이즈 유닛을 소유할 수 있는지에 대한 여부

4) 법적 서류보완 및 프랜차이즈 등록

프랜차이즈에 대한 모든 법적 서류가 준비되면 FTC에 신청을 해야 된다. 물론 주정부에도 신청서류를 제출해야 된다. 캘리포니아의 경우 서류 제출 후 수개월이 지나야 결과를 알 수 있으므로 인내심을 갖고 기다려야 된다. 이때 정부에서는 추가적인 서류를 요구할 수 있다.

5) 프랜차이즈 슈퍼바이저 채용

서류제출이 완료되면 본사에 상주할 슈퍼바이저를 채용해야 한다.

이들은 프랜차이즈 가맹점주를 교육하고 사업 운영에 필요한 지원을 해줘야 된다. 직원은 풀타임이어야 하고 프랜차이즈 가맹점 업주의 질문에 답하고 문제점 발생 시 이를 해결할 수 있어야 한다. 가맹점 관리는 매우 중요하므로 실력과 경험이 많은 직원을 선발해야 된다. 또한 가맹점 업주를 교육시킬 수 있는 기본적인 훈련시설도 갖춰야 한다.

6) 프랜차이즈 가맹점 모집

필수 직원 채용이 끝나면 정식 프랜차이즈로 등록이 된다. 이후부터는 프랜차이즈를 홍보하고 가맹점주를 찾아야 된다. 예비 프랜차이즈 업주들에게 본사 콘셉트를 설명하고 그들이 가맹점주인이 될 수 있도록 사업체 판매를 위한 판촉행사를 열어야 한다.

7) 프랜차이즈 가맹점 지원체계 구축

물건을 팔았으면 애프터서비스가 필요하다. 프랜차이즈를 팔았다고 해서 모든 것이 끝난 것은 아니다. 전국에 흩어져있는 가맹점이 성공할 수 있도록 지원을 아끼지 말아야 된다. 프랜차이즈 사업은 본사와 가맹점이 한 배를 탄 공동 운명체이다. 둘 중 한 곳이라도 무너지면 회사전체가 문을 닫게 된다. 가맹본사는 업체 홍보를 위해 다양한 방법을 강구하고 가맹점의 가려운 곳을 긁어줘야 한다. 반면 프랜차이즈 업주는 본사의 마케팅 전략에 따라주고 각 지역에서 성공할 수 있도록 운영을 잘 해야 한다.

04 한국의 프랜차이즈 산업 현황

1) 연도별 프랜차이즈 현황

항목	1999년	2002년	2005년	2008년	2010년	2013년
매출(조원)	45.00	41.69	61.31	78.70	114.46	148.97
명목GDP	529	648	841	984	1,244	1,574
명목GDP 대비	8.50%	6.09%	7.28%	7.99%	9.19%	9.46%
가맹본부수	1,501	1,600	2,211	2,675	3,186	3,794
가맹점수	120,000	119,623	284,182	343,860	409,543	487,774
가맹본부 별 가맹점수	79.9	74.7	128.5	128.5	128.5	128.5

* 1999년~2010년은 공정거래위원회 자료이며 2013년 예측치임.

　한국의 프랜차이즈 산업은 지속적인 성장을 거듭하고 있으며 2013년에 이르면 매출 총액이 약 148조원이 될 것으로 추정하고 있다. 이러한 수치는 명목 GDP 대비 약 9.5% 수준으로 국가 경제의 한축으로써 그 역할을 하게 됨을 알 수 있다. 또한 가맹본부 숫자도 1999년 1,501개에서 2010년에는 3,186개로 증가하여 두 배를 상회하는 증가율을 보이고 있다. 가맹점 수 역시 1999년 약 120,000개에서 2010년에는 약 409,500여 개로 증가하여 가맹본부 증가율을 뛰어 넘고 있음을 알 수 있다. 문제는 가맹본부 당 가맹점의 숫자에 있다. 2005년 가맹본부 당 가맹점의 숫자가 약 128개에서 2013년 예측치에서도 늘지 않고 같다는 것이다. 그 이유는 다음의 몇 가지로 진단하여 볼 수 있을 것이다.

　- 대형 가맹본부의 증가로 인한 빈익빈 부익부 현상을 원인의 하나

로 생각할 수 있겠다. 대기업에서 운영하는 프랜차이즈 가맹본부의 쏠림현상으로 특정 브랜드에 과도하게 가맹점이 집중되는 현상으로 인하여 지속적인 신규 가맹본부 설립에도 불구하고 이들 신규 브랜드 가맹본부의 가맹점 모집이 원활하지 않은 구조가 형성되는 것으로 보인다.

 - 상위 브랜드를 제외한 가맹본부의 업무 능력의 부족으로 인하여 가맹본부 당 가맹점 관리 가능 개수가 늘지 않고 있다고 볼 수 있다. 이를 위해서는 가맹본부의 관리능력 개선을 위한 전산시스템의 도입이 필요하다고 판단된다. 프랜차이즈 산업에 특화된 ERP 시스템의 도입은 기본적인 업무 손실을 줄여 줄 수 있을 뿐만 아니라 인건비 절감에도 기여할 수 있어서 가맹점 관리에 좀 더 집중할 수 있을 것이다.

2) 프랜차이즈 가맹본부 특징

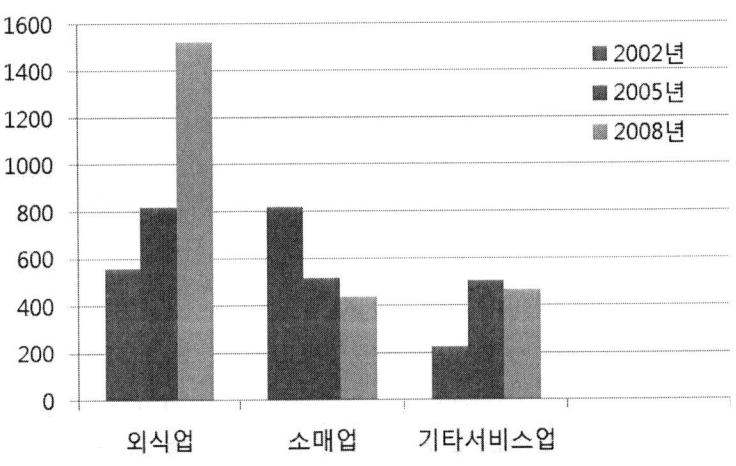

(프랜차이즈 가맹본부의 연도별 업종별 비율)

우리나라 프랜차이즈의 업종별 특징을 보면 자본 및 기술의 진입장벽이 낮고, 가맹점 모집이 편리한 외식업종의 가맹본부 숫자가 2002년 559개에서 2005년에는 1,194개, 2008년에는 1,528개로 그 수가 점점 증가하는 경향을 보이고 있으나 창의적 아이디어 기반의 고부가가치 서비스 업종은 비중이 점차 낮아지는 경향을 보이고 있다. 실제 프랜차이즈 브랜드의 63%가 음식점을 비롯한 외식업으로 편중되는 현상이 심하고 한 브랜드 성공 시에 유사한 브랜드가 급증하는 일시적 유행 형태를 보이고 있어, 바람이 지나고 나면 도태되는 브랜드로 인해 해당 가맹본부도 문을 닫는 경우가 나오고 있다. 또한 지역적으로도 서울, 경기, 인천 등 수도권에 전체 프랜차이즈 가맹점의 80%가 집중되어 있는 특징을 보이고 있다.

가맹본부의 업력에 있어서는 30년 프랜차이즈 역사에 비하여 평균 5.4년으로 길지 않은 수준으로 60% 이상이 5년 미만의 영업기간을 가지고 있다. 1년 미만의 신생 프랜차이즈 본부도 약 16%를 차지하여 프랜차이즈 가맹본부 창업의 활성화를 반영하고 있다. 하지만 유행에 민감한 외식업 프랜차이즈 가맹본부의 경우, 경쟁력을 확보하지 못하고 조기에 폐업하는 사례를 보이고 있어 업력 현황을 살펴보고, 유행에 따라 가맹본부를 선택하는 일은 지양해야 할 것으로 보인다.

프랜차이즈 산업의 성장세에도 불구하고 대기업 중심의 대형 프랜차이즈를 제외한 대부분 가맹본부들은 영세하고 사업 안정성에 있어서도 낮은 수준을 보이고 있다. 이로 인해 연구개발과 지속적인 마케팅 활동이 어려워 성장에 한계를 보이고 있다. 프랜차이즈 가맹본부의 평균 매출액은 600억 원, 영업이익은 36억 원 정도이나 70% 이상의 업체는 매출액 20억 원, 영업이익 1억 원 미만의 실적을 기록하여 빈익빈 부익부 현상과 함께 중소 규모의 프랜차이즈 가맹본부에 대한 활성화가 쉽지 않음을 볼 수 있다.

　가맹점 숫자에 있어서는 국내 프랜차이즈 브랜드 중 88% 이상
이 100개 미만이며, 1,000개를 넘는 브랜드는 15개에 불과한 실정이
다.(2010년 지식경제부자료) 이러한 상황에서 경험이 부족하고 뚜렷한
비즈니스 모델을 가지지 못한 가맹본부가 가맹점을 무리하게 모집한다
면, 가맹점과 함께 동반된 부실을 가져올 수 있고 이에 따른 분쟁들로
인하여 사회적 비용이 증가할 것으로 보이는데, 공정거래위원회에 접
수된 가맹본부와 가맹점 간의 분쟁 건수는 2007년 172건에서 2011년
에는 733건으로 급증하는 추세를 보이고 있다.

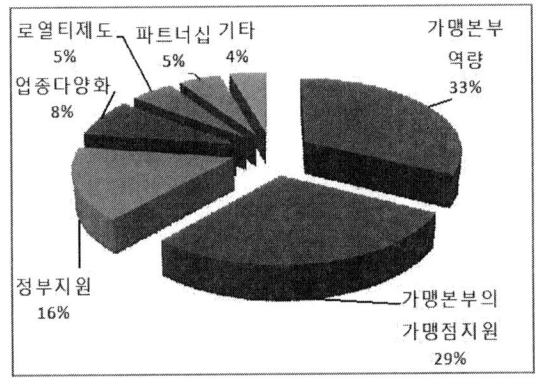

(프랜차이즈 활성화를 요건, 2012년 대한상의 프랜차이즈 실태조사 자료)

　최근의 조사에서 프랜차이즈의 활성화를 위한 조건으로 가맹본부
의 역량 강화 33%, 가맹본부의 가맹점 지원 29%로 전체 62%를 차지
하여 프랜차이즈 가맹본부 역할의 중요성을 확인할 수 있었다. 그 밖
으로는 정부지원 16%, 업종 다양화 8%, 로열티 제도 5%, 파트너십 5%
가 있었다. 가맹본부의 역량 강화를 위해서는 기본적으로 비즈니스 모

델의 중요성 못지않게 내부인력의 안정화 및 전문화도 중요하게 부각되고 있다.

프랜차이즈 증가로 인하여 가맹본부에 필요한 전문 인력의 필요성과 함께 안정적인 근무여건 조성도 필요한 시점이 되었다. 이를 위해 지식경제부에서 관련단체를 통하여 프랜차이즈 가맹본부 전문성 제고를 위한 과정을 개설하여 운영해 오고 있다. 이와 더불어서 프랜차이즈 가맹본부 운영에 필요한 ERP시스템을 구축하는 작업도 이루어져야 할 것으로 보인다.

해마다 봄, 가을로 열리는 프랜차이즈 산업 박람회에는 대략 200여 개의 브랜드가 참여하여 각자의 노하우 전수를 통한 가맹점 모집의 기회로 삼고 있다. 참가 업체들의 자료를 도록을 통해 분석해 보면 그 운영 시스템에서는 POS 시스템조차도 갖추지 못한 곳도 있고, POS를 운영하여도 매출과 관련된 일부 기능 위주로 운영하는 곳이 대부분이었다. 일반관리적인 부분에 대한 ERP 시스템을 운영하는 곳은 거의 없는 형편으로 가맹점 지원을 위한 안정성 측면에서 볼 때는 개선할 필요가 있어 보인다. 또한 가맹본부 직원들의 이직률이 상대적으로 높다는 점을 감안한다면 시스템적 보완 필요성이 더욱 필요하다.

최근의 프랜차이즈 가맹본부에 필요한 직무 조사에 의하면 마케팅과 영업 관련 인력이 43.6%로 제일 많이 필요한 분야로 확인되었다. 이는 가맹점 확보와 함께 브랜드 알리기가 가장 시급한 과제로 인식된다는 것으로 판단될 수 있다. 그 다음 필요 인력은 가맹점 관리 인력으로 11.8%를 차지하였다. 이는 지속적인 가맹점 관리를 통하여 안정적 수익확보라는 차원에서는 바람직하다 할 수 있겠지만, 비율에 있어서는 아쉬운 점이 있다 하겠다.

다음으로는 물류와 생산관리 부분 인력 수요로 9.5%로 조사되었다.

이 부분은 가맹점 관리를 통한 수익 확보와 관련된 사항으로 원활한 물류 시스템 확보가 가능해야만 가맹점에 적절한 물품공급이 가능하고 이 과정을 통해 가맹본부의 수익이 발생하기 때문으로 판단된다. 외식업종이 상당부분을 차지하는 국내 프랜차이즈 산업특성상 물류를 통한 공급망 관리는 가맹본부의 수익과 직결되는 부분일 것이다. 이러한 사항으로 가맹본부 설립 초기에는 대기업 식자재 업체를 통해 외주를 하지만 어느 정도 가맹점 확보를 하게 되면 직영으로 전환하는 경우가 대부분이다.

다음 부분은 경영기획과 전략부분으로 8.2%로 조사되었다. 이 부분은 프랜차이즈 가맹본부의 장기적 성장 전략 도출에 중요한 부분으로 판단되며, 5.9%로 조사된 재무, 회계부분 인력과 함께 기본적인 성장을 위해 꼭 필요한 부분임에도 불구하고 간과된 측면이 있다. 가맹본부의 운영 인력이 소규모로 이루어지기 때문에 이 부분은 보통 창업자가 직접 처리하는 경우가 많아 그런 것으로 판단된다. 6번째 인력수요는 서비스와 CS 부분 인력으로 5.5%로 조사되었다. 최근 채선당 사태에서도 보듯이 중요성이 부각되는 직종임에도 불구하고 인력 확보의 어려움 때문에 그 수요가 상당히 낮게 조사된 것으로 보인다.

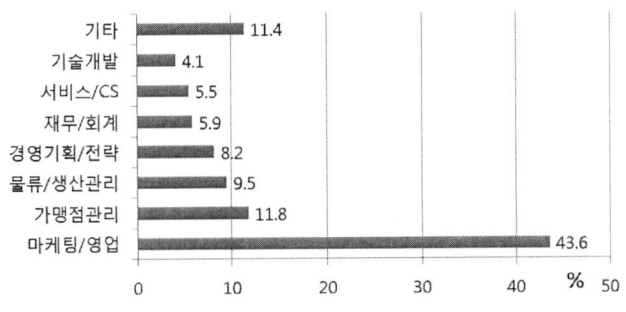

(프랜차이즈 가맹본부 직무별 필요인력 조사)

대한상공회의소가 2012년 1월, 브랜드를 신설한 프랜차이즈 기업 300개사를 대상으로 '신설 프랜차이즈의 고용·전망 및 애로 실태 조사'를 실시한 결과 가맹점을 포함해서 기업 1곳당 3년간 매년 평균 121.9명을 고용할 계획이라고 조사되었다. 2008년 이후 연평균 브랜드 순증가분이 549개에 이르는 점을 감안하면 연간 6만 명 이상의 일자리 창출이 가능하다는 것으로 이는 올해 예상되는 취업자 증가인원인 28만 여 명의 약 20%에 달하는 규모이다.

프랜차이즈의 시장상황에 대해서도 향후 성장 가능성이 높은 시장 도입 초기라고 응답한 기업이 58%로 가장 많았고, 시장 성숙기 응답은 29.8%, 시장 포화기 응답은 11.7%로 나타났다. 이는 프랜차이즈 가맹본부의 시각은 아주 긍정적이라는 것을 의미하며 앞으로도 지속적으로 프랜차이즈 브랜드 확장을 하겠다는 표시일 것이다. 결국 프랜차이즈 산업 육성은 국가의 고용률을 증가시키는 지속적인 사업이라는 것을 조사 결과에서 보여 주고 있다.

이외에도 프랜차이즈 산업은 유통, 물류, 생산 등 연관 산업 발달을 도모하며 이를 통한 간접적인 고용 효과도 있기에 지속적인 브랜드 확장 전략이 필요하다고 할 것이다. 설문에 응한 기업들은 프랜차이즈 산업의 경제적 효과에 대한 질문에서도 '자영업/소상공인 경쟁력 제고' 34.0%, '수요창출에 따른 내수 활성화' 24.7%, '신규 고용창출로 실업률 해소' 24.7%, 중소기업 육성' 10.0% 순으로 응답했다. 이 밖에 '소비자 후생 개선' 2.7%, '유통 현대화' 2%, 기타 1.9%의 응답이 있었다.

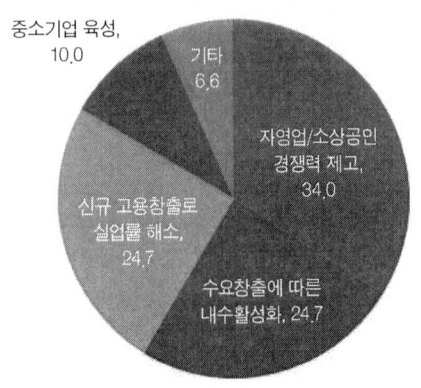

중소기업 육성, 10.0
기타 6.6
자영업/소상공인 경쟁력 제고, 34.0
신규 고용창출로 실업률 해소, 24.7
수요창출에 따른 내수활성화, 24.7

(프랜차이즈 산업의 경제효과 설문결과)

신규 브랜드 도입에 따른 애로사항으로는 '자금 조달' 34.0%를 가장 많이 지적하였고 '프랜차이즈 시스템 구축' 24.7%, '메뉴 개발' 21.3%, '브랜드 신설 절차' 7.7%, 기술 표준화' 5.0% 순이었다. 이 밖에 관련법, 제도 지식부족은 3.3%, 기타 의견이 4% 있었다.

업종별로는 외식업 가맹본부가 자금 조달을 애로 사항으로 가장 많이 꼽은 반면, 서비스업은 프랜차이즈 시스템 구축을, 도/소매업은 자금 조달과 프랜차이즈 시스템 구축을 똑같이 많이 꼽았음을 확인할 수 있었다. 프랜차이즈 업종별로 결과가 상이하게 나타난 것은 외식업의 경우 기본적인 자금 소요가 많은 반면, 서비스업은 상대적으로 자금 소요 규모가 많지 않아서 시스템 구축에 더 관심을 가지는 것으로 판단된다.

정부 지원정책 개선사항으로는 '정부지원 자금 확대 46.6%, '프랜차이즈 시스템 구축 지원 확대' 13.6%, '판로지원 확대' 12.7%, '지원절차 간소화' 10.0%, '지원대상 업체 확대' 9.3% 순이었다.

프랜차이즈 사업 활성화를 위한 중요 경영전략으로는 '마케팅' 39.7%,

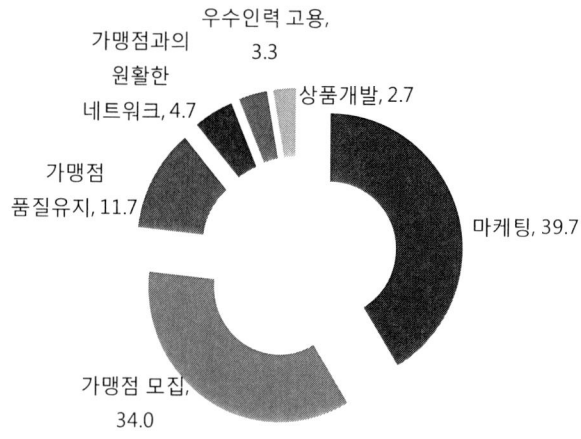

우수인력 고용, 3.3

가맹점과의 원활한 네트워크, 4.7

상품개발, 2.7

가맹점 품질유지, 11.7

마케팅, 39.7

가맹점 모집, 34.0

'가맹점 모집' 34.0%, '가맹점 품질유지' 11.7%, '가맹점과의 원활한 네트워크' 4.7%, '우수인력 고용' 3.3%, '상품개발' 2.7% 순으로 답하였다.

신규 가맹점포 신청 시 가장 중시하는 것은 '점포위치' 57.3%, '점포주 의지' 27.7%, '점포주 경험' 11.3% '투자금' 3.7%의 순으로 집계되었다. 프랜차이즈 특성상 지역 거점의 상권 확보라는 측면에서 점포위치가 가장 중시된다는 것을 알 수 있고, 그 다음으로는 창업자의 의지를 가맹점 성공의 중요한 요건으로 가맹본부에서 인식하고 있다는 점에서 긍정적인 결과라고 할 수 있겠다.

신규 브랜드의 해외 진출 계획에 대해서는 '계획 없다'는 응답이 66.3%를 차지하여 신규브랜드 개발 시에 해외 진출을 연계하여 개발하는 일은 많지 않음을 알 수 있었고, '검토중' 13.7%, '3년 내 진출' 10%, '1년 내 진출' 6.7%, '5년 내 진출' 2.0%, 그리고 '이미 진출'했다는 응답도 1.3%가 나왔다. 이러한 결과로 볼 때 프랜차이즈 브랜드를 새롭게 출시할 때 해외 진출을 검토하기보다는 진행상황을 지켜본 후 결정하겠다는 생각이 강한 것으로 보인다.

정보공개서는 가맹본부의 사업현황, 가맹점사업자의 부담, 영업활동의 조건, 가맹점사업자에 대한 교육, 지도, 가맹계약의 해지, 갱신 기타 해당 가맹사업에 관하여 책자로 편철한 문서를 말한다. 프랜차이즈 가맹본부는 반드시 공정거래위원회에 등록한 정보공개서를 가맹희망자에게 계약 체결 14일 전까지 제공할 의무가 있다. 예외 조항으로 변호사나 가맹거래사의 자문을 받은 경우에는 제공기간을 7일로 하고 있다. 정보공개서 사전제공제도는 2002년 가맹사업법 제정 시 도입되었고, 정보공개서 등록제는 2008년 8월 4일부터 가맹사업법 제6조 2 및 제7조에 근거하여 시행되고 있다. 이러한 사항을 위반하여 미등록된 정보공개서를 사용하거나, 정보공개서를 제공하지 않은 경우, 제공기간을 준수하지 않은 상태에서 가맹계약을 체결하거나 가맹금을 수령하는 행위를 금지하고 있다. 이를 위반하면 2년 이하의 징역 또는 5천만 원 이하 벌금형을 규정하고 있다.

항목	주요내용
1. 정보공개서 표지	표지에는 등록번호, 최초/최종 등록일자의 기재여부와 날짜를 확인하고 없으면 확인요구
2. 브랜드 소개	- 브랜드에 대한 의미 등을 소개. 필수사항은 아님
3. 가맹본부의 일반현황	-가맹본부의 재무상태표상의 매출액, 영업이익, 당기순이익의 지표를 통해 안정성과 성장성을 파악 -임원명단 및 사업경력을 보고 유사한 사업을 동시에 운영하는지 확인(있다면 영업지역 보장에 대해 추가 확인) - 가맹사업과 관련된 상표권, 서비스표권 확보 확인
4. 가맹사업현황	-최근 3년간 가맹점 현황(변동상황은 필수 점검) -가맹본부가 운영하는 다른 브랜드 정보를 확인하고 해당 브랜드와 차별화 요소를 검토 -전년도 가맹점사업자 평균 매출액을 확인하고 산정기준에 대한 근거자료 열람을 요구하여 점검하며, 실제 매장방문 시 상권, 내점고객 현황등과 비교해 현실성 여부를 검토
5. 법위반 사실	-최근 3년간 공정거래법 및 가맹사업법 위반 내역 확인 -가맹사업과 관련된 민, 형사상법 위반내역 확인
6. 가맹점사업자의 부담	-영업개시이전: 가맹금, 보증금 뿐 아니라 설비, 인테리어 등 사업시작에 드는 전체비용을 파악 -영업중: 로열티, POS유지비용, 가맹본부의 감독내역 등 계약종료 후: 재계약, 리모델링비, 영업권 양도시 부담비용
7. 영업조건 및 제한	-상품판매, 거래상대방, 가격결정에 따르는 제한사항 확인 -영업지역 설정, 변경 등에 관한 내용 확인 -계약기간, 계약연장, 종료, 해지 등에 관한 절차 확인 -가맹본부 광고판촉 지원범위와 가맹점 부담분 확인
8. 영업개시절차	-영업개시까지 필요한 절차, 기간, 비용
9. 교육 및 훈련	-교육 훈련의 내용, 이수시간과 함께 필수사항인지 확인 -부담비용, 불참 시 불이익 유무 확인

(정보공개서의 항목과 주요내용)

　　정보공개서는 이 표의 내용 이외에 추가로 재무상태표, 영업표지 등록 현황표, 가맹점의 인테리어 현황, 가맹점 운영물품에 대한 내용을 기록하며, 정보공개서의 제공의 날짜를 확인하기 위한 수령증이 있을 수 있다. 가맹거래사업 홈페이지에서 열람할 수 있는 내용에는 영업비밀 보호를 위한 가맹점 내역, 필요설비, 물품공급방법이니 공급업체 등은 삭제되어 있어 가맹본부에서 직접 제공하는 정보공개서를 확인할 필요가 있다.

(정보공개서 사례)

정보공개서의 표지에 수록되는 내용은 위 예시에서 볼 수 있듯이 우선 정보공개서라는 한글 표시가 있어야 한다. 정보공개서 표지에 수록하도록 정해진 정보공개서 등록번호, 정보공개서 최초 등록일, 정보공개서 최종 등록일, 정보 공개서 제공을 기재하고, 가맹본부 상호와 영업표지, 주 사무소 소재지, 가맹사업과 관련해서 가맹본부가 운영을 하고 있는 홈페이지 주소, 가맹사업을 담당하는 부서, 가맹사업을 안내하는 전화번호를 기재하여야 한다.

정보공개서를 등록하도록 하는 주요 이유는 첫째로 프랜차이즈 가맹본부가 가맹희망자에 비하여 가맹사업에 필요한 많은 정보를 가지고 있으면서, 계약 체결 단계에서 이러한 정보를 자발적으로 제공하지 않을 가능성 때문이다. 둘째로는 가맹점이 계약 체결 후에 잘못된 정보로 인한 피해를 입더라도 구제받기 어려운 점을 감안하여 사전에 충분한 정보를 제공하도록 할 필요성 때문이다. 셋째는 정보공개서 내용의 신뢰도를 확보하기 위해 국가에 등록된 정보공개서 만을 사용하도록 하는 것이다.

정보공개서와 관련하여 유의해야 할 사항은 정보공개서에 기재되어 있는 내용은 모두 프랜차이즈 가맹본부에서 작성한 내용으로 공정거래위원회 가맹거래사업 홈페이지에 등록되어 있다 하여도 정부에서 모두 확인한 내용은 아니라는 것이다. 즉, 정보공개서의 신뢰도의 문제는 기본적으로 가맹희망자에게 맡겨진 것이다. 만약 가맹희망자가 공개된 정보공개서가 의심스러운 점이 있다고 한다면 가맹을 희망하는 지역을 중심으로 인근 10개의 가맹점 상호, 주소, 대표자 성명, 연락처가 적힌 문서를 프랜차이즈 가맹본부로부터 제공받을 수 있도록 하고 있다. 그러나 최종적으로 가맹본부와 계약을 맺게 된다면 기본적으로는 가맹계약서 내용에 의해 가맹점을 운영하는 것이기에, 분쟁 발생 시에는 가맹계약서가 기준이 된다는 점을 기억해야 한다.

국가명	규제명	규제기관	정보공개서 제공기간	정보공개서 등록제여부	비고
미국	프랜차이즈규칙	연방거래 위원회	14일	14개주 실시	주별로 별도의 프랜차이즈법 존재
일본	중소소매상업진흥법 프랜차이즈고시	경제산업성 공정거래 위원회	계약체결전	등록제아님	정보공개서 제공 소매체인만 해당
캐나다	일부주법	주당국	14일	등록제아님	3개주에서 프랜차이즈법운영
호주	프랜차이즈관행규정	경쟁소비자 위원회	14일	등록제아님	
중국	상업특허 경영관리기법	상무부	30일	가맹본부등록제	등록하지않으면 영업불가

(정보공개서의 해외사례)

06 프랜차이즈 가맹본부의 설립

프랜차이즈가 단기간에 사업을 확장할 수 있는 방법이라는 점에서 많은 분들이 다양한 아이템을 가지고 프랜차이즈 가맹본부를 시작하고 있다. 적정한 사업모델이나, 차별화된 콘텐츠, 직영점도 없이 프랜차이즈 가맹점을 모집하는 경우도 많아 졌다. 이러한 이유로 가맹희망자를 보호하기 위한 프랜차이즈 관련법과 규정이 추가되고 있는 것이다. 프랜차이즈가 유망한 사업분야인 것은 분명하지만 이를 산업적으로 육성하는 것은 기본적으로 가맹본부 설립을 준비하는 분들의 몫이 가장 크다고 본다. 단기간의 이익이나 사업확장보다는 가맹점과 함께 상생한다는 마음으로 가맹본부를 설립한다면 시장은 긍정적 반응으로 화답할 것이다. 프랜차이즈 가맹본부에 있어서 가장 중요한 것은 직영점 운영이라고 필자는 생각한다. 개인 창업을 통해 아이템의 시장성, 수익성을 직접 확인하고 이를 통해 가맹본부로 확대하는 것이 프랜차이즈 성공의 지름길이라고 확신하기에 직영점 운영의 필요성을 몇 가지 사항으로 확인해보고자 한다.

- 직영점 운영: 프랜차이즈 가맹본부의 설립은 어렵지 않다. 위에서 살펴본 정보공개서의 내용을 성실하게 작성할 수 있다면 가능하다. 그러나 정보공개서의 충실한 작성만으로는 충분하지 않다. 정보공개서는 일종의 사업계획서와 같다. 사업계획서는 잘 꾸며놓을 수 있지만, 실제 사업계획의 내용을 실행에 옮기는 것은 쉽지 않은 것이다. 더구나 프랜차이즈 가맹본부는 가맹점이라고 하는 책임저야 할 식구들을 확보함으로써 수익을 극대화하는 사업구조이기에 좀 더 신중하고 검증된

사업모델을 가져야 한다. 이러한 검증의 문제를 해결할 수 있는 가장 좋은 방법은 직영점을 프래그십(flagship) 모델로 운영하는 것이다. 프랜차이즈 가맹본부 실태조사에서 나타난 직영점 운영 현황을 보면 전체 가맹본부의 약 60% 이상이 직영점이 없는 것으로 나타났다.

미국의 사례에서 보았듯이 프랜차이즈 가맹본부가 순수하게 직영점을 두지 않고 가맹점만으로 운영하는 경우는 많지 않다.

그 이유는 첫째, 프랜차이즈 가맹본부 자체적으로는 사업모델을 검증하기 어렵기 때문이다. 가맹본부는 직영점 운영을 통해서 사업모델이 가지는 현실적인 문제나 사업모델을 통해 검증하기 어려운 실제 상황들을 점검할 수 있으며 각각의 현실이나 상황들에 대한 긍정적인 결과를 도출할 수 있는 대책들을 마련할 수 있다.

둘째로 직영점 운영은 사업모델의 수익모델을 실제적으로 측정할 수 있고 이를 통해 가맹점 모집에 효과적으로 활용할 수 있는 자료의 축적과 함께 설득 포인트를 개발할 수 있다.

셋째로는 가맹점 창업희망자를 대상으로 직접적인 교육 훈련의 장으로 활용할 수 있다. 프랜차이즈 가맹점 창업희망자들은 프랜차이즈 아이템에 대해 정확히 알지 못하는 경우가 많은데, 직영점을 통해 현장 체험과 함께 아이템 교육을 병행하면 높은 효과를 기대할 수 있다. 물론 먼저 개설된 가맹점을 활용하여 할 수도 있겠지만, 직영점에서 전달하고 싶은 이야기들이 전달되지 못하는 경우도 발생할 수 있고, 의도하지 않은 내용들이 먼저 가맹점 창업희망자들에게 전달될 수 있기에 가급적이면 기존 가맹점보다는 직영점을 현장교육의 실습장으로 활용하는 것이 바람직할 것으로 본다.

프랜차이즈 선진국인 미국의 경우에는 프랜차이즈 가맹본부가 어느 정도 자리를 잡아서 자금에 대한 여유가 발생을 하면 기존의 가맹점들 중에서 일부분은 직영점으로 전환하는 경우가 많다. 이는 가맹본부 설립 초기의 자금부담에서 벗어남에 따라 가맹본부의 독립성을 강화하려는 의도로 풀이된다. 또한 가맹본부 입장에서는 수익 면에서 가맹점보다는 직영점이 유리한 측면이 있기에 직영점 전환을 도모하는 것으로 풀이된다.

넷째로는 가맹본부에 대한 신뢰도를 높일 수 있다는 점이다. 가맹점 창업희망자 입장에서는 직영점이 없는 가맹본부보다는 직영점을 운영하는 가맹본부의 신뢰도가 높으며 이를 통해 가맹본부에서 제공하는 프랜차이즈 아이템에 대한 이해도를 높일 수도 있다.

다섯째로는 직영점을 통해 길러진 인력을 가맹점을 관리하고 육성하기 위한 슈퍼바이저로 양성할 수 있다는 점이다. 프랜차이즈 가맹본부 입장에서는 직영점 직원 경력관리를 통하여 프랜차이즈 전문가로 육성할 수 있다는 점과 함께 현장을 아는 슈퍼바이저를 통해 가맹점의 만족도를 높일 수 있다는 두 가지를 동시에 취할 수 있다.

프랜차이즈 가맹본부의 평가방법에는 일정 수준 이상의 매출액은 기록하는지, 영업이익의 규모는 어느 정도인지, 직영점을 운영하고 있는지, 있다면 그 규모와 운영은 어떻게 하고 있는지, 가맹점 수를 안정적으로 확대해 나가는지, 가맹점 폐점비율은 어떠한지와 함께 그 사유는 무엇인지에 대한 검토정도는 필히 해야 할 것이다. 가맹본부는 가맹본부 사업계획에 반드시 직영점 운영을 포함해야 할 것이다.

프랜차이즈 가맹점 개설

프랜차이즈 가맹점을 창업하는 것은 개인적으로 창업하는 것에 비하여 여러 가지 장점이 있다. 하지만 이 장에서 소개하는 장점들이 모든 사람들에게 적용되는 것은 아니다. 창업 희망자 개별적인 특성에 따라서 프랜차이즈 가맹점을 창업하기보다는 개별 창업을 하는 것이 만족도나 수익성면에서 우수할 수 있기에 반드시 스스로의 입장과 비교하여 유리한 점을 최대한 누릴 수 있는 방향으로 접근하여야 할 것이다. 다음의 표를 통해서 개인 창업과 프가맹점 창업의 차이점에 대해 간략하게 비교해보자.

창업자 특성	가맹점 창업	개인 창업
아이템 경험	없거나 부족한 경우	경험이 많은 경우
창업비용	비교적 적은 경우가 많으나 일부 업종의 경우 많음	상대적으로 많음
운영수익	상대적으로 적음	상대적으로 많음
창업 업종 선택	가맹본부의 업종에서 선택	창업자 원하는 업종
상표 및 브랜드	가맹본부 상표 사용	창업자 직접 개발
홍보 및 마케팅	가맹본부에서 개별 다수를 대상으로 공동집행	창업자 역량에 따름
시설 및 인테리어	가맹본부 규정에 의함	창업자 직접 구상
원료 조달	가맹본부 규정에 따름	개별 구매
상권 및 위치선정	가맹본부와 협의 후 결정	창업자 본인의 결정
인력지원	가맹본부 모집 후 배치가능	개별로 구인
브랜드 파급효과	타 가맹점으로 인하여 전체 가맹점에 영향을 줄 수 있음	개별적인 영향력
사고 대처능력	의사결정 지연으로 떨어짐	의사결정 신속
운영 책임	창업자 본인	창업자 본인

이 표에서 가장 주목해야 하는 사항은 마지막의 운영 책임이다. 이 부분에 있어서는 가맹점 창업이나, 개인 창업이나 같다. 가맹점 창업이나, 개인 창업이나 모두 창업자 개인이 독립적인 사업자를 내고 시작하는 것이다. 가맹점 창업을 한다고 하더라도 결국 개별적인 운영책임은 창업자 본인에게 있는 것이다. 기본적으로 가맹본부에서 지원 또는 교육을 받는 다고 하여도, 실제 운영에 있어서는 창업자 본인의 몫이라고 할 수 있다. 물론 최근의 채선당 사태와 같은 우발적 사건의 경우는 극히 예외적인 사건이다. 저자의 경우에도 많은 대리점을 관리하는 업무를 통해 잘 되면 본인 탓, 안 되면 본사 탓을 하는 사례들을 많이 보아왔다. 그렇게 불평과 불만을 하는 분이 운영하는 대리점은 결국 수익을 내지 못하고 폐업하는 순서를 밟고 만다. 하지만 그 가운데에서도 승승장구하는 대리점은 있다. 그 대리점을 운영하는 분들의 마인드는 본인이 최선을 다한 후에 본사에 요구할 것은 요구하는 자세를 가졌다.

프랜차이즈 가맹점 창업을 희망하는 분들이 반드시 점검해야 할 사항들은 무엇인지 각각의 항목을 정리해 보았다.

첫째, 정보공개서를 확인하라. 이 책에서는 정보공개서에 대해 별도의 장을 통해 설명을 하였다. 그만큼 정보공개서는 프랜차이즈 가맹점 창업자에게 중요한 확인사항이다. 정보공개서는 책자 형태, 홈페이지, E-mail등을 통해 받을 수는 있지만 기본적으로는 직접 가맹본부를 방문하여 책자로 받는 것을 권하고 싶다. 개별적이고 직접적인 상담을 통해 가맹본부의 신뢰도를 체크해 볼 수도 있기 때문이다. 만약 정보공개서를 주지 않는 가맹본부가 있다면 특별한 사유가 없는 한, 가맹점 계약을 해서는 안 된다. 정보공개서를 받은 후에는 공정거래위원회 가맹거래 홈페이지에 접속하여 등록된 정보공개서와 일치하는지 확인하여야 한다. 일치하지 않는 경우에는 가맹본부가 처벌받을 수 있는 강제조항이기에 신경 써야 할 부분이다. 가맹거래 홈페이지는 회원가입과는 상관없이 검색 가능하므로 부담 없이 조회하기 바란다. 간단히 조회 방법을 살펴보도록 하겠다.

인터넷 주소창에 franchise.ftc.go.kr을 치고 상단 메뉴에서 정보공개서에 마우스를 가져가면 세부 메뉴가 나오는데 그중에서 첫 번째 가맹사업자조회를 클릭하면 바로 위 화면이 나온다. 이 화면에서 우측 중간 영업표지에 찾고자 하는 브랜드명을 입력하고 바로 아래의 검색을 클릭하면 된다. 예를 들어서 '아리따움'을 검색해 보면 아래 화면이 나온다. 위 화면에서 엑티브 엑스 설치를 요청하는 팝업창이 뜨는 경우에는 단순 조회를 하는 목적이라면 설치하지 않아도 상관없이 조회가 가능하므로 무시하면 된다. 그러나 정보공개서 등록신청과 관련하여 접속했다면 설치해야 한다.

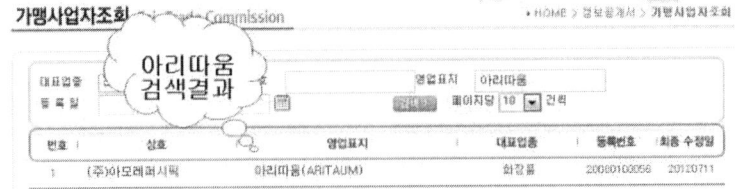

조회된 화면에서 영업표지인 아리따움에 마우스를 가져가서 클릭하면 아리따움의 정보공개서 페이지가 조회된다. 아래 화면은 조회된 결과인데, 최종 등록일 날짜와 본인이 받은 정보공개서 페이지의 날짜 일치 여부를 먼저 확인하도록 한다.

둘째, 정보공개서를 받은 후 14일의 시간을 활용하라. 프랜차이즈 가맹본부는 가맹점희망자에게 정보공개서를 제공한 후, 14일 기간 안에는 가맹계약을 맺거나 가맹금을 받아서는 안 된다. 이렇게 14일의 기간을 두도록 한 것은 가맹점 희망자가 가맹본부의 정보공개서의 내용을 확인할 수 있는 여유를 주기 위함이다. 따라서 서둘러 계약을 종용하는 가맹본부는 피하시는 것이 좋다. 다만, 변호사 또는 가맹거래사의 조언을 받은 경우에는 이 기간을 7일로 단축할 수 있다. 가맹사업법에서는 가맹본부에서 정보공개서와 함께 가맹점 희망자가 창업하려는 예정지 인근 10곳의 내역을 제공하도록 하고 있다. 이를 이용하여 기존의 가맹점을 직접 방문하고 가맹본부의 약속 이행여부를 확인할 수 있다.

셋째, 가맹본부의 약속은 반드시 서면으로 받아라. 가맹본부가 향후 예상매출액, 수익, 순이익 등의 정보를 준다면 반드시 서면으로 받아야 한다. 그 이외의 것으로 받은 경우에는 허위 또는 과장된 정보를 주는 것으로 생각해야 하는데, 만약 가맹본부가 서면으로 수익 정보를 주었다면 산출근거가 정확하게 기재되어 있는지 추가로 확인해야 한다. 가맹사업법에서는 가맹본부의 사무실에 근거자료를 비치하도록 하고 있고 가맹점 희망자의 요구가 있을 경우에는 반드시 열람시키도록 하고 있다.

넷째, 계약서의 내용을 확인하라. 계약체결은 아무리 신중해도 지나치지 않는다. 계약서 조항이 조금이라도 미진하다면 수정한 다음에 계약을 하여야 한다. 또한 계약서 내용과 정보공개서의 내용이 일치하지 않으면 반드시 가맹본부의 확인을 받아야 한다. 일단 계약서에 서명을 하면 계약은 성립하고 쉽게 계약을 해지할 수 없으며, 해지할 수 있다 하여도 위약금의 문제가 발생하기 때문이다. 이렇게 중요한 계약서는 가맹금을 지급하거나 계약을 체결하기 하루 전까지는 받아야 한다. 계약서를 이때까지 주지 않는 것은 가맹사업법 위반이므로 당연히 사전에 요구할 수 있다. 또한 가맹사업법에 의거 계약서에는 17가지 필수 기재사항이 적혀 있으므로 이를 먼저 확인하여야 한다. 공정거래위원회에서는 외식업, 도·소매업, 서비스업으로 구분하여 표준계약서를 도입하고 있으므로 이와 비교해 보면 좀 더 쉽게 확인할 수 있다. 추가적으로 가맹본부를 통해서만 구매할 수 있는 물품의 여부, 영업지역 보장, 광고비 부담 등은 꼭 확인해야 할 사항이다.

다섯째, 가맹금 예치제. 일부 사기성 가맹본부로 인하여 가맹금을 가맹본부에 직접 지급하는 것이 아니라 일정 기간 은행 등 예치기관에 예치하도록 하고 있다. 이때 예치해야할 가맹금은 계약금, 가입비, 교육비, 가맹비 등 처음 계약 시 지급한 대가와 함께 보증금, 담보 등 계약이행을 위해 필요한 대가를 말한다. 물품 공급대금, 인테리어 공사비용 등은 예치대상이 아니다. 만약, 가맹본부에 가맹금이 지급되기 이전에 문제가 있다고 판단되어 소송, 분쟁조종협의회에 조정신청, 공정거래위원회에 신고 등의 조치를 하게 되면 이 결과가 나올 때까지 가맹금 지급을 보류할 수 있다. 가맹금을 돌려받을 수 있는 경우는 가맹본부가 가맹사업법상 일정한 의무를 다하지 않은 경우에 가능하다. 즉 정보공개서를 제공받지 못했거나 14일의 기간을 지키지 않은 경우, 가맹본부가 허위 또는 과장된 정보를 제공하여 가맹금을 지급하거나 계약을 체결한 경우, 가맹본부가 정당한 사유 없이 일방적으로 사업을 중단한 경우가 해당한다. 이러한 가맹금 반환 요구는 계약을 체결하기 전이나, 계약체결 후 2개월(또는 사업중단일로부터 2개월)이내에 가맹본부에 서면으로 가맹금 반환을 요구하여야 한다. 따라서 문제가 발생한 경우 그 사실을 정확히 기재해 놓고 신속하게 가맹본부에 알리는 것이 필요하다.

여섯째, 계약 갱신권. 안정적인 사업 진행을 위해 계약을 처음으로 체결한 시점부터 10년간 계약갱신을 요구할 수 있다. 개정법에서는 계약기간 만료 전 180일~90일 사이에 계약갱신을 가맹본부에 요구한 경우 정당한 사유 없이 거절하지 못하도록 하였다. 다만, 가맹점이 가맹금을 지급하지 않거나 통상적인 영업방침을 따르지 않는 등의 정당한 사유가 있는 경우에는 갱신 요구가 거절될 수 있다. 만약, 계약연장을 원하지 않거나 계약조건을 변경하려는 경우에는 계약 만료일 60일 전까지 가맹본부에 이의를 제기하여야 한다. 이와 반대로 가맹본부가 계약 해지를 요구한 경우라 하더라도 바로 계약을 해지하는 것은 불가능하다. 가맹본부가 2개월 이상의 유예기간 동안 2차례 이상 서면으로 계약위반 내용과 시정할 수 있는 기회를 주지 않는 경우 계약해지는 무효이다.

08 프랜차이즈 창업을 준비하는 마음

대한민국의 현재 상황은 창업을 준비하는 열기로 가득하다. 이러한 열기의 원인은 여러 가지가 있지만 그에 대한 이야기를 하는 것은 여기에서는 적절하지 않다고 본다. 중요한 것은 과거가 아니라 미래이기 때문이다. 창업의 출발선에 서있는 많은 분들의 사연은 그들의 의지를 더욱 굳게 다지는 용도로만 사용하고, 먼 길을 준비해야 한다. 프랜차이즈를 창업하는 것은 조금은 쉽지 않을까 하는 마음에서 출발하는 경우가 많다고 본다. "아무래도 브랜드가 있으니 그냥 하는 것보다는 괜찮치 않겠어", "지금 그 브랜드가 엄청 잘 된다고 하던데…", "내가 아는 친구가 새로 시작한 프랜차이즈 잘 된다고 하던데 나도 한번 해볼까?", "당장 돈 들어갈 곳이 많은데… 이거라도 한번 해보자", "그 프랜차이즈에서는 아무것도 몰라도 다 해준다던데… 잘 되겠지" 이렇게 생각하는 마음이 조금이라도 있다면 창업하지 말 것을 권하고 싶다. 조금 편리하다고 해서, 조금 쉽다고 해서 원하는 결과를 얻을 수 있는 것이 아니다. 2012년도 런던 올림픽 유도에서 금메달을 따고 인터뷰를 하던 김재범 선수의 이야기가 떠오른다. "2008년 베이징 올림픽에서는 죽기 살기로 뛰었는데, 은메달을 따게 되었다. 그래서 이번 런던올림픽에서는 죽자는 마음을 가지고 했다"

프랜차이즈 창업은 쉽지 않은 길이다. 그리고 약간의 편리한 점이 때로는 폐부를 찔러 올 수도 있다. 결국에는 창업자의 정신이 승부를 좌우한다. 필자는 직업상 많은 창업자들을 만나면서 그분들의 성공스토리를 들을 수 있었다. 지금은 창업자라 하기보다는 사업가 또는 기업가라는 호칭이 잘 어울리는 분들도 만났다. 그분들 대부분들은 어려웠던 이야기들을 잘 안 하신다. 다만 잠시 잠깐 눈빛에서 걸어온 길이 결코 쉽지 않았구나 하고 느낄 뿐이다. 고등학생, 대학생, 예비창업자, 은퇴자 등 모든 분들이 같은 출발선에 서있다. 나이, 경험의 많고 적음을 떠나 자신의 명확한 목표를 다시 한 번 새겨보고 시작하시기 바란다. 결코 늦지 않았음을 믿고 출발하시기를 바란다. 이 책을 읽는 모든 분들이 성공하시어 저와 인터뷰할 수 있도록 간절히 기도드린다.

〈참고문헌 및 자료〉

『프랜차이즈란 무엇인가』 스콧 A 세인 지음, 윤지환/이상규 옮김 이상

『프랜차이즈 신경영론』 변명식/장재남 공저 두남

『나는 거대한 꿈을 꿨다』이나리 저 중앙M&B

『창업경영』방용성/주윤황 공저 학현사

『마케팅조사』 제3판 이학식 저 집현재

『창업전략론』 유광준 저(근간예정)

전국 프랜차이즈브랜드 실태조사. 2010 지식경제부/대한상공회의소

주요국가의 경제성장과 고용성과 비교분석. 2010 한국노동연구원

장래인구추계 2010~2060. 2011. 통계청

프랜차이즈 보도자료. 2012 대한상공회의소

개인사업자 창폐업특성조사. 2012 KB경영정보리포트

CHAPTER

02

소셜 네트워크서비스를 활용한 프랜차이즈 성공전략

이종익
(gsgreen@empas.com)

업무영역

SNS교육 / 소셜마케터양성/ 커뮤니티비지니스기획/ 지역개발컨설팅

gsgreen.blog.me

fb.com/ygsgreen

@ygsgreen

주요경력

소셜큐레이터, 현) 스마트강사조합준비위원장, (사)소호진흥협회 이사,

(사) 서울봉제산업협회 자문위원, 전) 한국독서교육 기획이사,

굿앤아이 대표, 세진아트 대표

저서

『스마트소셜비지니스』 (2011, 블로거클럽)

『디지털시대, 시니어창업성공기』 (2011, 소호진흥협회)

하루를 시작하면서 카카오톡을 통해 친구들과 인사를 나누고, 페이스북을 통해 들어온 친구들의 이야기를 확인한다. 출근을 하면서 소셜커머스에 점심할인쿠폰이 올라와 있는지를 확인한다. 점심식사를 하러가서 나온 맛있는 음식을 사진을 찍어 카카오스토리에 공유한다. 공유한 사진에 친구들도 맛점하라는 댓글을 달아 놓는다. 식사를 한 후 잠시 휴식을 틈타 애니팡게임을 신나게 한 후 친구들에게 하트를 부탁한다.

위의 이야기는 요즘 평범한 직장인의 이야기를 적은 것이다. 스마트폰과 함께 벌어지는 새로운 세계가 자연스럽게 우리 삶의 일부분으로 다가 온 것이다. 바야흐로 SNS시대라는 새로운 신세계에 우리는 살고 있는 것이다. SNS라고 말하면 뭔가 특별하면서도 새롭게 등장한 단어라는 생각이 들긴 하지만, SNS가 갑자기 등장한 서비스는 아니다. 그럼에도 SNS를 통해 세상이 변하고 있는 듯한 착각마저 드는 것은 스마트폰과 함께 찾아 온 SNS의 범주에 속하는 낯선 단어들의 범람 때문이다.

사회현상을 말할 때 어떤 개념의 사용자가 15~20%를 넘어서기 시작하면 대중화로 급속히 진전된다고 한다. 한때는 전문가의 용어처럼 들리던 각종 SNS의 용어들이 이제 대중들도 스스럼없이 말하는 용어가 되었다. 이것은 SNS가 더 이상 전문가의 것이 아니라 모두의 것이 되었음을 의미한다.

스마트폰 가입자수	2012년 8월	9월
전체	30,151,195	30,876,600
·· SKT	14,679,819	15,071,079
·· KT	9,593,675	9,786,978
·· LGU+	5,877,701	6,018,543

그림 1 국내 스마트폰가입자수(2012년 지식경제부 정보통신통계)

올해 초 대학생들에게 스마트폰을 가지고 가장 많이 활용하는 기능이 무엇인지를 묻는 설문조사를 했다. 이 설문조사에서 가장 많은 사용자가 카카오톡이라고 응답했다. 이미 카카오톡 등 SNS도구들이 휴대폰의 기존 전화통화 기능보다 더 많이 활용되고 있다. 단적으로 말한다면 스마트폰은 전화기가 아니다. 들고 다니는 컴퓨터인 것이다. 사무실이나 특정 장소에서만 사용하던 컴퓨터환경이 항상 휴대하고 다니는 컴퓨터환경으로 바뀌게 되었다는 것이다. 이러한 변화가 세상을 새롭게 변화시키고 있다.

이 책에서는 이러한 변화된 환경에 프랜차이즈업계가 어떻게 적응해야 할지를 생각해보고자 한다. 이러한 변화의 선두에 서 있는 기업만이 생존할 수 있으며, 미래를 선도할 수 있기 때문이다. 물론 이 책에서 개별 프랜차이즈 창업전략을 세우는 것을 목표로 하고 있지만 프랜차이즈 업계의 특성상 개별업소의 독자적인 전략은 세우기 어렵다는 것과 좋은 전략을 가지고 있는 업체를 선택하는 것도 중요하다는 생각 때문에 프랜차이즈 본사의 입장에서 SNS마케팅을 다루고자 한다. 개별업소가 가능한 마케팅은 필요하다고 생각하는 부분에서 추가로 언급할 것이다.

전체적인 순서는 먼저 SNS의 기본 개념과 방향성에 대해 알아보고, 기업에 미치는 SNS의 긍정적인 측면과 부정적인 측면을 다룬 이후, 구체적인 실천지침과 활용사례의 예를 제시해보고자 한다. 그럼 이제부터 새로운 SNS시대를 승리할 성공방정식을 알아보자.

1) 도대체 SNS가 뭔데?

우리가 통칭 SNS라 부르는 것은 사실 매우 광범위한 용어라서 정의하기는 쉽지 않다. 소셜네트워크서비스(Social Network Service)의 약어인 'SNS'는 인터넷을 활용한 소통방식의 총칭을 뜻하는 말이지만, 사용자의 입장이나 사용조건에 따라 조금씩 다른 의미로 받아들여진다.

SNS는 대략 3가지의 의미로 규정되고 있다. 첫 번째는 미디어적 관점에서 SNS를 말하는 것이다. 이러한 개념을 가진 사람들은 SNS가 1인 미디어 시대를 대표하는 용어로 받아들인다. 그래서 SNS라는 용어보다는 소셜미디어라는 용어를 더 많이 사용한다. 두 번째는 기술적의미, 즉 정보통신적 입장에서 바라보는 사람들이다. 이들은 소위 웹(정보네트워크)의 통합시대를 말하고 있다. 이 입장을 가진 사람들의 화두는 빅데이터와 그에 대한 분석도구인 소셜분석과 이러한 데이터 분석능력을 장악한 정보 권력인 빅브라더의 등장을 말하기도 한다. 그리고 세 번째는 사회학적 의미로 바라보는 사람들이다. 이들은 시민

참여 정치와 힘의 이동을 말하는 사람들이다. 이 사람들은 SNS가 진
정한 민주시대를 열 수 있는 새로운 정치혁명이라는 입장을 가지고 있
다. 이렇게 조금씩 다른 입장들로 SNS라는 용어를 사용하기 때문에
같은 개념을 말하지만 조금은 다른 의미로 받아들이는 경우가 있어
용어정의의 통일성이 요구되기도 한다.

	Media 1.0 (매스 미디어)	Media 2.0 (마이크로 미디어)	Media 3.0 (큐레이션 미디어)
메시지 생산주체	생산자 ≠ 수용자	생산자 ↔ 수용자	생산자↔중개자↔수용자
메시지 수용형태	수동적 수용	선택적 수용	적극적 수용
유통경로	한방향 단일유통	다채널 복수 유통	쌍방향 다수 유통
브랜드	권위형 브랜드	개인형 브랜드	신뢰형 브랜드
정보 흐름	정보 집중, 배포	정보 분배·공유	정보순환·누적
내용 성격	권위적·범용적, 종합적, 객관적	말초적·전문적, 단편적, 주관적	종합적, 해설적 이타적, 합리적
정보 배열	종합 편집·편성	단품 개별 유통	종합 수집, 집중 배달
광고 및 수익원	광고 및 행사 후원	시스템에 의한 롱테일 수익	구독료 및 광고, 롱테일 수익, 수익 포기 -별도 수익 기대

그림 2 미디어2.0-미디어 플랫폼의 진화

앞에서도 잠깐 얘기했지만 SNS가 갑자기 등장한 서비스는 아니다.
그러나 요즘 이렇게 우리에게 화두가 되는 가장 큰 이유는 스마트폰의
등장 때문이다. 이것은 매우 중요한 시사점을 말하고 있는데, 지금까
지 우리에게 컴퓨터란 어느 한정된 장소에 가서 앉아서 보는 것이었고
그러한 공간을 통해서 인터넷과 접속하여 사람들과 대화를 하거나 정
보를 검색하던 것이었다. 물론 이러한 환경에서도 매우 커다란 정보혁
명을 가져왔던 것이 사실이며 이 1차 정보혁명이 인터넷업계의 폭발적
인 성장을 가져왔다. 이 시대를 이끌었던 기업이 컴퓨터의 운영체제를
이끌던 마이크로소프트와 인터넷의 황제 야후였다.

그러나 스마트폰의 등장은 우리에게 손 안에 들고 다니는 컴퓨터의 개념으로 바꾸어 놓았다. 이러한 새로운 변화는 2차 정보통신혁명을 가져오고 있다. 이제 언제 어디서나 다양한 정보와 메일, 메시지를 확인할 수 있는 환경이 우리들의 삶까지 바꿔놓고 있다. 이러한 환경의 변화는 새로운 IT산업의 강자로 구글, 애플, 페이스북 등을 등장하게 했다.

이러한 변화는 단지 기업만이 아니라 우리들의 삶도 바꿔놓고 있다. 올해 초 한 기업체의 고객관리부서에 있는 분의 고충을 들은 적이 있다. 예전에는 문제가 생기면 외근중이라 확인이 어렵다는 핑계가 가능했는데, 요즘은 스마트폰으로 인해 언제 어디서나 확인이 가능하다보니 그런 핑계가 통하지 않는다는 것이다. 그래서 밤낮으로 상담을 받게 되는 24시간 근무체계가 되어서 너무 힘들다는 얘기였다. 이렇게 손 안의 컴퓨터인 스마트폰의 등장은 우리의 삶의 형태에 직간접적으로 영향을 미치고 있다.

하나의 예지만 장소와 시간을 뛰어넘는 인터넷환경의 변화로 인해 부작용도 많은 것이 사실이다. 새롭게 인터넷 중독이 화두가 되는 이유도 여기에 있다. 그러나 이 책에서는 개인 사용자의 부작용은 잠시 접어두고 기업의 활용측면과 관련된 부분을 중심으로 기술하고자 한다.

SNS에서 Social이라는 단어를 사용한 것은 차이가 있는 집단 간의 소통을 전제하는 단어이다. 그러나 요즘의 SNS의 사용 형태를 보면 끼리끼리의 소통이 주로 이루어지는 측면때문에 SNS라 부르는 것이 과연 적당한 가라는 생각이 든다. 사실 SNS라 부르기보다는 RNS(Relation Network Service)가 더 정확한 개념이 아닌가 하는 생각을 해본다.

"생각조종자들"이라는 책을 쓴 엘리 프레이저는 이러한 문제를 개별화라고 지적한다. 그것은 SNS시스템이 자신이 자주 검색하거나 '좋아요'를 누른 것을 선호한다고 생각해서 계속 같은 류의 정보만 보여주게 되어 다양한 소통보다는 끼리끼리의 소통만 더 집중하게 된다. 이러한 경향은 소통보다는 갈등과 단절을 만들 가능성이 더 커져 우려가 된다. 그는 이러한 점이 개별화된 집단의 위험성이라고 표현하며 이러한 심화현상으로 인해 SNS가 사회갈등을 만드는 도구가 될 것이라고 지적한다.

$$\text{Edgerank} = \text{Affinity} \times \text{Edge Weight} \times \text{Recency}$$
친밀도 엣지 가중치 시의성

그림 3 페이스북의 엣지링크 계산식

SNS는 많은 지식과 정보를 우리에게 열어 줄 좋은 안내서인 동시에 우리를 집단 무의식으로 이끌 수 있는 양날의 칼인 것이다. 좋은 방향을 가지고 잘 활용을 해야 하는 것이 중요한 이유가 여기에 있다 하겠다. SNS를 이끄는 리더그룹들은 이러한 점을 생각하고 더욱 소통과 개방의 정신, 화합의 정신을 구현하려는 노력이 필요하다. 그래서 본인도 항상 강조하지만 SNS의 개발과 교육, 운영을 하는 사람들은 인문학적 소양이 특별히 요구된다고 생각한다. 다양한 사람들을 포괄할 능력이 요구되는 서비스이기 때문이다.

이러한 SNS의 종류는 다양한 방식으로 분류되는데 서비스의 내용으로 분류하는 방법이 일반적이다. 주로 관계를 지향하는 페이스북, 싸이월드, 마이스페이스, 트위터, 미투데이, 구글플러스, 카페 등이 현재 대표적인 서비스이며, 정보를 지향하는 서비스는 블로그, 유튜브, 유스트림, 슬라이드쉐어 등이 있다. 그리고 비즈니스 인맥을 전문으로 하는 링크드인이나 LBS(위치기반서비스)를 중심으로 하는 포스

쿼어 등이 있으며, 사무용이나 학습용으로 사용하는 마인드42, 프레지, 에버노트와 같은 서비스, 클라우드 중심의 서비스인 드롭박스, 다음클라우드, N드라이브 등이 있다. 요즘은 스마트폰에서만 기능하는 SNS(카카오톡과 같은 스마트폰 앱)도 많이 등장하고 있다.

그림 4 SNS서비스의 종류

이렇게 다양한 서비스가 있지만 중요한 것은 그 중에 자신의 기업에 적합한 서비스와 결합방식을 찾는 것이 중요하다. 기업의 활용측면에 대해서는 마지막에 다시 한 번 기술하고자 한다. 이 장에서는 기업이 주목해야 할 SNS를 중심으로 간략하게 알아보자.

(1) 블로그: 온라인 개인일기서비스로 시작된 블로그는 이미 전세계의 블로그 숫자를 파악하기 힘들 정도로 늘어났다. 개인의 사소한 이야기에서부터 전문적인 지식을 올리는 용도 등 다양한 용도로 사용된다. 홈페이지가 검색에 노출이 되지 않는 반면, 블로그는 검색에 노출이

되는 영향으로 인해 기업과 관공서들도 점차 활용도를 높이고 있는 추세이다. 그래서 온라인포털업체는 물론 전문사이트도 블로그서비스를 제공하고 있다. 국내의 서비스로는 네이버와 다음의 블로그 서비스, 팀블로그의 형태인 티스토리(다음제공), 전문블로그서비스인 YES블로그(서적), 디조블로그(조선일보)등이 있으며, 외국 서비스로는 구글블로그, 워드프레스 등이 있다. 이러한 서비스가 SNS로 분류되는 이유는 글을 올리면 댓글이나 스크랩(글 가져가기) 등의 기능으로 소통이 가능하기 때문이다.

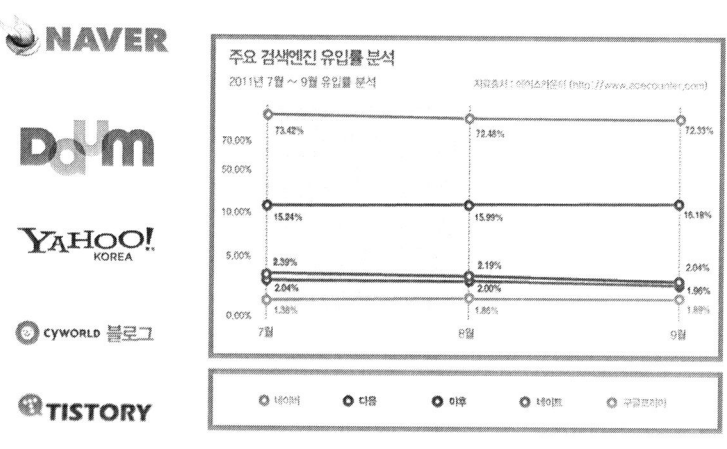

그림 5 주요 검색엔진 유입률 분석

(2) 페이스북: 2004년 하버드 학생이던 마크 주커버그가 설립한 회사로 친구찾기서비스로 시작한 이 사이트는 현재 세계에서 9억5천 만 명이라는 가장 많은 사용자를 가지고 있다. 올해 초 나스닥에 상장하면서 시가총액 110조라는 엄청난 파장력을 만들어내기도 했다. 페이스북의 특징은 실명과 공개된 사진을 중심으로 계정을 운영한다는 특징이 있으며 '좋아요'를 많이 해준 순위로 노출이 올라가게 된다는 것이

다. 또한 서로의 대화가 쌍방의 담벼락(요즘은 타임라인이라 부름)에 올라가게 되면서 대화에 대한 책임성을 강조한 것이 특징이다. 페이스북의 가치가 올라간 가장 큰 이유는 사용자가 가장 많은 시간을 소비하는 사이트라는 데 있다. 페이스북 이용자도 많지만 들어오는 사람들이 하루 평균 100분의 시간을 할애하는 공간이라는 가치가 반영되었다.

이 서비스와 유사한 서비스로 구글에서 서비스 중인 구글플러스는 그룹핑을 강조해 전문가서비스를 지향한다. 구글의 막강한 사용자층을 바탕으로 페이스북과 경쟁하고 있다.

그림 6 페이스북의 프레임(사용자중심이 돋보이는 구성이다)

(3) 트위터: 2006년 시작된 서비스로 처음에는 블로그축약서비스로 시작했다. 트윗이라는 용어가 "새가 짹짹거리다"라는 말을 의미하듯 블로그의 형태를 짧고 간략하게 요약하는 서비스로 시작하였기 때문

에 '마이크로 블로그'라고도 불린다. 트위터도 전 세계적으로 5억 명이 넘는 사용자를 확보하고 있으며, 인도네시아 해일피해 중계와 중동의 봄을 알리게 되면서 많은 사람들에게 강력한 힘을 입증하게 되었다. 주로 짧은 단문메시지를 전하는 간편성으로 인해 중요 사건이나 정치적 사안을 알리는데 많이 활용되고 있다.

이종익(늘찐 고래) @ygsgreen   12월 1일
동과 서의 다른 생각들은 어디에서 출발했는지를 보여주는 얘기 [EBS 다큐멘터리 동과 서] me2.do/FVdn6tG
펼치기

이종익(늘찐 고래) @ygsgreen   11월 30일
우리 전래동화인 해님과 달님을 통해 과학의 원리를 생각하게 하는 재미도 있고 과학의 흥미도 알게해주는 좋은 공연입니다. 진행자인 호랑이가 무대를 열고있습니다. via.me/-7ebnree
📷 📍 사진 보기

이종익(늘찐 고래) @ygsgreen   11월 30일
올해 첫 제안기획 통과된 창의재단지원프로그램인 과학동화 "해님 달님"공연이 마지막으로 진행됩니다. 공연과 이야기, 춤, 연주, 과학실험이 어우러지는 융합공연입니다. 내년에는 더 성숙된 공연이 되기를 빌어... 4sq.com/StVyXI
📷 📍 사진 보기

그림 7 짧은 단문의 특성을 가진 트위터

(4) 유튜브: 동영상을 제공하는 사이트로 2006년 구글이 인수하면서 현재 세계 동영상 점유율 1위에 올라 있다. 우리나라에서는 가수 싸이가 유튜브에 올린 '강남스타일'의 유행으로 인해 제2 한류를 만들어낸 사이트로 유명해졌다. 사용자들이 직접 만든 UCC(User Created Contents)를 올려 서로가 공유하는 방식인 이 사이트는 동영상을 통한 빠른 메시지전달이라는 강점을 가지고 있다.

(5) 링크드인(국내 서비스 링크나우): 비즈니스인맥사이트로 시작한 이 서비스는 2002년 처음 시작하였으며, 현재 미국에서 구직이나 계약 등 다양한 비즈니스 업무에 가장 많이 활용되고 있는 서비스이다. 이 사이트와 비슷한 개념으로 국내에는 링크나우라는 서비스가 제공되고 있다. 자신의 이력서와 경력사항들을 올리면서 미국의 인사담당자가 가장 많이 찾는 사이트로 유명하다.

(6) 카카오톡: 스마트폰 전용 메신저서비스로 시작한 이 서비스는 2010년 3월 NHN을 퇴사한 김범수 의장이 설립한 ㈜카카오(대표이사 이제범)에서 만들었다. 통신사와의 갈등이 있었음에도 불구하고 이미 국내사용자가 5500만 명을 넘어 섰으며 일본에도 진출 세계시장을 바라보고 있는 국내기업의 성공적인 SNS라고 보고 있다. 만년적자에 시달리던 경영상황이 올해 결합서비스로 제공된 애니팡게임의 성공으로 흑자로 돌아섰다. 이 서비스는 스마트폰을 통해 실시간으로 개인이나 그룹간의 메시지를 서비스하기 때문에 일반적인 SNS와는 별도로 패쇄형서비스로 분류된다.

(7) 포스퀘어: LBS(위치기반서비스)를 중심으로 서비스하고 있으며 사용자가 어느 장소를 방문했을 때 체크인을 통해 배지를 받거나 메이어가 되는 서비스이다. 장소(가게)의 홍보와 더불어 어떤 장소에 대한 사용자의 직접 평가라는 측면에서 기업들에게 매우 소중한 서비스이다. 현재 국내서비스로는 '아임인', '골드 인 씨티', '씨온', 등이 경쟁을 벌이고 있으나, 뚜렷한 성과를 만들어내고 있는 업체는 아직 없다. 외식업계에서 가장 많이 활용하는 '배달의 민족'도 같은 유형의 서비스다.

그림 8 포스퀘어에서 얻은 배지

(8) 기타: 국내의 싸이월드와 외국의 마이스페이스는 반 개방형 SNS 이다. 주로 미니홈피라는 형태로 친구들과 대화하는 형태로 서비스되고 있으나 점차 페이스북에 밀리는 추세이다. 특히 젊은 층이 많이 이용하고 있는 싸이월드는 젊은 층의 서비스나 패션사업과 관련된 기업들은 고려해봐야 할 서비스이다.

또한 아이디어 발산도구인 마인드맵을 온라인에서 공동으로 작업할 수 있게 만든 마인드맵사이트인 MIND42, MINDZET, OKMINDMAP(한국업체) 등이 경쟁하고 있으며, 협업 도구인 프레지, 카쿠와 노트 공유를 중심으로 하는 에버노트, 각종 클라우드 서비스들도 공유를 전제로 하기 때문에 SNS에 포함된다.

2) 앞서나갈 것인가? 파도에 휩쓸릴 것인가?

사실 IT강국인 한국이지만 SNS의 세계에서는 변방이라는 생각을 할 수밖에 없다. SNS시대를 열어젖힌 스마트폰의 개념을 애플이 완성하였고, 안드로이드운영체제는 구글이 가지고 있으며, SNS시대의 플랫폼을 장악하고 있는 서비스인 페이스북, 트위터, 유튜브 등 외국 서비스들이 대부분의 유저들을 장악하고 있기 때문이다. SNS의 다양한 서비스에 한국업체가 명함을 내밀지 못하는 현실은 안타까울 뿐이다. 그나마 카카오톡이라는 폐쇄형 SNS가 한국의 대표적인 서비스로 떠오르는 동시에 해외에서도 인정을 받고 있는 현실은 다행이라는 생각이 든다. 이번 카카오톡이 나름대로 플랫폼을 지향하고 변신을 거듭하고 있는 모습은 다른 업체에게도 귀감이 된다.

카카오톡이 선전하는 이유는 설립자인 김범수 대표가 IT 1세대 주자로 가지는 경험과, 단순한 서비스가 아닌 플랫폼을 지향한 출발점에 있다 하겠다. 이 시사점은 대단히 크다. 시대의 흐름을 파악하고 그 흐름의 앞부분에 설 수 있을 때 플랫폼이 될 수 있다는 사실을 잘 보여주기 때문이다. 새로운 변화의 시대를 잘 파악하고 잘 적응하는 사람이나 기업이 시대를 이끌 수 있을 것이다. 시대가 이끄는 대로 흘러가는 것이 아니라 시대의 앞에서 유행을 만들어야 하는 것이다. 그러면 기업과 관련한 SNS시대의 주된 변화는 무엇인지 알아보자.

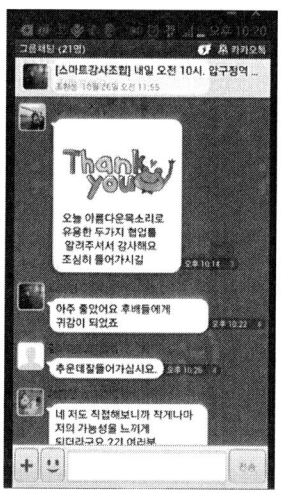

스마트폰전용 앱인 카카오톡서비스

(1) 정보 이용과 소통방식의 변화

지금까지 우리는 정보생산자와 유통채널, 소비자가 개별적으로 존재하는 시대에 살고 있었다. SNS시대를 들어오면서 가장 큰 변화를 겪는 분야가 미디어분야인데, 이유는 정보생산과 유통, 소비가 하나로 통합되기 시작했기 때문이다.

미국에서 설립 6년밖에 안 되는 허핑턴 포스트(Huffington Post)라는 뉴스 전문 블로그 미디어가 모든 뉴스언론매체를 제치고 가장 많은 트래픽을 가진 사이트가 된 사례가 훌륭한 에이다. 허핑턴 포스트의 편집장이자 설립자 중 한 사람인 그리스계 미국인인 Arianna Huffington은 '인터넷 미디어계의 여왕', '최근 미국 내 미디어 업계에서 가장 주목받는 여성 중의 한 사람'으로 떠오르고 있다. 허핑턴 포스트의 성공에는 뉴스와 블로거의 연결을 통한 소셜미디어정책이 주요했다. 저명한 평론가를 중심으로 자사 사이트에 폐쇄블로그를 개설하여 다른 매체와는 차별성 있는 기사를 제공하였던 것이 주요 성공요인이었다. 현재 허핑턴 포스트의 분야별 블로거는 9,000여 명에 이른다.

허핑턴 포스트의 성공요인은 1인 미디어라고 부르는 블로그의 결합 때문이다. 지금까지 언론의 입장에서 선별되어진 정보를 받던 시대에서 내가 정보를 모아서 해석하고, 직접 글을 올려 알리는 시대가 되었다는 것을 의미한다. 다시 말해 단순 소비자의 입장에서 정보를 받던 많은 사람들이 정보를 스스로 생산하고 소비하는 정보프로슈머의 시대가 된 것이다.

그림 10 허핑턴 포스트와 설립자 Arianna Huffington

이러한 것은 이제 우리 생활에도 영향을 미치고 있다. 작년 전국적으로 대규모정전사태가 일어났을 때 경험한 일이다. 당시 전철을 타고 이동 중이었는데 스마트폰의 트위터를 열어보니 대천, 군산, 서울 등 정전이 발생했다는 트윗이 계속 이어지기 시작했다. 그리고 전철에 내려 보니 마침 그 지역도 정전이 발생하였다. 그래서 본인도 "○○동도 정전"이라는 트윗을 날렸는데 이때까지도 한전이나 언론사는 별 반응이 없었다. 한 두 시간 정도 지나니 그제야 한전에서 정전비상사태를 발표했으며, 이어서 언론매체들도 정전소식을 알리기 시작했다.

이렇게 개인이 알린 소식들이 기존의 미디어를 앞서가는 현상이 나타나는 것은 손안의 컴퓨터, 스마트폰을 통해 사진이나 동영상을 찍고 언제 어디서나 정보를 올릴 수 있는 환경 때문이다. 이러한 환경이 중동의 봄이나 최초의 미국 흑인대통령의 탄생들을 만들게 되었다는 것은 미디어의 변화가 권력의 변화까지 영향을 미친 사례라 할 수 있다.

기업이 이러한 변화에 민감하게 반응해야 하는 것은 너무나도 당연하다. 지금까지 자신의 생각대로 만들어내고 소비자의 의견은 상관없는 유통을 하던 시대에서 소비자 하나하나의 스마트폰을 의식해야 하는 상황이 되어 버린 것이다.

이러한 변화를 통해 기업이 인식해야 할 것은 두 가지이다. 더 이상 소비자가 자신의 상품이나 서비스를 이용하는 단순 소비자가 아니라 상품의 기획, 마케팅, 영업, 소비의 모든 상황에 개입되고 있다는 것이다. 또 하나는 소비자의 접촉점이 넓어지고 신속해지면서 다양한 접촉의 상황에 대해 신속하게 대비해야 한다는 점이다.

(2) 업무환경의 변화

이제 SNS로 인해 시간과 공간의 제약을 받던 업무환경이 점차 실시간, 초공간에서 비즈니스가 가능해지고 있다. 앞에서도 언급을 했지만 변화된 모바일환경을 이용한 비즈니스 환경은 스마트워크(우리나라만 독특하게 사용하는 개념이다)를 가능하게 한다.

이러한 업무환경의 변화는 기업들에게도 많은 영향을 미친다. 경쟁이 치열해지는 경영환경에서 생산성 향상이라는 목표는 매우 중요하다. 같은 조건에서 경쟁하는 기업의 상황에서 시공간을 자유롭게 활용하는 업무환경을 가진 기업과 그렇지 못한 기업의 경쟁상황은 불을 보듯 뻔하다.

그래서 많은 기업들이 스마트워크를 도입하려 하고 있지만 보안이나 업무규정의 변경 때문에 쉽게 결정을 내리지 못하고 있는 것이 현실이다. 정보의 중요성을 알고 있는 기업들이 자체 시스템을 도입하려 하지만 막대한 도입예산과 활용측면 때문에 쉽게 결정을 내리지 못하고 있다. 한번 도입하면 다시 시스템을 바꾸는 것이 어려운 이유도 한 원인이다.

업무환경의 변화에서 간과할 수 없는 분야가 협업시스템이다. 대부분의 사무작업이 각자 별도로 진행되던 상황이 각종 협업시스템의 발전으로 인해 공동으로 실시간 작업할 수 있는 상황으로 바뀌고 있다. 예를 들면 업무기획을 팀에서 한다고 했을 때 이전에는 한 사람이 기초 작업을 하고 있으면 다른 사람은 그 사람의 작업이 끝난 후 파일을 받아서 작업을 이어서 해야 했다. 그러나 현재 클라우드시스템을 통한 협업프로그램(각종 마인드맵 프로그램, 구글문서, 프레지, 카쿠, 에버노트 등)들은 동시에 여러 명의 사람들이 함께 온라인 공동작업을 진행하게 되면서 업무의 효율은 물론 한자리에 모이지 않아도 다양한 비즈니스 활동이 가능해졌다. 이러한 업무환경의 도입으로 성과를 내고 있는 사례들은 매우 많다.

본인이 교육을 담당하고 있는 지방의 한 제조업체는 모든 서류처리를 구글문서로 통일하면서 경영자가 어느 곳에 있어도(심지어 외국 출장 중에도) 현재 회사의 업무처리상황을 바로 파악할 수 있으며 실시간으로 새로운 지시를 할 수 있게 하고 있다. 그리고 10여 명의 직원들을 데리고 있는 작은 소독업체의 대표는 단지 구글캘린더로 모든 사원들의 일정을 관리하면서 이전에는 사무실에서 모든 일을 소화해야 해지만 지금은 어디에서나 업무조정이 가능해졌다고 효율성에 감탄하고 있다. 이렇게 변화된 업무환경을 통해 기업조직을 변화시키고 새로운 역동성을 만들어 가는 조직이 시장에서 살아남을 확률이 높아지는 것은 당연할 것이다.

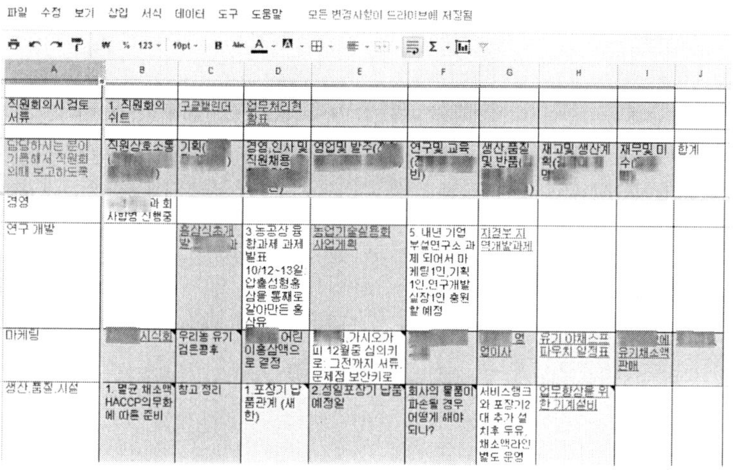

그림 11 구글시트로 관리하는 경영사례

(3) 뉴 노멀의 시대

미국의 벤처투자가인 로저 맥나미는 2005년에 쓴 그의 저서 『뉴 노멀(New Normal)』을 통해 "새로운 기준의 도래가 새로운 시대를 지배한다"라고 말했다. 음악의 예를 들어보면 과거 음악시장은 LP와 축음기가 장악하고 있었다. 그러던 것이 지금의 시대에는 몇몇 전문가를 제외하고는 LP를 구매하려는 사람들이 없으며 가끔 찍어내는 LP들은 마니아를 위해 한정판으로 만들고 있으며, 대부분의 LP들은 골동품가게를 중심으로 유통되고 있다. 지금의 시장은 디지털 음원이라고 불리는 주로 MP3의 형태나 스트리밍을 통해 유통되고 있다. 바로 이러한 기준의 변화를 '뉴 노멀'이라 한다.

시대를 앞서가기 위해 뉴 노멀을 만들어내는 빅 스위치가 되어야 한다고 맥나미는 말하고 있다. 그것은 새로운 플랫폼을 통해 서비스를 제공하는 것을 말하는데, 하나의 상품이 아닌 기술, 디자인, 인문학, 경제학적인 모든 요소를 통합한 서비스를 제공하라는 것이다. 뉴 노멀 시대의 가장 큰 특징은 무엇인가? 참여, 공유, 개방의 플랫폼이다. 이제 기업들은 자신의 비즈니스를 소비자와 함께 만들고, 함께 공유하며, 함께 기쁨을 누려야 하는 시대가 된 것이다.

스마트폰을 생각해보자. 스마트폰 운영체제는 애플 운영체제를 중심으로 하는 아이폰과 안드로이드 운영체제를 사용하는 안드로이드폰 계열로 양분되고 있다. 물론 윈도우나 바다(삼성 자체 개발 운영체제) 등을 활용하고 있는 스마트폰이 있으나 아직 미비한 실정이다. 현재 벌어지고 있는 삼성전자와 애플의 특허전쟁은 양분화된 플랫폼전쟁을 종식할 수 있는 중요한 대전인 것이다. 만약 어느 한 플랫폼이 승리한다면 상대방의 플랫폼에 속해 있는 많은 기업들이 심각한 위기를 겪을 수 있는 것이다. 이렇듯 새로운 표준에 대한 경쟁은 치열하다.

뉴 노멀의 시대에 살아남는 비결은 표준을 만들어내던지, 만들어질 표준에 최적화된 시스템을 만들어내는 방법뿐이다. 애플의 스티브 잡스가 처음 스마트폰의 개념을 설명했을 때 많은 소비자들이 열광했다. 과연 그러한 제품이 나올 수 있을지에 대해 놀랐었고, 그런 개념에 대해 하나둘씩 자신의 생각들을 덧붙여나갔다. 애플이 처음 만들었던 스마트폰은 실패했으나 스티브잡스가 플랫폼을 통해 함께 만들어가는 방식을 통해 보여준 새로운 개발방식은 완전히 새로운 개념을 만들었으며, 하드웨어를 파는 회사가 아니라 아이튠즈라는 플랫폼을 만들어내서 새로운 시장을 창조하였다. 새로운 표준을 만들게 되면서 휴대폰시장을 압권하게 된 것이다.

그림 12 아이튠즈 화면

(4) 빅데이터산업의 성장

스마트폰의 사용으로 인한 데이터폭주의 상황은 IT산업뿐만이 아니라 다른 산업과 사회의 각 부분까지 영향을 미치고 있다. 2010년에서 2015년까지 모바일트래픽은 92%, 인터넷 트래픽은 연평균 34% 성장할 것이라고 Cisco의 2011년 보고서는 예측하고 있다. 2011년 트위터의 보고에 따르면 월간 1억 명의 트위터들이 적극적으로 이용하고 있으며, 하루 평균 2억 개의 트윗이 생산되고 있다고 밝히고 있다. 오늘날 11억 명의 사람들이 소셜네트워크를 이용하고 있으며, 2억 5천만 명이 페이스북에 매일 사진을 올리고 있다(2011년 통계). 이렇게 많은 데이터들의 생산은 새로운 산업의 등장과 함께 산업지형을 서서히 바꾸고 있다.

빅데이터의 분석과 관리를 위한 클라우드 산업의 성장과 많은 데이터들의 안전성 문제를 점검하는 데이터 보안산업의 성장, 빅데이터분석을 통한 다양한 예측모델의 성장들이 그것이다. IT관련 기업의 성장은 물론 산업계에 미치는 영향 또한 매우 크다. 많은 기업들이 빅데이터 분석을 통해 트랜드를 예측하고 새로운 서비스를 기획하거나 평가하는데 사용하고 있다.

슈퍼컴퓨터로도 감당하기 힘든 데이터를 분석하는 방법은 중요하다고 생각되는 정보를 선별적으로 필터링하고 재분석하는 형태로 이루어지게 된다. 이러한 과정에서 중요정보를 선별하는 방법에 따라 분석치가 달라질 수 있는데 이것의 정확성을 올리는 것이 소셜분석의 핵심이다. 이러한 분석과 관련하여 소셜큐레이터의 역할을 중요하게 생각하는 입장과 함께 정보통제를 하는 새로운 권력인 빅브라더의 등장을 얘기하는 입장이 있는 것이다.

일반 기업의 입장에서는 다양한 정보가 난무하는 상황에서 기업에 영향을 미칠 정보들에 대해 신속하게 분석해내고 그 대응을 하는 것이 중요하다. 기업이 가지고 있는 각종 온라인매체에 대한 분석과 함께 SNS를 통해 만들어지는 기업 관련 데이터들을 수집하고 분석해내는 것이 중요하다. SNS를 통해 쏟아지는 기업 데이터의 분석과 대응이 한 기업의 흥망성쇠를 좌우할 수 있는 시대이다.

지금까지 SNS가 무엇인지, 어떠한 영향을 가지고 있는지에 대해서 살펴보았다. 다음 장에서는 SNS가 기업에는 어떤 영향을 미치고 있는지 알아보고자 한다.

02 양날의 칼, SNS

1) SNS가 기업환경에 미치는 영향

SNS가 기업에 다양한 영향을 미치고 있다. 새로운 마케팅의 도구로 활발하게 이용되기도 하지만 자칫 잘못 사용된 결과로 인해 기업의 존폐를 위협할 정도의 큰 손해를 겪기도 한다. SNS의 적절한 활용을 통해 기대해 볼 수 있는 성과는 다음과 같다.

(1) 참여와 공유의 기능을 활용한 고객소통창구로 활용

SNS와 관련하여 기업 활용도가 가장 큰 분야가 고객대응분야이다. 많은 기업들이 고객들과의 대화나 의견 청취를 수렴하려 하지만, 콜센터나 고객담당부서가 제대로 된 고객불만사항이나 의견을 경영진에게 전달하지 못하고 있는 것이 실상이다. 때로는 잘못된 응대로 인해 기업이미지를 훼손하는 경우도 있기에 고객대응부서의 역할이 중요하게 부각되고 있다.

SNS를 통해 실시간으로 고객의 의견을 접수하고, 응대하는 기업들이 늘고 있다. 이러한 활용은 신속한 처리를 가능하게 하여 처리비용의 절감은 물론 기업이미지의 향상까지 가져오게 된다. Q&A나 고객응대분야를 블로그나 SNS채널을 활용하는 경우가 점점 늘고 있는 이유이다.

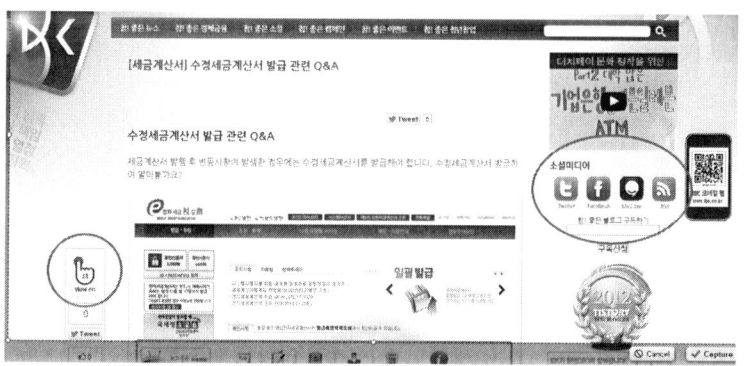

그림 13 ┃ IBK 은행의 Q&A 게시판과 SNS계정 연동 운영사례

(2) 각종 정보의 제공을 통한 소비자의 참여 유도 - 협업과 참여 마케팅

SNS가 생산자 중심의 비즈니스 현장을 소비자가 함께 참여하여 변화시키는 현장으로 바꾸고 있다. 많은 기업들이 블로그나 페이스북을 통해 소비자와 소통의 창구를 늘리고 있으며 적극적인 의견의 수용처로 활용하고 있다. 상품에 대한 정보는 물론 관련한 다양한 정보들까지 제공하면서 상품과 관련된 문화를 만들어가는 공간으로 활용하고 있다. 코카콜라의 경우 페이스북을 통해 새로운 브랜드 상승효과를 만들면서 정크푸드라는 이미지를 벗어버리고 젊은이와 소통하는 기업의 이미지를 만들어낸 바 있다. 단순히 코카콜라의 상품을 선전하는 것이 아니라 젊은이의 문화에 대한 향수와 다양한 이미지의 공유를 통해 코카콜라가 젊음의 표현양식이라고 말하고 있는 것이다.

그림 14 젊고 친근한 이미지로 성공한 페이스북 코카콜라페이지

또한 미국의 팝가수 레이디가가는 신인 시절 아무도 자신을 거들떠도 보지 않았다. 그녀는 페이스북에 자신의 음악비디오와 파격적인 사진들을 게시하면서 서서히 인기를 얻게 되어 오늘날 세계적인 가수로

성장하게 되었다. 현재 레이디가가의 페이스북 페이지의 팬 수는 5천만 명을 넘어서고 있는데, 무명가수이던 레이디가가의 음악이 SNS로 공유되면서 일약 세계적인 가수로 성장하게 된 것이다. 이러한 성공사례의 원인은 무엇일까? 그것은 함께 만들고 함께 즐기며 새로운 문화를 공유하려는 강한 공감대 형성이 가능했기 때문이다. 이렇게 소비자와 함께 만들어가는 새로운 마케팅이 가능한 것이 SNS마케팅이다.

그러나 기업이 SNS를 활용하는 측면은 일방적인 광고전달의 수단으로 사용하는 경향이 많다. 그러기에 소통의 측면은 미흡한 것이 현실이다. 일방적인 전달이 아닌 쌍방소통을 전제하는 설계를 반드시 염두에 두어야 한다.

(3) 소셜데이터 분석을 통한 마케팅 조사 활용

시시각각으로 변하는 소비자의 심리를 파악하는 것은 매우 어려운 일이다. 사실 기업들마다 마케팅 분석을 하고는 있지만 단지 형식적인 조사로만 그칠 경우도 많다. 이러한 조사를 바탕으로 진행되는 전략의 성공은 보장하기 힘들다.

기업과 연결된 SNS매체의 분석을 통한 조사는 실시간, 소비자의 참여를 통해 진행된다는 측면에서 다른 조사방법에 비해 얻을 수 있는 기대효과가 크다. 만약 기업이 고객에 대한 설문조사를 한다고 할 때 기존의 방법을 생각해보면 고객 분석과 고객과의 미팅 등 고려해야 할 점이 많다. 그러나 SNS를 통한 설문조사는 이미 확보된 사람들에게 간단한 이벤트 초청만으로 설문조사가 이루어지는 것은 물론 고객의 설문내용이 바로 시트로 축적되면서 데이터 분석이 가능하다. 이러한 기능을 잘 활용한다면 고객들의 소비자심리를 더 잘 파악할 수 있는 것은 물론 비용절감과 기간단축의 효과를 만들 수가 있다.

(4) 세계와 연결되어 있는 시스템을 활용한 글로벌마케팅 전략 가능

SNS의 가장 큰 장점 중의 하나가 글로벌하다는 것이다. SNS를 통해 세계 각국의 사람들과 연결이 되고 있고 대화가 이루어지고 있다. 본인도 한류의 영향 때문인지 가끔 SNS를 통해 한국의 가수나 문화에 대해 묻는 외국인이 있다. 또한 한국의 가수 싸이는 단지 유튜브의 동영상만으로 한국에서 활동하고 있지만 세계적인 가수로 발돋움하게 되었다. SNS의 글로벌한 특성을 말해주는 바다.

이러한 글로벌한 특성을 잘 활용하면 국내기업의 해외진출을 보다 용이하게 진행할 수 있다. 이미 진출해 있는 기업들도 실시간으로 그 나라의 특성과 고객상황을 점검해볼 수 있다. 다만 각 나라마다 SNS의 사용환경이나 주사용 매체들이 다르기 때문에 현지에 맞는 매체 선택과 그 나라 실정에 맞는 전략을 선택해야 한다. 가령 중국의 경우 페이스북을 차단하고 있어 중국판 페이스북이라고 부르는 '런런왕(人人网, www.renren.com)'이 1억6천만 명의 가입자를 가지고 운영되고 있다. 만약 중국으로 진출하는 기업이라고 한다면 '런런왕(人人网)'에 미리 기업계정을 만드는 것이 필요하다는 것이다.

그림 15 페이스북과 거의 비슷한 UI를 채택한 런런왕(人人_, www.renren.com)

(5) 스마트워크를 통한 탄력 근로 유도와 통합적 인사관리(온라인 HR)

기업이 SNS의 도입으로 얻어지는 장점 중 하나인 협업능력은 시간과 장소에 구애받지 않고 업무를 진행할 수 있는 방안이다. 많은 기업들이 처음 SNS를 도입하려 할 때 직원들로부터 저항을 받는 이유는 새로운 업무를 추가한다는 생각 때문이다. 그러나 SNS의 도입과 더불어 시스템 자체를 변화한다면 오히려 업무의 효율성은 늘리면서도 탄력적인 근무환경을 만들 수 있다.

사무실을 중심으로 일이 진행되었던 시스템에서 언제 어디서나 실시간으로 업무가 가능한 시스템으로 변화되는 것이다. 자신이 있는 곳 자체가 바로 사무실이며 영업장이 된다는 말이다. 이렇게 실시간으로 업무협의가 이루어지고 결정이 되면 업무효율성의 증가와 더불어 새로운 근무환경 조성도 가능하게 된다. 물론 기존의 성과보수체계를 가지고는 이러한 측면을 담아 낼 수 없다. 노사가 협의하여 새로운 시스템을 만들어가는 데 함께 노력해야 한다.

또 하나 인사와 관련한 장점으로는 인사관리의 효율성이다. 미국의 경우 많은 인사담당자들이 링크드인을 통해 회원들의 경력사항과 인맥 등을 파악하여 경력사원 채용용도로 활용하고 있다. 이러한 온라인 검색은 매우 중요하다. 기업의 입장에서는 좀 더 유능한 인재를 구하는 것이 중요한데 채용을 하고서 그 사람의 능력을 파악하게 된다면 효율성이 떨어지게 된다. 온라인에서 채용대상자의 경력과 인맥, 언행이나 활동 내용들을 미리 파악하여 잘못된 인재선발을 줄일

인사담당자가 보는 SNS항목
(단위=%)

항목	%
지원 직무 관심도	58.0
평소 언행·가치관	38.0
인맥 등 대인관계	28.0
프로필	20.0
지원회사 인지도	16.0
취업 고민과 준비	14.0
다양한 사회 활동	14.0
디자인 활용 능력	12.0

*자료=사람인

그림 16 인사담당자가 보는 SNS항목

수 있는 것이다. 기업의 성패를 좌우하는 중요 요인 중 하나인 인사관리 문제에는 이미 SNS가 관행이 되고 있다. 국내에서는 링크드인과 유사한 서비스를 하고 있는 링크나우를 더 활용하는 편이다.

SNS의 도입과 더불어 장점을 기술해보았다. 그러나 모든 도구에는 장점만 있는 것이 아니다. SNS도 잘못 쓰면 독이 될 수 있는 측면을 가지고 있기 때문에 다음 장에서는 현장에서 잘못 활용되어 낭패를 본 사례와 함께 대처방안에 대해 생각해본다.

2) 방심하면 다쳐!

일명 "채선당 임산부폭행사건"으로 SNS를 떠들썩하게 했던 사건이 2012년 2월 17일 발생하였다. 사실 사건의 내용은 별 것 아니었지만 손님 유모(32) 씨가 이날 밤 인터넷 카페에 "임신 24주 된 맘이에요. 오늘 천안 채** 식당 종업원에게 배 폭행당했어요"란 글을 올리면서 일의 발단이 시작되었다. 내용은 '아줌마'라고 불렀다는 이유로 종업원에게 폭행을 당했다는 것이다. 이 내용은 인터넷에 급격하게 퍼지게 되었고 이틀 만에 전국적으로 확산되면서 언론에도 오르는 등 이슈가 되었다. 이 내용으로 인해 채선당은 한 달 동안 매출액 급감은 물론 큰 이미지 하락을 가져왔다. 결국 경찰조사까지 이어지면서 가벼운 말다툼에 불과했다는 것이 알려지면서 반대로 SNS의 심각성을 생각해보게 된 계기가 되었다. 이미 이러한 사례는 국내만이 아니라 외국에서도 다양하게 존재하고 있다. 몇 가지 SNS에 대한 기업대응의 실패사례를 통해 대처방안을 생각해보자.

(1) 2009년 부활절 시즌인 4월 미국 노스캐롤라이나 주 고너버라는 작은 마을의 도미노피자 매장에서 두 명의 직원이 스틱 치즈를 자신

의 코에 넣었다가 다시 샌드위치에 넣는 등 비위생적이고 역겨운 행위로 구성된 동영상을 장난삼아 제작해 유튜브에 올렸다. 이 영상은 유튜브를 통해 신속하게 퍼져나가면서 고객들의 민원이 빗발치기 시작했다.

기업 대응: 도미노피자는 신속히 자체적인 조사를 통해 책임자가 직접 종업원이 촬영한 영상이 잘못된 것이라는 것을 증명하고 이와 같은 일이 다시는 재발되지 않도록 약속하는 동영상을 제작해 역으로 대응했다. 결국 피자는 고객에게 배달되지 않았으며, 종업원들의 단순한 장난으로 밝혀져 신뢰를 회복할 수 있었다.

그림 17 도미노피자미국사장의 사과 동영상

(2) 2005년 델컴퓨터의 고객 지원이 부정적이라는 평판을 갖고 있던 상황에서 파워 블로거 제프 자비스(Jeff Jarvis)가 자신의 델컴퓨터 수리를 요청하였다. 그러나 그 수리가 제대로 이루어지지 않자 자비스는 그의 개인 블로그인 BuzzMachine에 1,600 달러짜리 컴퓨터를 수리하기 위해 어려웠던 일들을 글로 작성해 올렸다. 그 내용은 수십 번의 이메일을 보냈으며, 델컴퓨터 고객 서비스 라인에 전화를 해도 답변을 얻을 수 없었다는 것이었다. BuzzMachine의 일일 방문자가 평소 대비 2배로 증가하면서 1만 명 이상이 방문하게 되면서 델컴퓨터를 바꾸라는 고객의 목소리가 커지기 시작했다.

기업대응: 델은 보다 많은 콜센터를 세우고, 고객의 전화를 받는 직원들의 트레이닝 프로그램을 개선하겠다는 발표를 하게 된다. 결국 블로그 한 사람에게 대기업이 손을 들게 된 것이다.

(3) 2010년 3월, 환경보호단체 그린피스가 유튜브에 네슬레를 비판하는 패러디 동영상을 올렸다. 동영상의 내용은 한 직장인이 네슬레에서 만든 킷캣(KitKat) 초콜릿을 먹는데, 초콜릿 봉지에서 나온 것은 오랑우탄의 손가락이었고 그가 킷캣을 한 입 베어 먹자 오랑우탄의 손가락에서 피가 나는 장면이었다. 네슬레는 초콜릿 킷캣을 만들기 위해 이전부터 인도네시아의 '시나마스'라는 기업으로부터 팜오일을 받아왔는데 그린피스는 '시나마스'가 오랑우탄의 서식지인 열대우림을 심각하게 훼손하는 환경파괴 기업이라고 지적하며 이러한 기업과 거래하는 네슬레를 비판한 것이다. 네슬레는 저작권을 문제 삼아 동영상 삭제 요구를 했으나, 오히려 지식공유를 주장하는 네티즌들까지 가세하는 반발을 사게 되었다. 네슬레에 분노하는 의견이 네슬레 페이스북에 계속적으로 올라왔고 부정적 이미지는 더욱 커져만 갔다.

기업대응: 네슬레는 시나마스와 모든 거래를 중지하고 환경을 훼손하는 기업과는 함께 일하지 않겠다는 선언을 자신의 홈페이지에 올리게 되었다.

(4) 2011년 12월 김정일의 사망 소식이 보도되자 탐앤탐스 공식 트위터에 "모두 점심 맛있게 드셨어요? 먹고나니 노곤노곤. 탐탐이는 도시락 멤버들과 점심 먹으면서 북한 소식을 접해 듣고 깜짝 놀랐답니다. 그의 죽음에 혹자는 기뻐하고 혹자는 두려워하는 걸 보니 참 씁쓸하네요. 김정일 위원장님 삼가 고인의 명복을 빕니다."라는 글이 올라왔다. 탐앤탐스 트위터 팔로워들은 남북관계를 고려할 때 신중하지 못한 트윗을 날린 것에 대해 분개하면서 SNS를 달구기 시작했으며 뉴스에까지 보도되기 시작했다.

기업대응: 탐앤탐스 마케팅기획본부 팀장이 신속히 사죄의 글과 절을 하는 사진을 올리면서 일단락되었으며 트윗을 올린 직원은 퇴사한

것으로 확인되었다. 개인적 의견이 전체 기업의 의견으로 받아들여져 위기를 만들게 된 사례이다.

(5) 이건희 삼성전자 회장을 사칭한 가짜 페이스북 계정. 이 가짜 계정은 페이스북 페이지에 이 회장의 사진까지 버젓이 걸어놓고 마치 증명된 계정인 것처럼 속인 것으로 알려졌다. 별다른 피해는 없었으나 삼성에서 대처하려고 했을 때에는 이미 많은 사람들이 팔로우했던 것으로 알려져 있다.

그림 18 탐앤탐스 트위터와 마케팅팀장의 사과

기업대응: 본사 홈페이지에 공식적으로 주의를 당부하는 글을 게시했으며 당 계정은 운영자에게 요청해 삭제하였다.

(6) SNS상에 위장 계정을 이용한 악성바이러스 유포나 좀비컴퓨터를 만들어 타인의 아이디를 통해 메시지를 발송하는 악성코드 유포가 늘고 있다. 대부분 이러한 방법들은 타인의 컴퓨터에 좀비바이러스를 퍼트리려는 목적으로 활용되지만 제2차, 3차의 피해를 유발할 수 있기 때문에 조심해야 한다. 대부분 인맥을 맺은 사람으로부터 온 메시지라 아무 생각 없이 열었다가 낭패를 보는 일이기 때문에 이상하다 싶으면 열어보지 않는 것이 상책이다(대부분 메시지에 링크를 첨부하여 악성코드를 연결시키게 된다. 따라서 좀 이상하다 싶으면 링크를 열지 않아야 한다).

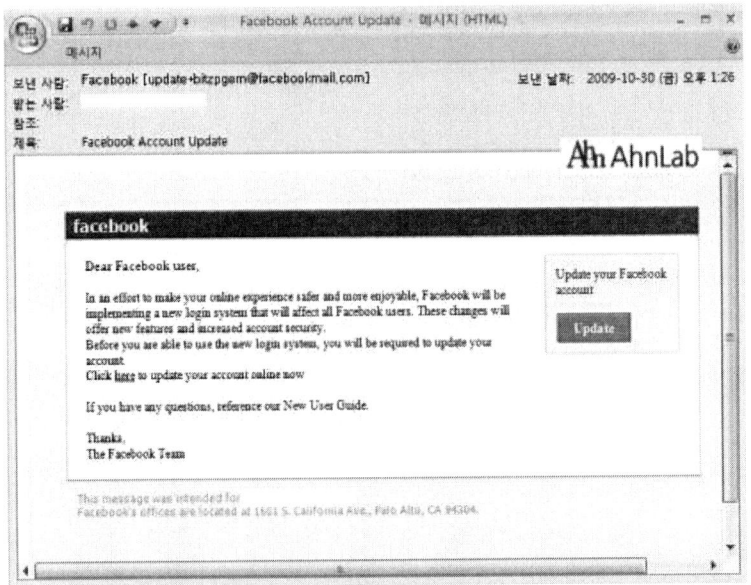

그림 19 페이스북에서 발송하는 이메일로 위장한 악성코드 유포

(7) 카카오톡이 패쇄적 소통의 공간이 되면서 잘못된 소문을 유포시키는 웃지 못할 일도 많이 발생하고 있다. 하나의 사례를 들어보면 올해 중반 평소 카카오톡의 전송망부하를 문제 삼아 통신사와 카카오톡측과 갈등을 빚고 있던 때의 일이다. 통신사의 입장에서는 카카오톡으로 인한 문자 메시지의 현저한 감소와 통신망의 부하가 심각한 위험요소로 다가오고 있는 것은 사실이다. 그런데 그 와중에 보이스톡이라는 무료음성전화 서비스가 진행되자 갈등의 골이 커지고 있던 상황이다. 그러나 통신사의 입장에서 스마트폰의 거의 모든 사용자가 카카오톡을 쓰고 있는 상황에서 무리하게 특정서비스를 제한하기도 싫지 않은 것이 현실이다.

이러한 사실을 바탕으로 카카오톡에 갑자기 동일한 내용의 메시지가 유포되었다. 그것은 보이스톡서비스가 주말이 지나면(금요일부터 퍼지기 시작함) 보이스톡 프로그램을 다운받을 수 없으며, 그 이후부터는 이미 승인한 사람만 사용할 수 있다는 내용이었다. 사실 많은 사용자가 사용하는 프로그램을 통신사가 일방적으로 제한한다는 것은 불가능한 일이었지만 카카오톡과의 갈등상황을 이미 알고 있던 많은 사람들이 이 소문에 영향을 받아 소문의 파도타기를 했던 것이다. 결국 이 소문은 근거 없는 것으로 판명이 났으나 SNS를 통한 잘못된 정보의 유통으로 문제가 될 수 있다는 것을 보여준 사례이다.

지금까지 다양한 사례를 통해 기업과 관련한 SNS의 위험성에 대해 알아보았다. 위의 사례들을 보면 이미 우리들의 실생활에 SNS가 다양한 영향을 미치고 있다는 것을 알 수가 있다. 따라서 SNS가 가져온 변화에 대해 대처하는 것은 당연한 상황이며, 이러한 것이 꼭 대기업만이 해당되는 것이 아니라 언제 어디서나 누구에게나 발생할 수 있는 상황이라는 것이다. 그래서 SNS에 대해 정확히 판단을 하고 대처를 하는 것이 중요한 것이다.

많은 기업들이 SNS마케팅에 몰두하고 있다. 그것은 SNS의 신속하면서도 다양한 확산의 방법이 마케팅에 접목될 수 있는 가능성이 많기 때문이다. 이러한 이유로 인해 많은 기업들이 기업홍보의 도구로 SNS를 바라보고 있다. 그러나 여기에서 중요한 것은 'Social'이라는 부분이다. 사회적 관계형성이라는 목표를 생각하지 않고 무리하게 홍보의 도구로만 활용한다면 효과도 없을 뿐 아니라 자칫 역효과도 날 수 있다. 많은 사람들이 기업에서 오는 홍보메일을 스팸처리하거나 열어보지도 않는다는 사실을 상기해야 한다.

그래서 이 장에서는 SNS를 내 사업에 잘 활용할 수 있는 법칙과 전사적 차원에서 SNS대응을 어떻게 할 것인지를 생각해보고자 한다. 주로 이 책에서는 개별적인 서비스 활용보다는 원칙적인 측면을 다루려고 한다. 전체적인 전략을 볼 수 있다면 세부적인 기술은 얼마든지 활용할 수 있기 때문이다.

1) SNS마케팅 성공전략

SNS마케팅에서 가장 중요한 것은 '관계'라는 개념이다. 기업이 조급하게 먼저 자신의 이득만을 광고한다면 소비자들은 다 외면하게 될 것이라는 점을 명심해야 한다. 그래서 SNS마케팅에서 중요하게 생각해야 할 방향은 기업이 자신의 비전과 함께 고객과 함께 만들 장기적인 목표를 세우는 것이다. 이러한 목표를 통해 새로운 기업이미지를 제시하면서 관계를 만들어가야 한다. 요즘 '소셜'이라는 말이 듣기 싫을 정도로 많이 유포되고 있다. 그러나 '소셜'이라는 단어의 의미를 잘 살리고 있는 사람들은 과연 얼마나 되나 하는 의구심이 들 때가 너무 많은 것 또한 현실이다. 소셜의 진정한 의미를 생각하는 마케팅이 되어야 하는 것이다. 이러한 목표를 세우는 단계를 알아보자.

(1) 공감할 수 있는 목표를 세워라

SNS마케팅은 관계를 중심으로 한 마케팅이다. 이것은 일반적인 마케팅과 구별되는 개념이다. 일방적인 기업의 홍보전략은 오히려 효과가 없다는 것을 의미한다. 관계를 만들기 위한 마케팅에서 공감은 가장 중요한 덕목이다.

공감을 만들기 위해서는 구체적인 것으로 출발해야 한다. 특히 사람들의 경험을 통해 쉽게 전달할 수 있는 것이 필요하다. 월드컵의 함성이나 올림픽 메달의 순간 등이 우리들의 마음을 감동시키는 것은 찐한 감동의 순간을 함께 했기 때문이다. 함께 만들었다고 하는 느낌들이 서로의 공감대를 자극하게 되는 것이다.

작은 이벤트의 경우 좋은 이름 공모나 사연 접수 등의 아이디어가 더 효과가 높은 이유가 이런 이유 때문이다. 작은 기업의 경우 자신의 상품이나 서비스와 관련된 사진이나 이야기 등을 공모하는 것은 재미도 있을 뿐더러 참여하는 사람들이 적극적인 기업의 홍보요원이 될 수 있다는 것을 생각해야 한다.

이러한 감동의 내용을 그림이나 동영상으로 표현하는 것이 중요하다. 듣는 것보다는 시각으로 전달받는 것이 더 강한 메시지를 전달하기 때문이다. 한 장의 사진을 뽑아내기 위해 수많은 필름을 소비하는 작가의 심정으로 표현해야 하는 것이다.

공감마케팅에서 중요한 것은 소비자와 함께 만들어야 한다는 것이다. 함께 만든 경험은 남의 것이 아니라 자신의 것으로 인식하게 된다. 소비자들과 함께 만들어낸 마케팅은 소비자를 단순히 대상으로 만들지 않고 소비자가 만들어낸 새로운 주체적인 시장으로 인식하게 된다. 애플이 단순히 아이폰을 파는 기업이 아니라 아이튠즈를 통해 함께 새로운 생태계를 만드는 기업으로 인정받은 비결이 여기에 있는 것이다. 소비자들에게 묻고 소비자들에게 대답하려는 기업의 자세가 필요한 것이다.

그림 20 SNS마케팅의 흐름도

　이러한 소비자 마케팅을 만들기 위해서는 정확한 대상을 설정하는 작업이 필요하다. 나의 서비스를 함께 개척하고 함께 만들어 갈 사람이 정확히 누구이며 어디에 있는지 찾아야 한다. 우리 제품을 필요로 하는 사람들이 누구이며, 그들의 숫자는 어느 정도이며, 그들에게 우리가 어필할 수 있는 방법은 무엇인지 고민해야 한다. 이러한 측면으로 인해 마케팅 분석은 매우 중요한 과정이며 정확한 수치를 필요로 하는 작업이다. 프랜차이즈를 창업하는 사람들도 이 부분은 매우 중요한데 본사에서 조사한 수치를 믿지 말고 자신이 직접 발품을 팔아

조사해야 한다. 작은 기업이나 큰 기업이나 제대로 된 분석을 해야만 성공적인 전략을 만들 수 있다는 것을 염두에 두어야 한다.

분석을 위해 중요한 점은 마케팅을 통해 달성하고자 하는 목표다. 목표설정이 정확해야 방법이 치밀해진다. 목표를 설정할 때에는 하나의 목표만 만들어야 한다. 목표의 중첩은 마케팅의 혼선을 가져와 이루고자 하는 성과를 가지기 힘들게 만든다. 장기적 목표와 단기적 목표를 구분하고 당면 과제를 통해 얻고자 하는 목표를 분명히 해야 한다.

목표달성에서 중요한 점은 숫자화 한다는 것이다. 정성적 달성치와 정량적 달성치를 분리하고, 구체적인 숫자를 제시함으로서 사람들에게 명확한 목표를 제시해야 한다는 것이다. 가령 1위 업체 달성이라는 추상적인 목표가 아니라 시장 분석을 통해 2013년 3월까지 상품 매출 10억 달성(A상품 1만 개, B상품 2만 개)라는 목표를 제시해야 한다는 것이다. 그러한 구체적인 숫자가 나올 때 우리의 행동의 방식도 결정되기 때문이다.

창업가게의 경우 우리 동네에서 제일 맛있고 손님 많은 가게가 되자는 목표는 좋은 것 같지만 집중점을 만들기 힘들게 하는 목표가 된다. 너무 맛이 있어 손님들이 자리에 차고 넘치는 가게(일일 3회전, 매출액 100만원 달성)이라는 목표가 더 구체적이고 명확하다. 그리고 이러한 목표를 숫자로 표현하고(위의 경우를 보면 일일 3회전 목표 등), 3~6개월 목표, 1년 목표, 5년 목표로 구분하여 수립하는 것이 필요하다는 것이다.

다시 원론으로 돌아가 SNS마케팅에서 중요한 것은 소비자와 함께할 수 있는 목표를 세우는 것이다. 그렇기 위해서는 소비자가 원하는 것을 찾아야 하며, 그러한 소비자의 욕구에 기업의 목표를 결합시키는 것이 중요하다. 애플이 소비자들이 스마트폰을 통해 구현하고 싶은 욕구를 함께 고민했을 때 오늘날과 같은 새로운 상품시장이 만들어졌듯이 소비자가 동의하는 목표를 세워야 한다. 항상 소비자의 입장에서 상품을 생각해보는 자세가 중요하다.

이러한 부분은 기업의 사회적 역할이라는 부분과 연결되는데 기업이 자기 이익만 만들어내는 집단이 아니라 사회적 인력 창출이나 경제 활력이라는 부분을 만들어가는 협력자로서의 역할을 강조해야 한다. 이 원칙이 기업 마케팅에 녹아 있어야 한다. SNS마케팅에서 가장 중요한 것은 소비자와 함께 하는 것이며, 사회적 책임을 강조하여 진정한 기업가치를 창조할 수 있는 방법이라는 것이다.

이러한 마케팅이 성공하기 위해서는 다수의 사람들이 인정할 수 있는 방법으로 만들어야 한다. 사람들이 함께 하기 위해 너무 어렵거나 너무 추상적인 목표라면 사람들이 공감하기 힘들다. 그래서 단순하면서도 구체적인 방법으로 실행하는 것이 중요하다.

프랜차이즈 창업점들도 단순히 본사가 시키는 대로 하는 것도 중요하지만 지역에 속한 한 기업이라는 사실을 생각하고 지역의 일에 참여하는 자세가 중요하다. 이전 휴대폰 1위 판매점의 대표자 이야기가 떠오른다. 자신의 가게에서 일하는 직원들을 점원으로 대하는 것이 아니라 함께 하는 동역자로 생각하면서 근속할 수 있는 여건 만드는 것에 집중하다 보니 저절로 1위 판매점이 되었으며, 1년 이상을 못 버티는 일반적인 판매점과는 달리 자신의 가게는 5년 이상의 근속자가 많다고 하는 말은 창업자의 자세가 얼마나 중요한지를 보여주는 것이다. 이 판매점의 직원들은 스스로 다른 가게의 상황까지 관리하며 자신의 맡은 일을 해나간다고 한다. SNS는 단순히 온라인상으로만 만들어지는 것이 아니라 오프라인의 실제에선 온라인이라는 것을 알아야 한다.

(2) SNS마케팅은 감성마케팅이다

SNS마케팅에서 중요한 것은 디자인이다. 사람들의 감성을 흔들 수 있는 디자인이 중요하며 공감화된 관심으로 디자인해야 한다.

공감화는 개인화된 관심에서 출발한다. 사람들은 자신의 일로 받아들여질 때 공감이 커지게 된다. 기업마케팅을 소비자가 자신의 것이라고 생각하게 만들어야 한다. 요즘 마케팅에서 공모전이나 개인의 이야기를 많이 활용하려 하는 것은 이런 이유 때문이다. 마케팅이 기업에서 하는 행사가 아니라 기업과 함께 하는 자신의 일이라고 생각하면서 공감하게 되는 것이다. 광고 카피들이 1인칭 시점으로 만들어지는 이유이기도 하다. '이런 일을 하는 사람은 얼마나 좋을까'가 아니라 '이런 것을 하면 얼마나 좋을까'로 만들어야 한다는 것이다.

사람들은 돈보다는 시간을 투자하는 것에 더 애정을 가지게 된다. 돈을 주고 산 비싼 모형보다 자신이 공을 들여 만든 서툰 모형이 더 값지게 느껴지는 것은 이러한 이유 때문이다. SNS마케팅에서 이러한 특성을 활용하는 것이 필요하다. 사람들이 시간을 투자하여 무언가를 만들어내고 그렇게 만든 것을 함께 공유할 때 가장 큰 애정을 가지기 때문이다. 내가 참여해서 만들었다는 생각은 단순히 기업이 제공한 것이 아닌 내가 속해 있는 새로운 세계인 것이다. SNS마케팅은 바로 이러한 것이다. 기업은 단지 발판만 만들어내고 소비자들이 참여해서 만들어가는 것이다. 이러한 마케팅은 돈과 광고로 만들어진 광고보다 훨씬 더 큰 공감을 만들어 간다.

사람들의 참여를 유도하기 위해서는 소비자들이 흥미를 둘 만한 관심거리를 제공해야 한다. 소비자의 욕구를 파악하고 그들의 관심이 가 있는 곳을 찾아야 한다. 많은 기업들이 연예인 마케팅에 치중을 하는 것은 이러한 이유 때문이다. 그러나 잘 생각해보면 이러한 관심을 찾을 수 있는 것은 많다.

페이스북에서 이루어졌던 사례 중의 하나를 들어보자. 2011년 매우 더운 여름이었다. 초복날이 왔고 많은 사람들이 삼계탕이나 보신탕을 찾을 때였다. 이때 페이스북에 한 여성이 다음과 같은 글을 올렸다. "무더운 복날 두 시간씩 기다려서 부실한 삼계탕 먹느니 제가 잘 아는 닭강정집이 있는데요…"라는 글이었다. 글의 내용은 삼계탕집에서 줄을 2시간씩 서서 기다리기보다는 닭강정을 시켜먹으면 편리하기도 하고 양도 많다는 얘기이다. 이후 많은 사람들이 댓글을 달면서 호응을 했고 여기에 소개된 닭강정집도 대박이 났다는 얘기다. 나중에 알게 되었지만 이글을 올린 여성분은 닭강정집의 딸이었다.

이 얘기가 성공적으로 끝날 수 있었던 것은 여러 가지 원인이 있었으나 사람들의 관심이 더위와 복날에 있었다는 사실을 잘 엮어 만든 소재라는 점이다. 복날에 뭐라도 먹어볼까 하는 생각을 감성적으로 잘 파고들었던 사례였다. 이렇게 소비자들의 관심을 파고드는 것이 중요하다.

사람들이 관심을 가질 만한 주제를 찾았다면 이제는 놀라움을

그림 21 페이스북 활용의 예 (닭강정집 사례)

연출하는 것이 필요하다. 이미 우리는 자극적인 경험으로 가득 찬 세계에 살고 있다. 이런 세계에서 평범한 내용으로 사람들의 관심을 받기는 쉽지 않다. 그러나 중요한 점은 사실에 입증된 것이어야 한다는

것이다. 놀라운 사실을 말하려고 일부러 꾸민다거나 허황된 진실을 유포한다면 역효과를 낼 수 있음을 명심해야 한다. 사실로 시작하지만 감동을 줄 수 있고 놀라움을 만들 수 있는 연출이 필요하다는 것이다.

요즘 광고화면에서 나오는 스틸이나 연속 컷으로 이루어진 장면의 연출은 단순한 장면을 우리 옆에 있는 놀라운 사실로 만들어주고 있다. 우리가 수없이 보아왔던 장면이지만 그 순간을 바라 본 순간 놀라움을 발견할 수 있었고, 그 발견에 감동을 받게 되는 것이다. 내가 아는 것에 공감을 하고, 놀라움에 감동을 하는 마케팅이 필요한 것이다.

SNS마케팅의 핵심은 공감하는 마케팅이라는 것이다. 함께 공감하기 위해서는 소비자들에게 질문을 던져야 한다. 커피프림의 문제를 지적하여 일약 커피시장을 장악한 모 커피광고는 사람들에게 건강의 문제에 대한 질문을 던져서 성공을 하였다. 사실 이 문제는 이미 중국산 멜라민분유 파동으로 인해 프림이 안 좋다는 이미지가 형성되어 있었으나 습관적으로 일회용 커피를 마시는 사람들에게 건강을 위해 커피를 바꿔야 한다는 질문을 던지면서 사람들의 심리를 파고들었다. 이 질문으로 인해 사람들은 건강을 위해 커피를 바꾸어야겠다는 움직임이 만들어지게 되었다. 작은 질문이 소비자의 공감을 통해 시장까지 바꾸는 힘을 갖게 된 것이다.

그림 22 커피프림의 문제를 지적하여 일약 커피시장을 장악한 모 커피광고

또한 중요한 것은 유머를 사용하라는 것이다. 즐겁지 않다면 사람의 마음을 움직이기 힘들다. 물론 공감에서 슬픔이나 놀람, 분노라는 정서도 중요하지만 긍정적인 반응을 만들어 내기에는 유머가 더 중요하다. 그러나 유머를 사용하되 목적 없이 사용하지 말고 전략적으로 만들어야 한다. 개그에서도 무조건 웃기려 하기보다는 반전이 더 재미있듯이 유머를 사용하되 어떤 시점에서 유머를 만들며, 그 유머를 통해 어떤 메시지를 이끌어 낼 것인지를 생각해야 한다.

메시지는 단순하게 만들어야 한다. 하나의 구호로 만들 수 있는 메시지를 만들되 시각적으로 구성하라. 소고기수입문제로 촛불집회가 한창이던 때에 그들을 이끌었던 메시지가 있다. 그것은 시청으로 가자는 것이다. 시청으로 가자는 것은 촛불집회를 하자는 것을 의미하였다. 촛불집회가 소고기수입을 반대하는 사람들을 하나로 묶을 수 있는 시각적인 메시지로 사람들에게 강한 어필을 할 수 있었던 것이다.

음성으로 만들어진 콘텐츠를 사람들이 기억하는 것은 고작 10% 밖에 되지 않는다. 그러나 시각과 문자가 포함된 메시지는 50%를 기억하게 된다. 단순 문자로 된 정보가 아니라 그림이나 사진이 포함된 정보가 더 효율적이다. SNS의 다양한 매체에 올리는 글도 마찬가지이다. 가끔 페이스북에 긴 글을 올리는 경우를 보게 된다. 글을 올리는 사람들이야 자신이 하고 싶은 말이기에 길게 써놓았지만 그 글을 읽는 사람들은 거의 없다. 소수의 동조자만이 읽게 된다. 공감할 수 있는 사진과 간단한 질문이 올라가는 글에 사람들이 가장 많이 댓글을 달고 공감을 표현하는 것은 우리가 콘텐츠를 어떻게 만들어야 하는지를 보여준다.

SNS마케팅에서 중요한 것은 감성이다. 소비자들의 감성과 결합된 관심이 소비자의 마음을 움직일 수 있으며 공감이 가능하다. 감성이 결합된 콘텐츠를 만들 때 음악은 매우 중요하다. 싸이의 강남스타일이 세계를 휩쓸고 있는 것은 그동안 한국의 콘텐츠가 쌓아놓은 발판도 힘이 되었지만 쉽게 공감하고 따라할 수 있는 음악적 요소가 주요했다. 누구나 쉽게 따라할 수 있고 쉽게 잊히지 않는 묘한 중독성이 싸이의 성공을 가져왔다는 점은 마케터가 명심해야 할 중요한 부분이다.

마케팅의 실행에서 중요하지만 그 중요성을 망각하는 부분이 측정이다. 우리의 마케팅이 구체적으로 얼마나 많은 사람들이 보고 있는지, 그리고 그 영향력은 어느 정도인지, 그리고 그러한 실행이 변화를 가져왔는지, 그리고 그러한 마케팅으로 인해 기업은 얼마만큼의 성과를 가져왔는지를 측정해야 한다. 이러한 측정을 바탕으로 기존 마케팅의 수정은 물론 새로운 기획에 많은 도움을 줄 수 있는 것이다.

이러한 측정치를 만들어내기 위해서 SNS마케팅 실행가들은 실행 체크리스트를 가지고 있어야 한다. 체크리스트를 통해 어떤 내용을 준비하고 어떤 프로세스를 거쳐야 하는지 각 프로세스마다 무엇을 체크해야 하는지에 대해 알고 있어야 한다.

다음은 블로그마케팅 분석을 위한 체크리스트의 예이다. 각 매체별 체크리스트를 만들고 관리시트로 만들어 운영해야 한다.

〈블로그 체크 리스트〉

블로그의 주제와 제목은 어울리는가?

화제가 될 만한 이야기나 감동적인 콘텐츠를 채우고 있는가?

상입직 냄새를 배제하고 재미있고 유익한 블로그로 운영되는가?

홍보전략은 요란하지 않고 사람들과 함께 공감할 수 있는가?

최고경영자(CEO)의 이야기가 있는가?

블로그가 회사 홈페이지(웹사이트)와 연결되어 있는가?

블로그 활성을 위해 관련 카페, 클럽, 커뮤니티 등의 활동에 적극적으로 참여하는가?

이벤트의 횟수와 참가자는 누구인가?

회사, 제품, 모델 등에 대한 에피소드를 전략적으로 올리고 있는가?

콘텐츠를 올릴 때 직원들이 세부분야를 나눠서 좋은 콘텐츠를 올리고 있는가?

검색 엔진이 쉽게 찾을 수 있는 핵심 키워드를 설정하였는가?

그림, 사진, 동영상 멀티미디어를 글과 함께 활용하고 있는가?

저작권법 문제된 자료, 성인용 자료, 잘못된 자료, 남에게 피해를 줄 자료가 있는가?

일일 콘텐츠를 얼마나 올리고 있는가?

남들이 복사하거나 퍼가기 쉽게 해 주었는가?

적절하게 짧고, 보기 좋게 편집해서 올리고 있는가?

남의 부정적인 댓글에 감정적으로 대응하지는 않는가?

남의 부정적인 글을 지울 때 어떻게 말하고 삭제하는가?

글의 내용과 제목은 어울리는가?

방문자의 댓글에 대해 빠르게 답변하고 있는가?

방문자를 위한 Q&A 게시판이 있는가?

기본적인 정보가 공개되어 있는가?

남의 이야기가 아닌 자신의 이야기로 표현하고 있는가?

다른 블로그를 방문해서 댓글을 달고 있는가?

내 블로그의 장, 단점에 대한 타인의 의견을 듣고 있는가?

다른 블로그의 장점을 배우고 있는가?

블로그 운영 내부 가이드라인을 만들고 관리하고 있는가?

일일 포스팅 숫자, 일일 방문 숫자, 댓글 숫자, 이웃 맺기 횟수 등은 얼마인가?

위와 같은 체크리스트를 각 매체마다 만들어 운영하는 것은 매우 중요하다. SNS마케팅에 대한 구체적인 분석을 통해 개선점을 만들 수 있기 때문이다. 또한 이러한 분석의 툴로 구글애널리틱스를 활용하는 것이 편리하다. 구글에서 제공하는 분석도구인 구글애널리틱스는 큰 비용을 들이지 않고 운영하는 사이트 방문자의 현황을 파악할 수 있는 좋은 도구이다. 기업이나 창업점들이 가지고 있는 블로그나 사이트 등에 활용하면 효율적인 활용이 가능하다.

(3) 참여의 장을 열고 함께 즐겨라

SNS마케팅이 성공하려면 참여율을 높여야 하는 것은 당연한 일이다. 많은 기업들이 이벤트 등을 통해 사람들의 참여를 유도하지만 이벤트가 끝나면 재방문이 떨어지게 된다. 이벤트 상품이나 일회성 행사만으로 사람들을 끌어들이는 것은 한계가 있다.

사람들이 진정성 있게 참여하게 만들려면 기업이 사람들과 함께 할 수 있는 것이 무엇인지 찾아야 한다. 애플이 아이튠즈를 만들어 콘텐츠를 공유하는 정책을 만들어 갔던 것처럼 함께 할 수 있는 공유의 공간을 만들어내고 그러한 공간 운영을 투명하게 해나간다면 사람들은 그 공간을 자신의 공간으로 느끼게 된다. 요즘 유행하는 게임을 보면 이러한 경향은 뚜렷해진다. 사실 게임의 공간은 자신의 공간이 아니지만(회사의 서버), 그 게임을 통해 자신의 공간을 만들어가고 그러한 공간을 통해 만들어진 생산물을 공유하고 유통까지 하는 모습은 새로운 참여 공간의 모습을 보여주는 사례인 것이다.

이러한 참여의 장은 상호작용성을 바탕으로 운영된다. 기업이 주도하는 것이 아니라 사람들이 함께 모여 운영을 새롭게 창조하는 것이다. 이런 마케팅의 장점은 개별 상품을 판매하는 것이 아니라 상품과 관련된 새로운 시장을 만들게 되면서 한번 이 시장의 일원이 된다면 쉽게 다른 시장으로 이전되지 않는다는 점이다. 이러한 이유로 인해 많은 기업들이 카페나 플랫폼을 활용하는 마케팅을 만들려고 하고 있다. 특히 프랜차이즈의 경우는 카페(포털)나 그룹(페이스북 등)을 활용하는 것이 유용하다.

상호작용의 상황에서 중요한 것은 신속한 대처다. 앞장에서 언급한 많은 SNS 활용에 대한 실패사례를 볼 때 즉각적인 대처가 중요하다는 것을 알 수 있다. 신속한 대응을 하기 위해서는 기존 고객대응시스템을 SNS마케팅에 대비할 수 있게 정비해야 한다. 콜센터와 블로그, 홈페이지, 고객카페 등이 상호 연관되어 있는지, 고객 대응팀의 매뉴얼이 구성되어 있는지, 경영진과 핫라인이 연결되어 있는지가 중요하다. 개인의 이야기가 기업 전체의 이야기로 만들어진다던지, 지체된 대처로 인해 잘못된 정보가 일파만파로 퍼지게 된다면 기업의 위기를 자초할 수 있다. 창업점들도 자신의 홈페이지의 게시판이 썰렁하다든지 올라온 질문에 답이 없다면 운영을 안 하는 게 더 낫다는 점을 명심해야 한다.

소비자들은 우리 상품을 구매해주는 대상이면서 동시에 우리의 상품을 함께 기획하고 함께 개선해주는 조력자로 바꾸어야 한다. 미래학자들이 얘기하는 프로컨슈머(생산자인 동시에 소비자인 사람을 가리키는 용어)의 중요성을 언급하지 않더라도 SNS를 통해 연결된 많은 사람들이 언급해주는 말 한마디 한마디가 기업 서비스의 개선사항이 된다. 이 개선사항은 돈 주고도 얻을 수 없는 귀한 정보들이다. 이러한 것을 가장 잘 이용한 사람이 스티브잡스였다. 그가 새로운 개념의 콘셉트로 아이팟, 아이폰, 아이패드를 가지고 프리젠테이션을 할 때 많은 사람들은 열광하면서 자신들이 가지고 있던 아이디어들을 덧붙여주었다. 애플은 이것을 모니터링하여 완성도 높은 상품을 만들게 되었고 그들의 상품으로 세계시장을 바꾼 기업이 될 수 있었다.

이런 상호작용이 잘 되게 하려면 열정을 가진 그룹과 함께하는 것이 중요하다. 열정을 가진 사람들은 다른 사람들에게 그 열정을 전염시켜 열정의 바다를 만들게 된다. 이러한 사람들이 모여 있는 그룹을 잘 활용하는 것이 SNS마케팅에서 중요한 성공요인이다. 기업이 주최하는 이벤트나 행사에 관심을 가진 사람들을 일반 회원과 별도로 관리하고 이 사람들에게 집중적인 마케팅이 필요하다. 선택과 집중이라는 원칙이 SNS마케팅에도 그대로 반영되는 것이다. 이미 앞에서도 언급했지만 이러한 그룹의 분리는 매우 중요하다. 참여를 적극적으로 하는 사람들을 통해 제2의 공감마케팅을 만들게 되기 때문이다.

	처음친구 (잠재고객)	소꿉친구 (구매고객)	좋은친구 (재구매고객)	단짝친구 (준충성고객)	평생친구 (충성고객)
구분기준	기업고객 중 연 4회 이하 구매처	1회 이상 구매 고객	2회 이상 구매 고객	연 5회 이상 구매 1회 이상 주변추천	연 10회 이상 구매 3회 이상 주변추천
관리방법	키워드광고 카페·블로그 마케팅 후기 마케팅	포인트적립제도 이메일/DM발송 일주일 단위 접촉 (3/7/21일)	포인트적립제도 이메일/DM발송	추가인쇄물제공 구매일정액 리워드 이메일/DM발송	맞춤형인쇄물제공 생일케이크제공 구매일정액 리워드 이메일/DM발송

그림 23 구매회수기준을 통한 고객관리의 예

SNS마케팅에서 가장 중요한 것은 함께 만든다는 것이라고 말했었다. 물론 장을 여는 역할은 기업이 하겠지만 사람들이 함께 모여, 함께 만드는 분위기를 만들어내야 한다. 요즘의 개발 생태계는 이러한 측면을 잘 보여 준다. 구글이나 페이스북, 트위터 등의 오픈개발정책을 활용하는 사이트들을 보면 다양한 개발자들이 관련 사이트들을 어떻게 잘 사용할 수 있을까라는 관점에서 자신들이 개발한 프로그램을 올려놓고 홍보나 수익을 공유하고 있다. 이렇게 다양한 개발자, 소비자, 운영자가 함께 만들어가는 사이트의 형태로 진화되고 있기 때문에 우리는 이를 플랫폼이라고 말한다. 플랫폼을 통한 새로운 마케팅 플랜이 가능한 것이 SNS마케팅이다.

이 상공사례가 캐나다의 유명한 금광회사인 골드코프 주식회사의 예이다. 원래 골드코프는 토론토에 위치한 작은 금광회사였다. 어느 날 골드코프가 회사가 보유한 금광이 고갈되고 있다는 진단을 받게 되었다. 그래서 새로운 금광을 찾아 봤지만 탐사 작업에는 큰 진전이 없었다. 그러던 1999년 어느 날 골드코프의 CEO인 롭 멕이웬(Rob MacEwen)이 MIT 강연회에 참석했다가 리눅스 토발즈와 개발자들을 통해 오픈소스프로그램인 리눅스에 대한 이야기를 듣게 된다. 이 강연에서 힌트를 얻은 롭 멕이웬은 이런 전략에 입각한 "골드코프 챌린지(Goldcorp Challenge)" 콘테스트를 개최한다. 총 57만 6천 달러의 상금을 내걸고, 수천 만 평이나 되는 광산에 대한 정보를 웹 사이트에 공개하였다. 그러자 전 세계 수십 개 나라에 있는 전문가들이 데이터를 분석하기 시작했다. 결과는 대성공이었다. 참가자들은 많은 수의 후보지를 찾아내었고, 그곳에서 상당한 금이 실제로 발견되었다. 현재 골드코프는 10개의 금광을 가지고 있는 세계 최대의 금광회사가 되었다. 이렇게 플랫폼을 통해 함께 만들어가는 성공사례는 무수히 많다. 그리고 점점 많아질 것이다. 나와 함께 한 고객들이 함께 소통하면서 자신의 서비스를 향상시켜 나간다면 그 기업은 성장이 멈추지 않을 것은 너무나도 당연한 일일 것이다.

그림 24 골드코프 챌린지(Goldcorp Challenge) 콘테스트

이렇게 협업을 통해 새로운 가능성을 만들고 있는 사례가 점차 늘어나고 있다. 특히 프랜차이즈의 경우 SNS의 속성을 잘 이용한다면 저렴한 비용으로 마케팅을 진행할 수 있다. 요즘 프랜차이즈 창업의 경우 저가형 창업이 대세로 굳어지고 있는 상황에서 앞으로 경쟁이 더 치열해질 것은 당연하다. 공유의 시스템을 활용하여 운영되는 프랜차이즈와 그렇지 못한 프랜차이즈의 우열은 너무나도 분명하다. 그러나 아직 대부분의 프랜차이즈 업체가 SNS를 홍보의 도구로만 사용하는 것은 안타까운 현실이다.

SNS마케팅에서 가장 중요한 것은 신뢰형성이다. 경험의 공유를 통해 만들어져야 하는 마케팅이 신뢰가 뒷받침되지 못한다면 성공할 수 없다는 것은 너무나도 당연한 일일 것이다. 특히 SNS의 개방된 속성은 한번 무너진 신뢰를 다시 세우기에는 너무나도 힘든 상황이 되게 한다. 많은 사람들이 이러한 신뢰가 만들어지기 전에 섣불리 마케팅을 먼저 내세우기 때문에 실패하는 마케팅이 된다.

개별 콘텐츠의 제작은 흥미를 유발할 수 있는 소재를 활용하고, 이 야기로 시작하는 것이 좋다. 중요한 것은 감동을 전달할 수 있느냐이 다. 감동과 진정성이 없는 콘텐츠는 사람을 움직일 수 없다. 기업에 맞 는 적절한 매체를 활용해야 하는데, 일관된 정책이 매우 중요하다. 그 래서 처음 마케팅 운영 전략을 잘 세우는 것이 중요하다. 또 하나 중요 한 것은 이전에는 도메인 주소 확보가 중요했듯이 지금은 활용할 SNS 매체의 주소나 키워드를 확보하는 것도 중요하다. 이미 다른 사람이 활용하고 있다면 사용할 수 없기 때문이다. 선점의 전략이 필요한 것 이다. 조금이라도 SNS마케팅을 생각하고 있다면 관련 키워드를 미리 확보해두어야 한다.

(4) 함께 새로운 변화를 만들자

꼬리에 꼬리를 물자.

SNS마케팅을 다른 말로 바이럴마케팅이라 하기도 한다. 그것은 SNS 마케팅이 사람들의 입소문에 의존하는 마케팅이기 때문이다. 우리 속 담에 발 없는 말이 천리 간다는 말이 있다. 사람들의 소문에 대한 확 산이 전파력이 강하다는 의미이다. 이러한 속성은 적은 경비로 실행할 수 있는 장점이 있음에도 잘못된 정보나 왜곡된 정보의 확산이라는 단점도 가지고 있다.

우리가 주목해야 할 부분은 사람들이 왜 말을 전달하는가이다. 사 람들이 어떤 이야기를 퍼뜨리는 이유는 정보 전달, 영향력 행사, 재미 등의 이유 때문이다. 다른 의미로 생각해보면 이러한 속성을 가진 이 야기를 만드는 것이 중요하다는 것을 보여준다. 우리들이 만들 이야기 에는 남에게 얘기할 만한 정보를 보유하고 있거나, 이야기를 통해 자 신의 영향력을 보여줄 수 있다거나, 재미를 가져야 한다는 것이다. 또한 이러한 이야기의 전파를 통해 우리는 어떤 변화를 가져오게 될지를 생각해야 한다.

이렇게 이야기의 파도를 만들 때 중요한 것은 처음 이야기를 퍼트리는 사람들을 잘 선택해야 한다. 소문을 확산시켜 사회 이슈로 만드는 사람들을 빅마우스라 일컫는데 기업들의 SNS마케팅을 성공적으로 만들기 위해서는 이러한 빅마우스(파워블로거, 파워트위터리안 등)를 활용하는 전략이 중요하다. 기업 스스로 빅마우스가 되거나 빅마우스와 관계를 만들어야 한다.

또 하나 중요한 것은 자신에 대해 직접 말하는 것보다 다른 사람이 말해주는 것이 신뢰성을 더 확보하기 때문에 기업이 자신의 상품을 직접 홍보하는 것보다는 다른 사람의 입을 통해 홍보하는 것이 훨씬 더 영향력을 발휘하고 매우 중요하다. 자신의 제품을 인정된 빅마우스가 홍보해주는 것이 가장 효과가 크다는 것을 말해주는 것이다.

SNS마케팅에서 중요한 부분은 신뢰라고 말했었다. 이러한 속성은 마케팅을 통해 금전적 이익을 얻는 것보다 명예나 성취감 등을 얻는 것이 더 효과를 크게 한다. 포스퀘어라는 프로그램에서 사람들이 배지를 얻으려고 노력하는 것은 돈보다는 배지가 만들어주는 명예욕이 사람들의 참여를 이끌어내고 있는 것이다. 우리의 마케팅에서 이렇게 명예나 성취감 등을 느낄 수 있게 만드는 것이 중요하다. 이렇게 얻어진 만족감은 어떤 상품을 받은 만족감보다 훨씬 크다는 것이 많은 마케팅조사에서 입증되었다.

이벤트를 만들 때 사람들이 참여하기 쉽게 만들고, 그러한 이벤트를 통해 재미를 느낄 수 있게 만들어야 한다. 즐거우면서도 쉽고 간단한 이벤트가 효과가 크다. 사람들이 따라 하기에 너무 어려우면 이벤트의 효과가 반감된다. 요즘 퀴즈 등의 이벤트가 사실 정답이 다 공개되어 있는 것은 이러한 때문이다. 그러면서도 흥미를 배가할 수 있는 재미의 요소를 가미해야 한다.

사람들의 특성에 맞는 이벤트를 진행해야 하는데, 특히 2인칭 시점으로 설명하여 개인의 관점을 맞추는 것이 중요하다. 개인 대 개인의 입장으로 받아들이는 것이 효과가 크다. 당신을 위한 이벤트라는 점을 강조해야 한다.

SNS마케팅에는 이중목표를 설계해야 한다. 사회적 재화의 개발과 영리 추구라는 두 가지 목표를 제시해야 한다. 기업이 영리만 추구한다면 사람들의 참여가 적거나 약해지지만 사회적 목표와 통합이 되면 의미도 있고 기업의 이미지 상승효과라는 두 가지 성과를 가지게 된다. 요즘 착한 기업이라는 개념이 대세가 되는 이유이기도 하다. 단순히 마케팅을 위한 요소가 아니라 기업의 사회적 역할을 나눌 수 있는 실질적인 목표가 될 수 있어야 한다. 유럽의 오래된 기업들이 이러한 나눔의 결과로 인해 오랜 역사를 가지게 되었다는 것을 우리 기업도 기업해야 할 것이다.

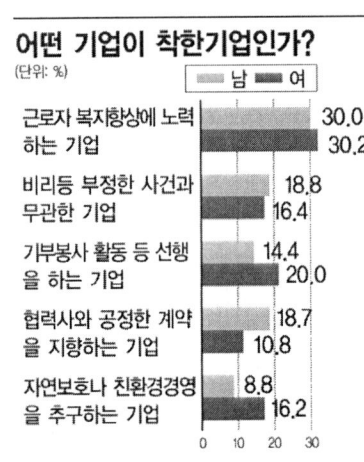

그림 25 어떤 기업이 착한기업인가의 설문응답

그러나 이상적 목표와 실제적 목표를 구분하는 것이 필요하다. 또한 단기적 목표와 장기적 목표를 구분하는 것도 중요하다. 마케팅의 결과물에 대한 평가를 분석할 때 이러한 요소를 분리해야 한다. 이러한 분석을 통해 마케팅의 방향성에 대한 수정과 보완을 가능하게 하는 것이다. 적절한 수정을 통해 보다 소비자들과 함께 할 수 있는 마케팅을 만들어야 한다.

SNS마케팅은 만능도깨비가 아니다. 신뢰를 쌓기는 어려워도 신뢰를 무너뜨리는 것은 쉽다는 것을 명심해야 한다. SNS마케팅을 실행하면서 다음의 부분을 항상 점검해야 한다.

첫째, 기대 이상의 성과를 과대평가하지마라. 다음에 같은 결과가 나오지 않을 수도 있기 때문에 오히려 너무 큰 성과는 과욕을 부를 수가 있다. 그리고 함께 참여하는 사람들의 공유된 성과가 되도록 노력해야 한다. 자신만의 성과로만 가져간다면 오히려 부메랑이 될 수도 있다는 것을 생각해야 한다.

둘째, SNS의 그늘을 인정해야 한다. SNS가 장점도 있는 동시에 편향이라는 왜곡이나 다대일의 집중된 가해라는 단점도 있다. 사전에 이러한 점을 고민하고 적절한 대응정책을 가지고 있어야 한다. 이러한 기업 대응 매뉴얼에 대해서는 다음 장에 설명하려 한다.

셋째, 멀리 가려면 함께 가라는 것이다. 사실 SNS마케팅은 비용은 적게 들지만 시간은 더 많이 들 수 있는 마케팅이다. 그래서 기업의 조급성이 문제가 되기도 한다. 그러나 함께 가는 마케팅이라는 점을 명심해야 한다. 아프리카 속담 "빨리 가려면 혼자 가라. 그러나 멀리 가려면 함께 가라"는 말에 가장 잘 어울리는 마케팅이 바로 SNS마케팅이다.

2) 기업 소셜대응매뉴얼을 만들어라

기업마다 자기 업무 특성에 맞는 소셜대응매뉴얼을 만드는 것이 중요하다. 사용자의 가이드라인을 구성하는 것은 큰 예산이 들지 않는 일이기에 제일 먼저 만들어야 한다. 가이드라인의 구성은 SNS로 인한 기회보다는 위기발생이라는 측면에 맞추어 올바른 대응을 하는 데 목적이 있다. 따라서 각 소셜매체의 특성과 업무특성을 고려하여 될 수 있는 한 세부적으로 작성하는 것이 필요하며 전 직원이 함께 공유할 수 있도록 하는 것이 필요하다.

다음은 문화관광부가 만든 '공직자를 위한 SNS 사용 길라잡이(2011년 8월 출간)'에서 제시한 사용원칙과 플랫폼 세부지침이다.

〈공직자를 위한 SNS 사용 길라잡이〉
원칙 1: 책임감을 가져라.
원칙 2: 공론화 가능성을 항상 염두에 두어라.
원칙 3: 기밀을 유지하고 사생활 보호를 명심하라.
원칙 4: 투명하라.
원칙 5: 수용자를 존중하라.
원칙 6: 정부 및 관계기관의 정책 및 미션과의 일치성을 고려하라.
원칙 7: 인간미를 발휘하여 친밀감과 공감대를 형성하라.

플랫폼 세부지침
SNS 플랫폼을 정보지향성 SNS(트위터, 미투데이, 플리커, 유튜브)와 관계지향성 SNS(페이스북, 요즘, 싸이월드, 링크드인)로 나누어 각 SNS 플랫폼별로 세부지침을 제시한다.

◎ SNS사용지침
- 정보지향성 SNS의 지침
〈해야 하는 행동(Dos)〉
·포스팅을 하기 전에 어떠한 메시지를 제공할 것인지에 대한 계획

을 세워라.

· 의미 있는 정보를 제공하기 위해 주변의 각 분야의 전문가에게 관련 아이디어 및 자료를 요구하라.

· 정확한 정보를 제공하라.

· 부서 관련 주제 및 정부 주요 정책 이슈에 대한 정보 및 시각을 제공하라.

· 당신의 주장에 대한 합리적 근거와 맥락을 함께 제공하라.

· 명쾌하고 분명한 어투를 사용하라.

· 인간적인 말투를 사용하라.

· 매일 관련 활동을 모니터링하고, 메시지를 작성하라.

· 다른 이들의 질문, 불만사항에 대해 답하라.

· 위기 발생 시 부서가 제공할 수 있는 가이드라인 및 대처방안을 즉각적으로 제공하라.

· 더 심층적인 정보를 제공하기 위해 링크 및 hash tag를 활용하라.

· 정보 지향적 SNS활용을 위한 본인만의 노하우를 개발하라.

· 이메일 서명이나 명함에 운영 중인 계정이나 URL을 넣어라.

· 스마트폰과 연동하라.

〈해서는 안 되는 사항(Don'ts)〉

· 부서관련 기밀사항이나 민감한 이슈, 개인적 정보에 대해 누설하지 마라.

· 개인적 의견을 정부 및 부서의 공식적 입장으로 제시하지 마라.

· 로비활동, 정치적 견해에 대한 홍보, 상품에 대한 광고 수단으로 SNS를 사용하지 마라.

· 불필요한 논쟁을 가능한 피하라.

- 관계지향성 SNS의 지침

〈해야 하는 행동(Dos)〉

·프로필 사진을 잘 활용하라.

·계정 설정 시 관계기관의 명칭을 효과적으로 활용하라.

·프로필에 기관의 공식페이지 URL을 명시하라.

·검색이 잘 되도록 관련기관의 정체성을 잘 반영할 수 있는 키워드를 넣는다.

·페이지를 창의적으로 구성한다.

·방문자들과 지속적으로 상호작용한다.

·이메일서명이나 명함에 본인의 계정명이나 URL을 넣는다.

·스마트폰과 연동하라.

·관계 지향성 SNS운영을 위한 개인 전략을 개발하라.

·주기적으로 포스팅하고 평어체로 접촉하라.

·방문자를 격려하라.

·최근 관계지향적 SNS사용자들 간에 떠오르는 이슈를 배운다.

·새로운 사람들과 새로운 방식으로 접촉하라.

·개인적(personal)인 것과 사적(private)인 것을 구분하라.

·동일한 정체성을 유지하도록 노력하라.

〈해서는 안 되는 사항(Don'ts)〉

·불특정 다수와 일방적인 관계를 맺지 마라.

·고민이 될 때는 일단 게시하지 마라.

·방문자의 댓글이나 게시글을 절대 일방적으로 삭제하지 마라.

※ 다만 다음 기준에 벗어난 글에 한해 일정절차를 통해 삭제한다.

　① 주제와 벗어난 게시글

② 비속어나 모욕적인 글

③ 타인에게 위협이 되는 글

④ 차별을 조장하는 글

⑤ 복제글

⑥ 앞서 다루어진 내용인데 다시 질문하는 글

⑦ 유명인을 사칭하는 글

· 관계지향적 SNS환경설정에서 방문자가 글을 쓰는 것을 금지하지 마라.

요즘 기업마다 나름대로 SNS대응지침을 만들고 있지만 위의 내용을 예시로 든 것은 정부부처에서 모두 활용할 수 있도록 선제적으로 만들었다는 것과 다양한 매체를 고민하여 지침을 만들었기 때문이다. 기업마다 조금씩 다른 상황이 있을 것이기에 기업에 맞는 대응지침을 만들어야 하며 전 직원과 공유하는 것이 필요하다. 한 직원 - 이것은 계약직의 경우도 마찬가지이다 - 으로 인해 회사의 전체 이미지가 실추될 수도 있다는 것을 명심해야 한다.

04 SNS로 기업문화를 변화시켜라

다시 한 번 강조하지만 손에 들고 다니는 컴퓨팅환경의 변화로 인해 세상의 모든 삶이 변화하고 있다. 이러한 정보통신의 변화는 IT업계만이 아니라 사회전반에 영향을 미치고 있다. 이미 많은 사람들이 엄청난 정보를 공유하고 있으며, 새롭게 창조하고 있다. 이러한 정보의 변화된 세상에서 거대물결에 휩쓸리는 것이 아니라 물결을 만드는 창조자가 되어야 한다.

SNS의 물결에 뛰어드는 기업은 신대륙에 들어선 탐험가와 같다. 이제 새롭게 만들어지는 시장이기 때문이다. 따라서 신세계를 먼저 경험하고 제대로 된 지도를 만드는 것이 중요하다. 제대로 된 지도를 가지고 있는 기업이 향후 자신의 사업을 선도할 수 있는 것은 당연한 일이다.

남극점을 찍기 위해 먼저 나선 스코트는 허술한 준비로 시작한 도전으로 인해 실패와 함께 죽음을 맞이하였다. 그러나 아문센은 스코트보다 늦게 출발했지만 정확한 조사를 바탕으로 제대로 된 준비와 강한 리더십으로 성공과 함께 자신의 이름을 역사에 남기게 되었다. 제대로 된 분석과 준비가 SNS의 대항해시대에도 필요한 것이다.

SNS와 관련해서는 내 사업영역에서 선두가 된다는 자세로 임하는 것이 중요하다. 이러한 자세에서 출발하는 것이 결국 일반적인 영역에 서도 선두가 될 수 있기 때문이다. 마지막으로 SNS정책을 입안해야 하는 경영자의 자세를 정리해본다. 이 부분은 창업을 생각하는 개별업소에도 도움이 된다. 왜냐하면 SNS로 인한 환경의 변화는 기업만이 아니라 개인에게도 같은 상황으로 영향을 미치고 있기 때문이다.

첫째, 기업 경영자는 일시적인 현상이라 치부하지 말고, 역동적으로 변화하는 기술을 파악하고, 따라 잡으려는 노력을 해야 한다. 많은 기업들이 IT책임자에게 기안을 맡기지만 경영자가 제대로 이해를 하지 못함으로 인해 정책을 올바르게 입안하지 못한다. 필자도 많은 기업들을 상담하면서 경영자의 의지가 없는 회사들이 형식적으로 SNS대응을 설계함으로 인해 효과를 보지 못하는 사례를 많이 보아왔다. 경영자가 먼저 경험해보고 환경을 이해하는 것이 중요하다. 개별 업소들의 입장에서는 자신들과 맞는 SNS대응을 설계해야 할 것이다.

둘째, SNS데이터를 적절하게 관리해야 한다. SNS가 실시간으로 많은 데이터들을 양산하기 때문에 자칫 기업과 관련된 중요한 데이터들을 놓치게 되는 경우가 많다. 자신의 기업에 맞는 데이터분석 방법을 활용하여 관리해야 한다. 그리고 적절하고 여유 있는 IT설비들을 확보하여 경쟁력을 만들어야 한다. 하드웨어 비용은 급속도로 낮아지고 있지만 결국 그러한 장비를 사용하는 인력 확보가 어렵다는 것을 생각한다면 신장비의 적절한 교체를 통한 지속적인 교육이 기업의 경쟁력이 될 것이다.

SNS교육을 하다보면 언제 장비를 구입해야 하는지 물어보는 경우가 많다. 그때마다 그 분들에게 드리는 얘기가 있다. 필요한 장비를 자신이 필요하다고 느낄 때 사는 것이 가장 올바른 시점이라는 말을 드린다. IT기기는 너무 빠른 주기로 변화하기 때문에 자신의 사용시기와 맞는 것이 가장 필요한 시점이기 때문이다. IT기기는 조금 여유가 있는 사양으로 구비해두는 것이 활용 면에서 유리하다.

셋째, 기업의 IT를 지휘하는 사람을 SNS 파워유저로 만들어라. IT담당자들이 SNS를 이해하지 못한다면 적절한 마케팅을 만들 수 없다. SNS를 적절하게 다룰 수 있는 경험을 통해 마케팅담당자와 IT담당자가 적절히 역할을 공유할 수 있게 된다. 의외로 IT담당자들이 SNS를 이해하지 못하는 사람들이 많은 것은 SNS가 단지 기술적인 측면만이 아니라 인문학적, 사회학적, 경제학적 바탕을 갖고 있기 때문이다. 평소에 팀 간 협업 구축을 만들어가야 한다.

개별업소의 경우는 창업자(대표)가 직접 활용하고 파워유저가 되는 것이 가장 올바르다. 그러나 이것은 쉬운 길은 아니다. 그래서 항상 드리는 말씀이 자신의 매체는 직접 운영할 수 있도록 노력하고 파워유저와의 연대를 통해 활용가치를 높이라고 말씀드린다. 가령 자신의 업소에서 파워유저 모임이나 빅마우스들의 초청행사 등을 하는 것을 생각해볼 필요가 있다.

마지막으로 IT담당자는 기업이 SNS의 가치가 무엇인지, 비즈니스 목표에 어떻게 활용할 수 있는지를 교육해야 한다. 이러한 교육을 통해 기업의 새로운 지표를 만들어야 하며, 큰 의미에서 내부조직의 변화를 이끌어내는 역할을 해야 한다. SNS는 전사적 자원을 활용할 수 있는 서비스이기 때문이다. 모두가 함께 더 큰 기업을 만드는 시스템을 고민해야 하며, 이것이 IT담당자의 새로운 임무로 부여된 것이다.

다시 한 번 강조하지만 SNS마케팅은 아프리카 인디언의 속담인 "빨리 가려거든 혼자 가고 멀리 가려거든 같이 가라"는 말이 가장 어울리는 마케팅이다. 멀리 가려는 자세로 임하는 기업만이 성공할 수 있다는 진리를 잊지 말아야 한다.

도소매 성공
프랜차이즈 전략(편의점)

김성민
(mrconsulting@naver.com)

업무영역
학원 컨설팅 / 입시 컨설팅 / 교육 컨설팅
blog.naver.com/mrconsulting

주요경력
현) 열린경영연구소 대표 컨설턴트
한국교육컨설턴트협회의 회원
전) 열린학원 원장
전) LG유통 홍보팀장

저서
『성공 Biz Consulting 노트』 (2012, 라온)
『학원 내비게이션』 (2012, 북랩)
『성공 Biz 컨설팅 노트 - 실전편』 (2012, 북랩)

업계에서는 CVS로 불리는 편의점(Convenience Store)은 말 그대로 "고객에게 편의(convenience)를 제공함을 목적으로 하는 소형 소매점"으로 정의됩니다. 미국에서 처음 도입되고 일본에서 꽃을 피운 편의점은 국내 프랜차이즈의 대표로 인식되고 있으며 국내 프랜차이즈 산업을 이끌 만큼 빠르게 성장하고 있습니다.

올림픽 이후 도입된 편의점이 20여년 만에 국내 소매시장의 대표주자로 빠르게 성장할 수 있었던 원동력은 편의점이 제공하는 '편의성'에 있습니다. 편의점이 고객에게 제공하는 편의성은 '시간의 편리성', '입지의 편리성', '상품구색의 편리성', '서비스의 편리성' 등 4가지로 제시됩니다.

전통적인 소매업에서 만족하지 못하는 소비자의 욕구를 해결해주는 '즉시 소비성'을 만족시키는 4가지 편의성을 고객에게 제공함으로써 가장 각광받는 소매업태로 성장한 것입니다.

편의점은 '사용하고 싶은 상품을 가까운 곳에서 즉시 구입하여 사용'하려는 소비자의 욕구를 편의점이 충족시킴으로써 소비자에게 선택받으며 성장하는 셈입니다. 이런 성격으로 인해 편의점은 '동네 자판기'라는 별칭으로 불립니다.

편의점의 성장요인으로 평가받는 네 가지 편의성에 대해 살펴봅니다.

첫 번째 편의성은 '시간의 편리성'입니다. 편의점은 특별한 입지를 제외하고는 모든 점포가 24시간 운영되고 있습니다. 소비자 입장에서는 편의점에 가면 언제든지 자신이 원하는 상품을 구입할 수 있으므로 시간의 제약으로부터 벗어날 수 있습니다. 편의점의 '시간의 편리성'은 편의점을 다른 소매업태와 가장 차별화하는 요소이면서 편의점의 가장 큰 장점입니다.

　24시간 문을 여는 편의점의 특성으로 인해 편리한 서비스 상품이 도입될 수 있었습니다. 24시간 영업을 기반으로 하는 공공요금 수납서비스, 택배 서비스 등 편의점이 제공하는 생활 서비스 상품은 편의점 이용고객에게 시간의 제약으로부터 벗어날 수 있도록 도와주고 있습니다.

　편의점에서 공공요금 서비스가 도입되기 전 은행 업무시간을 넘겼을 때 공공요금을 납부할 방법은 없었습니다. 그러나 편의점의 서비스 도입 이후 고객은 오후 4시가 아니라 자정까지 납부할 수 있습니다. 편의점이 그들 고객에게 9시간의 시간을 추가로 제공함으로써 편의점 이용 고객은 하루 24시간을 온전히 사용할 수 있도록 도와주고 있습니다.

　두 번째 편의성은 '거리의 편리성'입니다. 편의점은 고객과 가장 가까운 곳에 자리 잡고 있습니다. 아파트 입구는 물론이고 지하철 역 출구 근처에는 어느 곳에서나 편의점을 쉽게 찾아볼 수 있습니다. 갑자기 비가 쏟아지는 변덕스러운 날에도 고객은 지하철 출구 앞에 위치한 편의점에서 우산을 살 수 있습니다. 우산이 필요한 고객이 원하는 지점에 편의점이 있어서 고객은 편리함을 느끼게 되는 것입니다.

　이 같은 특성은 소비자에게는 큰 편의성이 되지만 가맹점을 운영하는 가맹점 입장에서는 점포 운영의 애로점이 되기도 합니다. 소비자에게는 편의성이 증대되지만 가맹점 입장에서는 경영의 어려움이 더욱 커지는 아이러니가 발생되는 것입니다. 갈수록 가맹점 간 경쟁이 심화되고 있지만 고객 입장에서는 고객 가까이 편의점이 생기는 것에 더 큰 만족과 편리함을 느끼게 되는 것은 어쩔 수 없는 현실입니다.

　셋째의 편의성은 '상품구색의 편리성'입니다. 한밤중 정전이 됐을 때 편의점에 가면 랜턴이나 초를 구입할 수 있습니다. 언제든지 편의점을 방문하면 간단한 음식으로 요기를 할 수 있고 간단한 생활용품은 거의 모두 구비하고 있습니다. 편의점에 판매하는 상품으로만 살아가는 것이 전혀 불편하지 않을 만큼 편의점은 다양한 상품을 갖추고 있으며 이른바 원스톱 쇼핑이 가능합니다.

또한 편의점은 고객의 요구에 즉시 대응할 수 있도록 상품의 형태를 다양하게 준비하여 고객에게 편리함을 제공합니다. 여름철에도 뜨거운 캔 커피를 선호하는 고객이 있고 겨울에도 얼음을 구입하려는 고객이 있습니다. 그들에게 편의점은 온장고이고 냉장고 역할을 합니다. 시원한 캔 음료를 마시고 싶다면 걸어서 몇 분 이내의 거리에 있는 편의점에서 캔 음료를 구입해서 바로 마실 수 있습니다.

할인점에 가면 저렴한 가격으로 구입할 수 있음을 아는 소비자라도 캔 음료 하나를 구입하기 위해 차를 운행하지는 않습니다. 편의점에 가면 시원한 캔 커피와 뜨거운 캔 커피를 동시에 구입할 수 있고 구입 즉시 마실 수 있어서 고객은 편의점을 찾는 것입니다. 편의점은 고객이 원하는 상태로 상품을 제공함으로써 고객에게 '상품구색의 편리함'을 제공합니다.

편의점에서 제공하는 네 번째 편의성은 '서비스 제공의 편리성'입니다. 은행업무가 끝난 밤에도 편의점에서 전기요금을 납부할 수 있고 새벽에도 택배를 발송하거나 찾을 수 있습니다. 24시간 잠들지 않는 도시생활은 편의점이 없었다면 유지되기 어려운 것이 현실입니다.

소매점으로 시작된 편의점은 이제는 단순한 소매점이 아니라 다양한 기능을 하는 서비스 네트워크의 중요한 포인트 역할을 하고 있습니다. 편의점을 활용한 택배 서비스는 너무 일반화된 서비스이며 티켓팅과 공공요금 수납에 이르는 공공기관의 역할마저 수행하고 있습니다.

〈LG25〉와 〈CU〉의 점포수가 각각 6천 개가 넘고 편의점업계 점포가 2만 개를 넘어서는 현실에서 편의점을 활용한 서비스 상품은 계속 도입될 것입니다. 특히 개별 브랜드의 네트워킹이 아니라 편의점 전체를 하나의 네트워킹으로 전개하는 서비스 상품이 도입되면 편의점의 역할을 더욱 확대될 것입니다. 편의점의 점포수가 확대될수록 편의점이 할 수 있는 역할을 더욱 다양화되며 그런 새로운 역할은 새로운 상품 서비스 도입으로 이어지고 가맹점과 편의점 본사의 새로운 수익원이 될 것입니다.

1) 국내 편의점 업계의 역사

1988년 서울 올림픽을 치르면서 선진국 진입이라는 장밋빛 전망이 전국을 휩쓸고 있었던 시기에 우리나라에도 편의점이 처음 등장했습니다.

올림픽의 성공적 개최와 경상수지 흑자에 따른 국민소득 증가와 국민 식생활 문화 향상으로 소비패턴이 간편성과 편리성 위주로 급격하게 변하기 시작했습니다. 그러나 종래의 소매업태는 이 같은 소비자의 욕구를 해결할 수 없었고 올림픽 이후 우리나라가 선진국으로 향하고 있다는 시대적 분위기는 신업태인 편의점이 등장하기에 충분한 상황이었습니다.

1989년 5월 코리아세븐이 미국의 The South Land사와 기술제휴로 전통적 의미의 국내 첫 편의점인 〈세븐일레븐〉 올림픽선수촌 점을 개점했습니다.

그해 7월에는 태인유통이 미국의 Dairy Mart사와 기술제휴로 〈Lawson〉 1호점을 오픈했습니다. 그 이후 〈Circle-K〉, 〈Family Mart〉, 〈Mini Stop〉, 〈LG25〉, 〈Buy the way〉 등 브랜드가 차례로 문

을 열면서 편의점은 대기업 및 중견기업의 신성장 산업으로 인식되면서 급성장하기 시작했습니다.

초기 편의점 브랜드 중 현재까지 운영되는 것이 절반에도 미치지 못하는 것을 보면 당시 편의점 사업이 얼마나 급하게 결정되고 부실했을 것인지 짐작하게 합니다.

신성장 산업으로 시작한 편의점은 1993년에 국내 점포수 1천 개를 돌파하는 놀라운 기록을 가져왔습니다. 이는 편의점의 천국이라는 일본보다도 빠른 성장세였습니다. 그러나 일본 편의점의 추세를 넘어서는 급격한 성장의 이면에는 부실점포 문제와 지나치게 많은 직영점 문제가 숨겨져 있었습니다.

가맹본사는 점포수를 늘리기 위해 수익성이 부족한 입지에 가맹점을 출점했고 그런 부실점포로 인해 가맹점과 분쟁이 끊이지 않고 계속됐습니다. 본사는 가맹점과의 분쟁을 해결하는 수단으로 부실점포의 직영화를 선택했고 사업초기 편의점업계의 직영비율은 20%에 이르기도 했습니다.

특히 사업 초기 편의점이 가맹점과 분쟁이 많았던 이유는 가맹점주의 투자성향에서도 찾을 수 있습니다. 당시는 편의점이 기존 소매점과 차별화된 선진 소매점이라는 인식하에 투자금액이 많은 자산가의 가맹이 많은 상황이었습니다. 많은 돈을 투자하고도 은행 이자도 안 되는 수익을 얻는 상황에서 가맹점은 본사에 클레임을 제기했고 본부와 가맹점 사이의 분쟁은 극한으로 치닫곤 했습니다.

결국 1994년 한해 전국의 약 300여 개 가맹점이 프랜차이즈 체인에서 이탈했고 이렇게 탈퇴한 가맹점들이 모여 새로운 브랜드를 만들기도 했습니다.

이 시기에 어려운 것은 가맹점뿐만이 아니었습니다. 편의점을 신성장 산업 아이템으로 정하고 도약을 하겠다는 포부를 밝히며 사업에 진출한 가맹 본사도 매년 수십에서 수백억 원의 적자를 기록하고 있었습니다. 가맹점과의 분규와 본사의 막대한 적자로 인해 몇 개의 브랜드가 간판을 내렸고 회사의 주인이 바뀌는 변화도 있었습니다.

그러나 도입 초기 편의점 업계 전반에 걸친 가맹분규는 오히려 국내 편의점 시스템을 성장시키는 계기가 됐습니다. 가맹분규 이후 본사는 무리한 성장으로는 사업을 지속시킬 수 없다는 현실을 깨닫고 내실 경영으로 방향을 돌리기 시작했습니다. 단순히 일본의 편의점 시스템을 그대로 도입했던 초기의 전략에서 벗어나 국내 상황에 적합한 프랜차이즈 시스템을 구축하기 위해 체인본사는 많은 노력을 하기 시작했습니다.

가맹점 분규가 발생된 지 3년여 만인 1996년 〈LG25(현GS25)〉와 〈Family Mart(현CU)〉가 처음으로 흑자 경영을 실현하기 시작했습니다. 〈GS25〉의 업계 첫 흑자 선언 이후 편의점 본사의 흑자는 당연시되었습니다. 본사의 흑자 경영을 바탕으로 편의점 가맹사업은 본격적인 성장세를 기록하며 편의점은 국내 소매시장의 중요한 업태로 인정받기 시작했습니다.

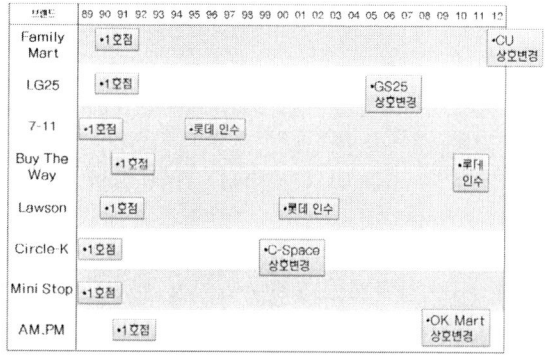

편의점 브랜드 변천사

90년대 편의점이 〈LG25(현GS25)〉와 〈Family Mart(현CU)〉의 양강구도로 자리 잡으면서 편의점 업계는 M&A의 소용돌이를 거치게 됐습니다. 1994년 롯데백화점이 〈세븐일레븐〉 운영업체인 코리아세븐을 인수했고, 1995년에는 코오롱상사가 〈로손〉 운영업체인 태인유통을 인수하며 편의점은 대기업 중심으로 재편되기 시작했습니다. 1997년 진로의 〈진로베스토어〉는 부도로 편의점 사업을 철수했고, 1999년 코오롱상사는 사업진출 4년 만에 〈로손〉을 롯데에 양도하고 편의점 사업에서 철수했고, 2010년 〈Buy The Way〉가 〈세븐일레븐〉에 인수되면서 국내 편의점은 GS그룹의 〈GS25〉, 삼성의 친족관계인 보광그룹의 〈CU〉, 국내 최대 유통기업인 롯데그룹의 〈세븐일레븐〉의 3강 구도로 재편되고 있습니다.

2) 편의점 업계 전망

현재 국내의 프랜차이즈 체인 편의점은 총 8개사로, 주유소 병설형 편의점만 운영하는 2개사를 제외할 때 총 6개사가 편의점 사업을 전개하고 있습니다. 이 중 〈바이더웨이〉는 2010년 초 〈세븐일레븐〉에 인수되었으므로 실질적으로는 5개의 체인본사가 있습니다.

편의점 산업은 성숙기 단계에 접어들었다는 전문가들의 예상에도 불구하고, 2007년 점포수 1만점 돌파 이후에도 편의점 업계의 성장세는 멈추지 않고 있습니다. 편의점 업계는 2011년 말 기준 5년 동안 매출액 기준 84%, 점포수 기준 92%의 큰 성장세를 보이고 있습니다. 5년 만에 거의 두 배 가까운 성장세를 기록한 것입니다.

이처럼 편의점 업계가 지속적으로 고도성장을 할 수 있었던 성장 요인은 편의점 본사가 다양한 포맷의 특화된 점포를 개발하면서 다양한 니즈를 가진 가맹점주를 확보할 수 있었기 때문입니다.

또한, 편의점이 소비자의 트렌드 변화에 적절하게 대응하면서 창업 시장에서 상대적으로 불황을 타지 않는 아이템으로 주목 받았기 때문입니다. 창업 희망자들이 편의점 창업이 상대적으로 안정적이며 성장 가능성이 높다고 판단하여 가맹점 창업을 지원하면서 점포수는 증가했습니다. 건물주 입장에서도 편의점이 입주하는 것이 유리하다는 판단 하에 본사에 우수 입지를 지속적으로 공급하면서 편의점 전체 점포수가 2만점을 돌파한 시점에서도 편의점은 빠르게 성장하고 있습니다.

국내 편의점 시장은 전형적인 '3강 1중 1약'의 모습을 보이고 있습니다. 상위 3개사인 〈CU〉, 〈GS25〉, 〈세븐일레븐-바이더웨이〉 모두 공히 공격적인 확장 정책을 전개하고 있어 이들 3사의 시장점유율은 지속적으로 높아질 것으로 예상되고 있습니다.

프랜차이즈 산업은 특성상 신규 사업자가 새로이 업계에 진출하기는 어렵고 신규 진출해도 독자적인 사업전개만으로는 선두권에 진입하기 어려운 상황입니다. 프랜차이즈 본사가 수익을 내기 위해서는 다수의 점포로 구성된 체인망을 빠른 시간 내에 구축해야 합니다.

편의점 체인망을 구축하기 위해서는 지역 거점에 물류센터를 마련해야 하며, 점포 운영을 위한 정보시스템 구축이 필수적으로 선행되어야 합니다. 이 과정에 대규모 투자가 투입되어야 하기 때문에 소자본으로는 시장 진입이 어렵고, 대형업체들이 수십 년 간의 영업을 통하여 시장을 선점하고 있기 때문에 기존 업체의 인수합병을 제외한 신규진입의 방법은 찾기가 어려운 상황입니다.

현재의 업계 구도는 점포수에서 가장 앞선 〈CU〉와 〈GS25〉가 가장 유리한 입장이며 〈바이더웨이〉를 인수하며 급격하게 점포수를 늘린 〈

세븐일레븐)이 업계 3위로 급성장하고 있습니다. 이들 3사는 시장 점유율을 높이고, 업계 1위의 자리를 차지하기 위해 출점수를 크게 늘이고, 각종 판촉 활동을 펼치는 등 치열한 경쟁을 벌이고 있습니다.

편의점 업계 주요 경영지표

구 분	1997년	2011년	97년 대비 11실적(배)
총 점포수(개)	2,054	21,221	10.33
연간 신규 출점수(개)	616	5,085	8.25
연간 폐점수(개)	219	801	3.66
점포당 인구수(명)	22,826	2,390	0.10
점포당 평균면적(평)	30	23	0.75
점포당 일평균 매출(천원)	1,492	1,534	1.03
객단가(원)	2,174	3,942	1.81
점포당 고객수(명)	688	385	0.56

*. 한국편의점협회, '99편의점운영동향, 12 편의점운영동향 종합

한국편의점협회가 매년 발간하는 [편의점동향에 따르면 국내 편의점 시장은 15년간(1997~2011) 거의 10배 이상 성장하는 놀라운 성과를 보여주고 있습니다.

점포수는 1997년 2천 개를 거우 넘는 수준에서 2011년 2만1천 개로 10배 이상 성장하는 놀라운 성장세를 기록했습니다. 업계가 매년 신규로 출점하는 점포수는 600개 수준에서 5천 개를 넘어서며 편의점 시장이 성장세를 보여주고 있습니다.

점포당 평균면적도 15년 사이에 약 25% 이상 줄어들어 점포 운영이 효율성을 높이고 있습니다. 점포의 규모가 작아진다는 것은 그만큼 편의점 업계의 점포 지원시스템의 수준이 높아졌음을 의미합니다. 본사의 지원 시스템 수준이 높지 않다면 작은 사이즈의 점포를 출점할

수 없기 때문입니다. 점포 사이즈가 작아지면 창고 공간도 축소되기 때문에 본사는 소량 다빈도 물류체제를 구축하고 발주의 정확도를 높여야만 정상적인 점포 운영이 가능하기 때문입니다.

이처럼 빠르게 성장하면서 편의점 점포당 인구수는 1/10 수준으로 줄었습니다. 인구 2만3천여 명 당 하나의 편의점이 있던 상황에서 하나의 점포당 2천4백 명의 잠재고객을 갖는 수준으로 과밀화가 진행되고 있습니다. 다시 말해 15년 전 편의점이 하나만 있었던 동네에 지금은 10개의 점포를 운영한다는 것을 의미합니다.

이런 지표를 근거로 편의점이 더 이상 출점할 수 없을 만큼 포화상태가 되고 있어 편의점 출점을 규제해야 한다는 목소리가 나오고 있으며 이런 주장이 일면 타당성을 갖고 있는 것 또한 사실입니다.

공정위는 편의점 분규가 발생되고 가맹점의 부실문제가 발생될 때마다 편의점간 거리제한 정책을 시도했지만 편의점의 성장세를 막지는 못했습니다.

통계에서 알 수 있는 바와 같이 편의점당 상권이 좁아지고 있으며 이미 지나칠 정도로 좁아졌습니다. 신규로 편의점 가맹사업을 시작한다면 무한경쟁을 이겨낼 의지를 갖고 점포운영을 시작해야만 합니다.

점포당 인구가 줄어들면서 점포당 고객수도 97년의 688명에서 2011년 385명으로 절반 가까이 줄었습니다. 고객수가 줄어든 대신 고객당 매출 즉 객단가가 크게 증가했지만 점포당 매출은 15년간 크게 증가하지 않고 있습니다.

이는 그만큼 경쟁이 치열해지고 있음을 보여주고 있습니다. 편의점 업계 전체의 성장세가 지속될수록 본사의 성장세는 지속되겠지만 점포 간 경쟁은 더욱 치열해질 것입니다.

3) 편의점 소비자의 특성

도입 초기 편의점의 소비자층은 가격에 대한 민감도는 상대적으로 덜하면서 서비스, 깨끗한 매장 환경, 다양한 간편식, 24시간 영업 등에 대한 소비욕구를 지닌 20~30대가 주류였습니다. 그러나 최근 수년간 40대 이상 고객의 비중이 꾸준히 증가하였습니다.

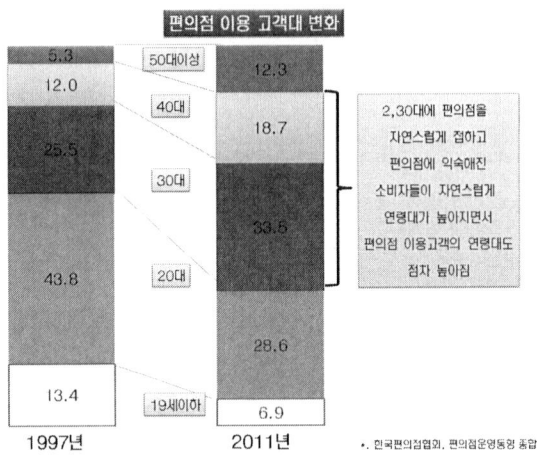

이는 국내 편의점의 역사가 20여년을 넘어가면서 20대에 편의점을 이용했던 고객들의 연령대가 저절로 높아진 것이 가장 큰 요인입니다.

90년대 초 20대였던 소비자들이 이제 40대가 되어 자연스럽게 편의점을 이용하면서 편의점 이용 고객의 연령대가 높아진 것입니다. 이같은 추세가 계속된다면 편의점이 전 연령대에게 가장 선호되는 소매점으로 인식되는 시기가 멀지 않음을 알 수 있습니다.

또한 사회가 고령화되고, 주택가 소형 개인 슈퍼마켓을 대신하여 편의점이 그 역할을 맡게 될 것이며, 소비트렌드 변화로 가정주부의 이용도가 다소 늘게 될 것으로 예상되는 바, 40~50대 이상 소비자 구성비는 더욱 증가할 것으로 기대됩니다.

편의점 이용고객의 연령대가 높아지는 것은 편의점 운영 면에서 매우 좋은 현상입니다. 20대 고객이 편의점을 이용하지 않는 것이 아니라 그동안 편의점을 이용하지 않았던 4, 50대 고객이 편의점 이용 빈도가 높아진다면 편의점 업계와 개별점포 모두에게 성장의 기회를 제공할 것입니다.

02 편의점 가맹 브랜드 선택 전략

창업희망자가 편의점 브랜드를 선택하는 기준은 다양합니다. 가맹점 희망자가 특별히 선호하는 브랜드를 선택하는 경우도 있으며 지역별로 인기 있는 브랜드도 있습니다. 선호하는 브랜드가 있지만 현실적으로 본인이 선택할 수 없는 경우도 있으며 거꾸로 본사의 승인을 요청하는 경우도 있습니다.

그러나 편의점 가맹점 사업은 한번 시작하면 계약기간 내에는 계약 내용을 변경하기 어렵습니다. 가맹점주가 일방적으로 계약을 해지하려면 엄청난 수준의 페널티를 부담해야만 하기 때문에 쉽게 그만 둘 수도 없습니다. 편의점 가맹점을 시작하는 것은 마치 30년간 납입하는 장기 보험을 드는 것과 같습니다. 보험을 30년 동안 유지하면 약정된 이자를 받을 수 있지만 가입 후 3~4년 만에 중도해약하면 원금도 건지지 못하는 바와 같은 상황입니다.

가맹점 창업 Process

본사 상담	● 편의점 본사에 연락을 하여 가맹점 관련 전반적인 사항에 대해 상담한다
입지조사와 분석	● 본부는 입지 조건 등을 분석하여 가맹자의 희망과 상황 등 조건을 확인.
가맹약정 체결	● 본부는 점포실태조사에 기초해서 가맹자와 점포의 사업계획을 협의.
사업참가 결정	● 사업계획, 점포입지, 자금계획을 검토하여 편의점 가맹사업을 최종 결정
가맹계약 체결	● 정식 계약을 맺고 본격적인 개점 준비 시작
내외장공사 개시	● 가맹자는 점포건물, 설비의 내외장 공사를 개시.
교육훈련 실시	● 편의점 운영에 필수적인 교육 및 실시
영업용 설비 반입	● 가맹점주는 내장 공사 완료와 함께 본부가 제공하는 설비 반입하여 설치
종업원 모집/교육	● 본부의 지도와 지원을 받으면서, 종업원 모집과 훈련을 실시.
상품반입 및 진열	● 본부는 상품반입과 진열을 하고 비품을 준비하고 점포에 인도함.
영업 개시	● 점포가 OPEN하면 본부와 가맹점은 동반자적 관계 형성

편의점 본사는 다양한 매체를 통해 브랜드의 장점을 광고하고 거의 매주 본사에서 사업설명회를 개최합니다. 지역본부와 본사의 가맹설명회를 통해 가맹점주에 대한 예비 심사를 하고 경영진에 의한 가맹본 심사를 거친 다음 가맹계약을 합니다. 본사가 가맹점에게 엄청난 혜택과 독점권을 주는 것처럼 가맹계약 절차는 복잡하고 그 과정을 통과해야만 가맹점 운영을 시작할 수 있습니다.

그럼에도 많은 가맹점이 매출부진과 경영악화로 문을 닫고 본사를 사기혐의로 고소하는 경우도 어렵지 않게 발생됩니다. 본사가 사업설명회 때 제시한 매출과 이익이 실현되지 않고 있으며 이는 사기에 해당된다는 것이 부실점포 가맹점주의 입장이며 언론에도 종종 보도되기도 합니다. 가맹점주의 입장을 들으면 본사가 너무나 불공정한 거래를 강요하고 있다는 생각이 들기도 합니다. 그러나 가맹계약은 본사가 강제한 것이 아니라 가맹점주가 충분한 설명과 절차를 거쳐 진행한 것이므로 본인의 책임 또한 피할 수 없는 게 현실입니다.

어떤 편의점 프랜차이즈를 선택하느냐는 가맹점주의 선택이며 그 책임도 본인에게 있습니다. 따라서 편의점 가맹계약을 하기 전에 충분한 사전조사와 본사와의 상담을 통해 충분히 검토해야만 성공적인 편의점 가맹점 운영을 할 수 있습니다.

다행스럽게도 우리나라 편의점 브랜드는 중소 브랜드를 포함해도 10여 개에 불과하므로 사전에 모든 브랜드와 상담할 시간적 여유가 충분합니다. 모두 합해 10여 개에 불과한 프랜차이즈 본사와 상담도 하지 않고 특정 브랜드와 서둘러 계약하고 가맹점 운영을 시작하는 경우 실패할 확률은 그만큼 커지게 됩니다. 그런 상황에서 본사에만 점포 부실의 책임을 묻는 것은 적합하지 않습니다.

가맹본사는 가맹점주에게 점포운영권을 판매하기 위한 상인이고 가맹점주는 그 운영권이 정말 좋은 상품인지 확인해야 할 책임이 있는 것입니다.

결국 편의점 가맹사업은 짧은 기간에 서둘러 결정해서는 안 되며 희망 브랜드를 포함한 상위 브랜드 모두의 사업설명회와 가맹상담을 받은 후 결정해야만 성공적인 편의점 가맹점 운영을 시작할 수 있습니다.

실제 상황에서는 창업희망자마다 각기 다른 기준에 의해 가맹 브랜드를 선택하게 됩니다. 지역적 특색도 있고 본인의 선호 브랜드도 있으며, 프로 스포츠의 응원팀에 따라 희망하는 브랜드를 결정하는 경우도 있습니다.

그러나 성공적인 편의점 가맹점 운영을 위해서는 본인의 선호도와 취향이 아니라 오로지 사업적인 관점에서 판단하여 가장 매출을 많이 올릴 수 있고 가장 이익이 많이 나는 브랜드, 가장 오랫동안 안정적으로 사업을 할 수 있는 편의점 브랜드를 선택해야 합니다. 본인에게 가장 유리한 조건의 프랜차이즈를 선택해야 합니다.

현 시점에서 편의점 가맹점 창업을 희망하는 예비창업자가 반드시 활용해야 할 편의점 프랜차이즈 브랜드 선정 전략을 제시합니다. 한국

편의점협회 자료와 공정거래위원회에 공개된 정보공개서를 기준으로 가장 현실적인 전략을 제시하고자 합니다.

편의점 브랜드 선정 전략

(1) 점포수와 전 점포 매출이 많은 브랜드

가맹본사가 제조한 상품이 독점권과 노하우를 가지는 패션이나 음식 프랜차이즈와는 달리 편의점 상품은 누구나 팔 수 있는 상품을 판매합니다. 소비자 입장에서는 어느 브랜드의 편의점에서도 스타벅스 캔 커피를 구입할 수 있고 가격도 거의 비슷해서 차별성을 느낄 수 없습니다. 소비자 입장에서는 모든 편의점에서 자신이 원하는 상품을 별다른 제약 없이 구입할 수 있으므로 편의점 브랜드의 차별성을 느끼는 것은 거의 불가능합니다.

그러나 가맹점주 입장에서는 브랜드의 차이는 엄청난 수준으로 나타납니다. 점포수와 매출이 많은 상위 1, 2위 업체와 나머지 업체의 가맹점은 점포당 매출도 차이가 나고 같은 매출을 기록하는 경우에도 매출이익의 차이가 발생하여 결과적으로 가맹점의 순이익의 차이를 보이게 됩니다. 이 같은 차이는 규모의 경제로 인한 이익증대 효과입니다.

예컨대 스타벅스 캔 커피의 점포당 평균 판매량이 거의 모든 편의점 체인에서 동일하다면 점포수가 많은 브랜드의 총 판매량은 점포수에 비례해 판매수량도 많습니다. 총 판매수량이 많은 1, 2위 업체는 경쟁사보다 많은 판매량을 근거로 캔 커피 제조회사에 더 유리한 가격조건을 요구하여 자사의 구매원가를 낮추게 됩니다.

본사의 구매원가가 낮아지면 가맹점의 매익률이 높아지는 것은 너무나 당연합니다. 결국 동일한 상품이라도 판매이익은 업체별로 다를 수밖에 없으며 상위 브랜드의 판매이익이 더 많으며 이는 가맹점의 수익 증대로 이어지게 됩니다.

따라서 가능하다면 1, 2위 업체인 〈CU〉, 〈GS25〉를 가맹하는 것이 가장 유리하다 할 수 있습니다. 두 브랜드의 시장 점유율은 60%를 넘어서고 있습니다. 3위 업체인 〈세븐일레븐〉의 점포수가 급성장하고 있으므로 선택의 폭을 넓힐 경우 1~3위인 〈CU〉, 〈GS25〉, 〈세븐일레븐〉 가맹계약을 할 경우 상대적으로 성공가능성은 그만큼 크다고 할 수 있습니다.

물론 점포수가 많은 브랜드를 선택하는 경우에도 단점은 있습니다. 지나치게 많은 점포수로 인해 동일한 브랜드 점포가 경쟁점이 될 가능성이 다른 브랜드보다 높은 것은 사실입니다. 그러나 점포수가 많기 때문에 매익률이 더 높고 전 점포를 활용한 이벤트에서도 더 큰 이익을 얻을 수 있습니다.

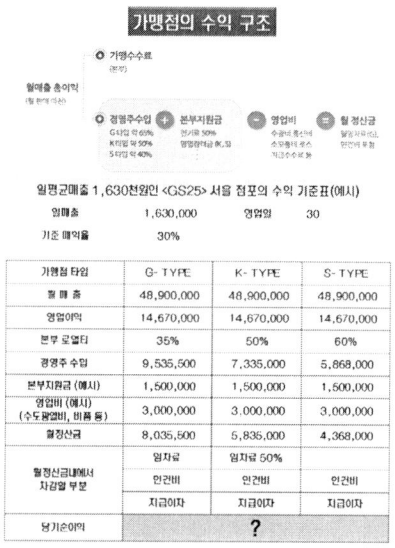

가맹점의 수익 구조

일평균매출 1,630천원인 〈GS25〉 서울 점포의 수익 기준표(예시)

| 일매총 | 1,630,000 | 영업일 | 30 |
| 기준 매익율 | 30% | | |

가맹점 타입	G- TYPE	K- TYPE	S- TYPE
월 매 총	48,900,000	48,900,000	48,900,000
영업이익	14,670,000	14,670,000	14,670,000
본부 로열티	35%	50%	60%
경영주 수입	9,535,500	7,335,000	5,868,000
본부지원금 (예시)	1,500,000	1,500,000	1,500,000
영업비 (예시) (수도광열비, 비품 등)	3,000,000	3,000,000	3,000,000
월 정산금	8,035,500	5,835,000	4,368,000
월정산금내에서 차감할 부분	임차료	임차료 50%	
	인건비	인건비	인건비
	지급이자	지급이자	지급이자
당기순이익		?	

(2) 출점희망 지역에 많은 점포가 있는 브랜드

편의점 업체의 공통적인 출점전략은 이른바 도미넌트(Dominant) 출점 전략입니다. Dominant 전략이란 일정한 상권에 집중 출점함으로써 경쟁업체의 상권 내 출점을 막고, 동일한 상품구색과 판촉으로 지역 내 어느 점포를 이용해도 똑같은 서비스를 제공할 수 있는 장점을 가지는 출점 전략입니다.

전 세계 편의점업계가 공통적인으로 벤치마킹하는 〈세븐일레븐 저팬〉이 시도해 성공한 이후 국내 모든 편의점 본사가 펼치는 출점전략입니다.

도미넌트 출점 전략을 통해 가맹본사는 자사 브랜드 인지도를 높일 수 있고, 물류비용을 줄일 수 있는 이점을 가지게 됩니다. 또한 전 점포 대상의 이벤트를 실시할 경우 상대적으로 좁은 지역의 가맹점 전체가 시너지효과를 발휘하여 이벤트 성공 가능성도 높이는 효과를 보이고 있습니다.

부산 지역에 가면 유난히 〈GS25〉가 많은 지역이 있습니다. 다른 브랜드는 찾아보기 힘들 정도로 〈GS25〉만 보이는 곳도 있습니다. 〈GS25〉 본사가 사업초기 그 지역을 전략지역으로 정하고 도미넌트 출점을 성공적으로 했기 때문에 다른 브랜드가 출점하기 어려운 것입니다.

강원도 지역에는 유난히 〈CU〉 편의점이 많습니다. 〈CU〉 본사가 강원도를 선점하기 위해 도미넌트 전략을 전개했고 물류의 효율성을 높이기 위해 물류배송차량의 노선에 가맹점 출점을 강화했기 때문입니다.

따라서 본인이 점포를 개점하고자 하는 지역에 가장 많은 점포수를 확보하고 있는 편의점 브랜드를 선택해야만 본사가 확보한 네트워킹의 파워를 활용할 수 있습니다.

본사의 입장에서도 점포수가 많은 지역에 인기 있는 이벤트를 실시하는 것이 비용대비 효율적이고 물류에서도 중요한 지역으로 인식되므로 결품이나 배송오류에 더욱 신경 쓸 수밖에 없습니다. 가맹점 입장에서는 그만큼 본사가 제공하는 높은 서비스를 받을 가능성이 높아지는 것을 의미합니다.

(3) 직영점의 운영상태가 좋은 브랜드

편의점 본사는 전국의 중요한 입지에 직영점을 운영합니다. 점포 확장을 위해 어쩔 수 없이 직영점을 운영하기도 하지만 가맹점을 관리할 슈퍼바이저와 점포개발자 등의 인력을 양성하고 중요 입지를 선점하기 위해 직영점을 운영합니다.

본사는 직영점으로 운영하다 가맹희망자가 나타나면 직영점을 가맹점으로 전환하고 또 다른 전략적 요충지에 직영점을 개설하는 과정을 반복합니다.

이 같은 직영점의 특성으로 인해 직영점의 운영수준은 평균적인 가맹점보다 높은 것이 일반적입니다. 따라서 편의점 가맹점 계약에 앞서 직영점에 대한 평가는 필수적입니다. 본사의 일방적인 주장이 아닌 실제 점포의 현상을 확인할 수 있는 가장 좋은 점포가 바로 직영점이기 때문입니다.

희망 브랜드의 직영점을 방문하여 운영수준을 비교해보면 브랜드 간 차별성을 확인할 수 있고 어느 브랜드가 내게 맞는지 사전에 확인할 수 있습니다.

이를 위해서는 직영점이 어디에 있는지 알아야 합니다. 직영점은 회사가 인력양성과 상품 테스트를 위해 운영하는 경우가 많으므로 상권 내 가장 번화한 지역에 주로 입점하며 다른 점포보다 비교적 큰 경우가 많습니다. 본사와 가맹상담을 했다면 본사에 문의해 지역의 직영점

위치를 확인할 수도 있습니다.

방문한 점포가 직영점인지 가맹점인지는 영수증을 활용해서도 간단하게 확인할 수 있습니다. 영수증에 표기된 사업자등록번호는 점포가 직영점인지 가맹점인지 알려주기 때문입니다.

사업자등록번호는 ABC-DE-FGHIJ 형태로 구성됩니다. 앞의 세 자리 숫자는 관할 세무서 구분기호에 불과하며 중요한 것은 가운데 두 자리 숫자입니다. 그 숫자를 보고 그 점포가 직영점인지 가맹점인지 확인할 수 있습니다.

사업자가 개인일 경우 사업자등록번호의 가운데 숫자가 1~79 사이에 있으며 법인사업자의 본점은 81과 86, 법인사업자의 지점은 85를 부여 받습니다. 따라서 사업자등록번호의 가운데 숫자가 81, 85, 86인 경우 그 점포는 직영점이라는 것을 알 수 있습니다.

직영점은 본사의 점포 운영지침이 가장 잘 지켜지는 점포이며 가맹점에 앞서 다양한 실험이 진행되는 점포입니다. 직영점의 운영형태와 수준을 살펴보면 가맹점의 수준을 가늠할 수 있습니다.

점포를 방문해서는 점포가 청결한지, 고객의 입장에서 구입할 상품이 충분히 갖추고 있는지, 진열은 잘 되어 있는 지 등 점포 운영의 기본적인 사항을 충분하게 체크해야 합니다. 점포 근무자의 성향에 따라 점포 운영수준이 달라질 수 있으므로 시간대별로 방문하여 그 수준을 체크해야만 합니다.

몇 개의 직영점을 직접 방문하여 운영수준을 확인한 다음 고객의 입장에서도 좋은 점포라는 마음이 들어야만 가맹계약을 진행해야 합니다.

(4) 가맹점 전개속도가 비교적 느린 브랜드

편의점 점포 개설은 본사의 점포 개발담당자(RFC)에 의해 진행됩니다. RFC는 자사의 편의점 콘셉트와 전략에 적합한 입지를 선정하여 팀 회의와 본사 개발담당 임원과의 회의를 거친 뒤 CEO의 결재를 받습니다. 하나의 점포가 문을 열기까지 본사가 정한 절차를 거치게 되며 팀 회의 혹은 CEO의 인가를 받지 못해 문을 열지 못하는 경우도 적지 않습니다.

상황이 이렇다 보니 한명의 RFC가 입지선정회의에 올리게 되는 점포 후보지 중에서 실제로 간판을 달고 가맹점으로 문을 여는 점포는 일 년에 겨우 몇 개에 불과할 뿐입니다.

부실점포를 막고 가맹점의 안정적인 수익을 보장하기 위해서는 점포 개발 담당자가 입지선정회의에 올린 후보지 중 상당수는 탈락되는 것이 맞습니다. 그러나 회사가 급하게 점포수를 늘리겠다고 급성장 전략을 전개하면 탈락해야할 후보입지에도 간판이 걸리고 가맹점으로 출점하게 됩니다. 그렇게 빠르게 점포수를 확대할 경우 상당수의 점포는 부실점포가 될 가능성이 높습니다.

매년 500개의 점포수를 개점하던 편의점 본사가 지난해 1천개의 신규점포를 개점했다고 한다면 입지회의에서 탈락해야할 수백 개의 부실 입지에 간판이 걸리고 가맹점으로 개점한 것이라고 생각해도 큰 무리는 없습니다.

물론 점포개발부분의 인력을 대거 충원하여 RFC당 할당 점포수를 일정하게 유지한다면 가맹점의 질도 일정부분 유지할 수 있습니다. 그러나 가맹 희망자 입장에서 점포개발인력이 대거 확충됐는지 알 수 없습니다. 또한 확충된 인력이 회사 내 다른 부서에서 오랫동안 근무했거나 신입사원인 경우, 그들이 개발하는 점포는 상대적으로 취약할 수밖에 없으며 그런 점포는 부실점이 될 가능성은 매우 높습니다.

따라서 가맹본사에 대한 정보가 부족한 가맹희망자 입장에서는 최근 3년간의 가맹점 개점 동향을 확인해야만 합니다. 급격하게 신규 가맹점이 늘고 있는지 반드시 확인해야만 합니다. 신규 가맹점 개점 수는 공정거래위원회 홈페이지에 게재된 정보공개서를 통해 확인할 수 있습니다.

주요 편의점의 점포 현황

브랜드	연도	합계	신규개점	계약해지 + 계약종료	직영점 구성비	신규점 비율	계약 해지비율
7-11 + Buy The Way	2,010	4,748	1,223	186	2.4%	25.8%	3.9%
	2,009	3,680	996	517	2.3%	27.1%	14.0%
	2,008	3,219	889	453	3.2%	27.6%	14.1%
CU	2,011	6,686	1,584	270	2.1%	23.7%	4.0%
	2,010	5,345	981	284	2.2%	18.4%	5.3%
	2,009	4,666	851	309	2.9%	18.2%	6.6%
GS25	2,011	6,307	1,464	190	1.7%	23.2%	3.0%
	2,010	5,011	1,276	218	1.9%	25.5%	4.4%
	2,009	3,909	674	159	1.5%	17.2%	4.1%
Mini Stop	2,011	1,675	329	90	2.0%	19.6%	5.4%
	2,010	1,402	298	96	2.0%	21.3%	6.8%
	2,009	1,200	229	82	2.3%	19.1%	6.8%

자료: 공정거래위원회 홈페이지, 각사 정보공개서

표에서 보는 바와 같이 〈세븐일레븐〉과 〈바이더웨이〉를 운영하는 코리아세븐의 경우 최근 3년간 신규점 비율은 25%를 넘어서고 있습니다. 업계 1위인 〈CU〉의 18~23%, 〈GS25〉의 17~25% 수준에 비해 매우 높은 수준입니다.

코리아세븐이 최근 3년간 업계 선두를 따라잡기 위해 엄청난 속도로 가맹점을 개설하고 있음을 알 수 있습니다. 코리아세븐이 〈바이더웨이〉를 인수하면서 업계 1, 2와의 점포수 격차가 줄어든 것을 계기로 점포수 확대에 박차를 가하고 있는 상황입니다.

이처럼 빠른 가맹점 확산 정책은 어쩔 수 없이 부실점 양산이라는 결과를 초래할 수밖에 없습니다. 지난 20여년의 편의점 역사를 살펴보면 가맹점이 급증한 시기가 지나면 부실 점포에 의한 가맹분규가 발생됐습니다. 실제로 이 기간 동안 코리아세븐의 가맹해지 및 가맹종료를 합한 숫자는 전점포수 대비 최고 14%에 이르고 있습니다. 경쟁사보다 3배 이상 높은 수준입니다.

회사 입장에서는 빠른 점포 출점으로 인해 업계 1, 2위와의 격차를 줄이는 놀라운 성과를 기록하고 있지만 가맹점 입장에서는 부실점포 양산 가능성이 그만큼 높아지고 있는 현실을 보여주고 있습니다.

그러나 신규점포의 급격한 확대가 〈세븐일레븐〉에 국한되지 않고 거의 모든 편의점 본사에 해당되고 있습니다.

공정위에 공개된 정보공개서를 살펴보면 〈Mini Stop〉을 제외한 〈CU〉, 〈GS25〉, 〈세븐일레븐〉이 최근 년도에 개설한 신규 점포수는 3년 전 점포수보다 거의 두 배에 달하고 있습니다.

이 같은 추세는 편의점 업계 1위가 가지는 업계 선두 이미지를 확보하고자 하는 경쟁에 따른 것입니다. 업계 1위 업체에 우수 가맹희망자와 우수 입지가 집중되는 현실에서 업계 1위를 차지하고자 하는 가맹본부 간 경쟁의 결과입니다.

업계 1위를 지키고 뺏기 위한 상위 3사에 의한 치열한 경쟁에 따라 오픈해서는 안 되는 입지에 가맹점이 오픈하는 사례가 이어지고 있습니다. 그렇게 문을 여는 점포는 결국 부실점으로 이어질 수 있다는 점에서 가맹점 희망사가 반드시 경계해야 할 부분입니다.

반면, 〈Mini Stop〉은 매년 300개 내외로 신규점 개점이 안정돼 있습니다. 이는 회사가 회사의 전략상 가장 안정적인 수의 신규 가맹점 확대 정책을 전개하고 있음을 보여주며 있습니다. 다르게 해석한다면

〈Mini Stop〉의 신규 가맹점이 상대적으로 부실화 가능성이 낮다고 할
수 있습니다.

(5) 점포당 일평균 매출이 높은 브랜드

편의점 프랜차이즈 본사의 실적이 좋다는 것은 가맹점 입장에서는
상품을 안정적으로 공급받고 사업을 지속적으로 영위할 수 있다는 것
을 의미합니다. 90년 초 진로그룹의 편의점 〈베스토어〉 가맹점주는 본
사의 부도로 인해 점포운영에 막대한 어려움을 겪기도 했습니다.

가맹 본사의 실적이 좋으면 가맹점 운영에도 결코 해가 되지는 않습
니다. 그러나 본사의 성장세 및 이익의 증가, 주가 상승은 본사의 성과
일 뿐 개별가맹점 수준에서는 아무런 의미가 없습니다. 가맹본사의 실
적이 오르고 회사의 주가가 오른다 해도 개별 가맹점의 이익과 매출이
오르지 않으면 남의 일에 불과할 뿐입니다.

편의점 본사의 브랜드 파워가 오르면 내 점포에도 좋은 영향을 주
는 것은 사실이지만 가맹점 입장에서는 점포의 매출과 이익이 오르는
것이 가장 좋은 것입니다.

가맹점에게 있어 가장 중요한 지표는 매출과 매출이익입니다. 따라
서 편의점 프랜차이즈를 선택할 때도 점포당 일평균매출이 가장 높은
브랜드를 선택하는 것이 가장 유리합니다.

가맹본부는 사업설명회를 통해 전국 단위의 일 매출과 우수점포의
수익성을 제시하며 가맹점 희망자에게 장밋빛 전망을 제시합니다. 그
러나 전국적인 평균매출보다 더 중요한 것은 창업하고자 하는 지역의
수익성입니다.

지역	상위 4사의 점포당 일평균 매출액	점포당 일매출 지수(지역평균 대비)				Best	Worst
		CU	GS25	7-11	미니스탑		
서울	1,604	1.00	1.02	0.96	1.03	미니스탑	7-11
부산	1,349	1.08	1.08	0.95	0.89	GS25	미니스탑
대구	1,210	1.11	1.10	0.87	0.92	CU	7-11
인천	1,450	0.97	0.95	1.03	1.05	미니스탑	GS25
광주	1,186	0.98	0.96	1.00	1.06	미니스탑	GS25
대전	1,335	1.02	1.07	0.97	0.95	GS25	미니스탑
울산	1,303	1.09	1.06	0.97	0.88	CU	미니스탑
경기	1,388	1.02	1.04	0.98	0.96	GS25	미니스탑
강원	1,122	1.17	1.08	0.78	0.97	CU	7-11
충북	1,129	1.07	1.13	0.88	0.92	GS25	7-11
충남	1,354	0.97	1.05	0.91	1.06	미니스탑	7-11
전북	1,214	1.04	0.99	0.98	0.99	CU	7-11
전남	1,248	1.02	0.98	0.96	1.04	미니스탑	7-11
경북	1,162	1.11	1.13	0.89	0.88	GS25	미니스탑
경남	1,254	1.03	1.09	0.90	0.97	GS25	7-11
제주	993	1.57	1.56	0.87	0.00	CU	7-11
전체	1,377	1.01	1.04	0.96	0.99	GS25	7-11

• 정보공개서의 매출을 점포수로 나누고 이를 다시 365일로 나눈 값을 점포당 일평균 매출로 추정함.
• 점포당 영업일수가 차이가 나므로 실제 점포당 매출액은 계산상 매출보다 다소 높을 수 있음

부산에서 잘 나가는 브랜드가 있고 광주에서 잘 나가는 브랜드가 있습니다. 이를 무시하고 전국 평균만으로 어느 브랜드가 좋다고 섣불리 판단해서는 안 됩니다. 부산에 점포를 낼 계획이라면 부산에서 가장 실적이 좋은 브랜드를 최우선으로 고려해야 합니다.

편의점 업계가 점포당 매출을 발표하는 경우는 한국편의점협회를 통한 발표와 공정거래위원회의 정보공개서 제출 시로 한정됩니다. 공정거래위원회의 정보공개서는 법적인 강제성을 가지므로 그 데이터 또한 신뢰성이 높습니다.

따라서 본 책에서는 편의점 본사가 직접 작성해 공정위에 올린 정보공개서를 기준으로 가맹점의 일평균 매출을 분석하고자 합니다.

정보공개서의 매출을 점포수로 나누고 이를 다시 365일로 나눈 값을 점포당 일평균 매출로 추정합니다. 점포당 영업일수가 차이가 나므로 실제 점포당 매출액은 계산상 매출보다 다소 높을 수 있습니다. 그러나 점포당 영업일수를 정확히 산정할 수 없는 상황에서는 모든 업체에게 적용되는 기준을 적용해도 충분히 업체 간 비교가 의미 있을 것

입니다.

전국 기준으로 점포당 일 매출을 살펴보면 〈GS25〉가 가장 높은 수준을 보이고 있습니다. 평균적인 기준으로 살펴보면 〈GS25〉를 가맹했을 때 가장 높은 일 매출을 기록할 수 있음을 의미합니다. 점포당 일 매출을 기준으로 할 때 가장 먼저 고려해야할 브랜드는 〈GS25〉입니다.

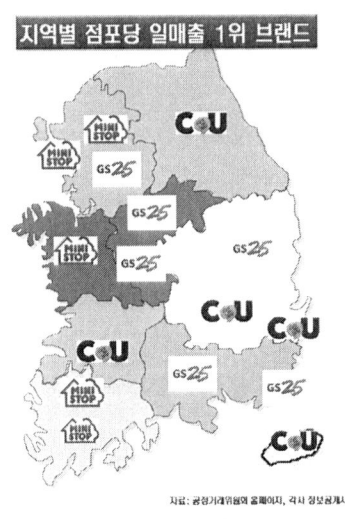

지역별 점포당 일매출 1위 브랜드

자료: 공정거래위원회 홈페이지, 각사 정보공개서

공정위의 공개정보서에 국내 편의점의 일 매출 평균은 137만8천 원입니다. 점포당 일평균 매출이 가장 높은 〈GS25〉가 평균치보다 약 5만원 높은 148만 원이며 〈세븐일레븐〉이 〈GS25〉보다 12만 원 낮은 132만 원을 기록하고 있습니다.

그러나 지역별 일평균매출을 분석해보면 특정 지역에서 강한 브랜드가 있습니다. 따라서 출점하고자 희망하는 지역에서 강세를 보이는 브랜드를 확인하여 우선순위 브랜드로 고려해야 합니다.

〈CU〉의 경우 인천, 광주, 충남을 제외한 전국에서 업계 평균을 웃돌고 있으며 〈GS25〉역시 인천, 광주, 전남북을 제외하고 업계 평균을 웃도는 우수한 성과를 보이고 있습니다.

반면 〈세븐일레븐〉은 인천, 광주를 제외한 전 지역에서 업계 평균보다 낮은 수준을 기록하고 있습니다. 〈Mini Stop〉역시 서울, 인천, 광주, 충남, 전남을 제외한 지역에서 업계평균보다 낮은 일 매출을 기록하고 있습니다.

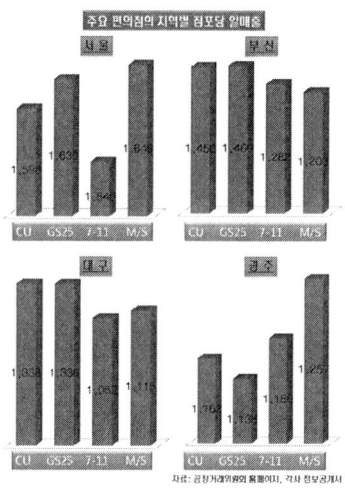

특히, 〈세븐일레븐〉은 강원지역에서 지역 평균인 112만 원의 78% 수준인 87만 원에 불과한 일 매출을 기록하고 있으며, 제주 지역은 〈CU〉와 〈GS25〉의 56% 수준에 불과한 일 매출을 기록하고 있습니다.

지역의 점포당 일 매출 기준으로 가장 우수한 브랜드를 살펴보면 〈Mini Stop〉은 서울, 인천, 광주, 전남지역에서 1위를 기록하고 있습니다. 〈GS25〉는 경기, 충남북, 경상남북, 부산 지역에서 1위를 기록했고, 〈CU〉는 강원, 전북, 대구, 울산, 제주에서 1위를 기록하고 있습니다.

특정 지역의 점포당 매출이 높다는 것은 특정지역에서 해당 브랜드의 충성도가 높고 상대적으로 좋은 점포가 출점돼 있다는 것을 의미합니다. 따라서 가맹 희망지역에서 가장 높은 일평균 매출을 기록한 브랜드를 선택하는 것이 가맹점 입장에서는 가장 중요한 브랜드 선택 기준이 되어야 합니다.

주요 편의점의 가맹조건

CU의 가맹조건 및 TYPE

가맹 유형		점주/본부 임차형	점주 장기 임차형	위탁가맹
투자	가입비	700만원 (부가세 별도)		
	상품준비금사	1,400만원		
	소모품준비금	100만원		
	가맹보증금	-		1,500만원
	점포임차비용	가맹점 부담		가맹본부 부담
	합계	2,200만원 + 점포 임차 비용		최소 3,700만원
담보		별도 담보 제공(부동산 근저당, 이행보증보험, 예금질권, 현금)		
수입(매출총이익중)		65% ~ 85%		40% (고정)
계약기간		5년	7 ~ 10년	2년
집시/시설/인테리어		가맹본부 무상 대여	가맹본부 또는 점주선택가능	가맹본부 무상 대여
지원제도		- 전기료 50% 지원 - 상품발주장려금 (폐기지원 등)	- 전기료 50% 지원 - 상품발주장려금 (폐기지원 등) - 장기운영 장려금 - 시설운영 장려금	- 전기료 50% 지원 - 상품발주장려금 (폐기지원 등) - 영업 장려금
총수입보장 (비용공제전)		연 6,000만원 (월 단위 정산)		연 4,200만원 (월단위 정산)

자료: CU 홈페이지

CU의 가맹점 타입 및 가맹조건

가맹 TYPE	G-TYPE		K-TYPE		S-TYPE	
	점포를 직접 소유, 혹은 임자하여 운영		경영주가 임자료의 50%를 부담하여 운영		본부가 임자한 자리를 위탁받아 운영	
가맹금	770만원(VAT포함)		770만원(VAT포함)		770만원(VAT포함)	
상품 준비금	1,200만원		1,200만원		1,200만원	
소모품 준비금	50만원		50만원		50만원	
시설/전기 보증금	200만원		200만원		200만원	
보증금	없음		전세보증금 최소 5,000만원		예지 보증금 최소 5,000만원	
점포 임자 비용	경영주 부담		경영주 부담 약 50%부담		본부 부담	
시설/집기/인테리어	본사 100% 무상지원		본사 100% 무상지원		본사 100% 무상지원	
합계	임자비용 + 2,200만원		전대보증금 + 2,200만원		2,220만원 (가맹비 700만원을 제외한 금액은 사업종료시 현금 가능원)	
	조건	비교	조건	비교	조건	비교
가맹점 이익배분 (매출총이익 기준)	65%~84%	구간별 차등 배분 양식	50%~69%	구간별 차등 배분 양식	40%~30%	구간별 차등 배분 양식
계약기간	5년	5년 이후 갱신 가능	3년	계약만료시 재계약가능, 재계약시 가맹비 추가 지불 없음	최초 2년 후 1~2년선택	계약만료시 재계약 가능, 재계약시 가맹비 추가 지불 없음
담보설정	5,000만원	근저당권, 질권, 보증보험	3,000만원	근저당권, 질권, 보증보험	2,000만원	근저당권, 질권, 보증보험
본부지원금			영업 장려금 80만원/월 (연간 960만원)지원		영업 장려금 50만원/월 (연간 600만원)지원	
	전기료 지원금 50% 지원 (실사용량 기준) / 난방비 및 친촉비 일부 지원 비오출 보상금, 배송지연 보상금 / 폐기지원금(계약기간 지속) / 상품판매 장려금					
최저 수입 조보금	최대 1년 6,000만원 (월 500만원)		최대 1년 5,500만원 (월 485만원)		최대 1년 5,000만원 (월 417만원)	

자료: GS25 홈페이지

GS25 가맹점 타입 및 가맹조건

세븐일레븐의 가맹조건 및 TYPE

가맹점주가 직접 점포를 소유 및 임차 후 운영하는 가맹 형태	계약형태	회사가 임차한 점포를 가맹점주가 위탁 판매하는 가맹형태
가맹점주 (임차비용 점주 부담)	점포임차권	회사 (임차비용 회사 부담)
매출이익의 65~85%	점주수익	매출이익의 30~40%
5년	계약기간	1 ~ 2년
가 입 비 : 700만원(VAT 별도) 상품보증금 : 1,400만원 영업준비금 : 50만원	투자비용	가 입 비 : 700만원(VAT 별도) 가맹보증금 : 2,000만원 이상 상품보증금 : 1,400만원 영업준비금 : 50만원
2,140만원		4,150만원 이상
5,000만원 (근저당권, 질권, 보증보험 중 하나 또는 수개 가능)	담보설정	2,000만원 (근저당권, 질권, 보증보험 중 하나 또는 수개 가능)
	본부지원	
- 인테리어 등 각종 설비 지원 / - 집기운영장려금(전기료50%) 회사 지원 폐기 금액 20% 지원(미반/조리빵에 한함), 1개월 ~ 2개월 50% /3개월 ~ 4개월 40% / 5개월 ~ 6개월 30% 각종 장려금 지원 / 창업자금 지원 (롯데캐피탈)		
최대 월 500만원 (비용공제전)	영업지원금 (매출이익한도내)	최대 월 375만원(년간 4,500만원, 비용공제전)

자료 : 세븐일레븐 홈페이지

세븐일레븐 가맹점 타입 및 가맹조건

미니스톱의 가맹조건 및 TYPE

가맹 TYPE		S(Standard타입)	SL(Standard-Lease)	CL(Confidential Lease)
투자비용	점포	경영주 부담	경영주 부담 (본부임자비용 승계)	경영주 일부 부담 (3,200만원)
	임자비용			
	가맹보증금	250만원	-	-
	인테리어/비품	본부 무상지원		
	가맹비	770만원(VAT포함)		
	상품예치금	1,200만원	1,200만원	1,500만원
	합계	점포임자비용+ 약 2,220만원	점포임자비용+약1,970만원	총 5,470만원
가맹조건	계약기간	5년		
	장기계약	매출총이익 3% 지원 (오픈 후 61개월부터 예택)		매출총이익 3% 지원 (오픈 후 37개월부터 예택)
	가맹점 총수입	매출총이익 65%	매출총이익 65%	매출총이익 50%~35%
	본부로열티	매출총이익의 35%	매출총이익의 35%	매출총이익 구간별 50~65%
	가맹점 최저수입보전	연간 6,000만원 (월간 500만원)	연간 6,000만원 (월간 500만원)	연간 5,000만원 (월간 416만원)
	본부지원	패스트푸드 및 신산상품 페기시원 (월30만원), 신용카드 수수료 지원, 페기 지원, 전기료 50% 지원(		
		매출징려금 월 20~100만원 특별판매촉진징려금월 50~200만원 (매출총이익별 차등 지급)	영업징려금 월 50만원 (인테리어 경영주 부담 시) 시설 A/S 지원	매출징려금 최대 월 30만원 (목표 매출 달성 시)
	담보설정	5,000만원 (근저당,질권, 보증보험중 선택)		2,000만원 (근저당,질권, 보증보험중 선택)

자료: 미니스톱 홈페이지

미니스톱 가맹점 타입 및 가맹조건

1) 기본에 철저함으로

편의점이 오늘과 같이 치열한 유통 환경에서 빠르게 성장할 수 있는 가장 큰 이유는 고객에게 다양한 '편리함'을 주기 때문입니다. 고객의 입장에서 보면 가깝고, 늦은 밤에도 이용할 수 있고, 다양한 상품을 한 곳에서 구입할 수 있기 때문에 편리하다는 것입니다.

그러나 단순하게 편리하다는 것 하나만으로 고객의 선택을 받을 수 있는 시대는 지나고 있습니다. 너무 많은 편의점이 문을 열고 있으며 다양한 형태의 소매점이 영업시간을 연장하고 있습니다.

이런 경쟁 상황에서 고객에게 차별화된 경쟁력을 제시하지 못하면 성장은 더 이상 불가능한 '적자생존適者生存'의 시대로 돌입하고 있습니다.

이런 상황에서 편의점 운영은 기본에 더욱 충실해야 하며 기본 4원칙을 기반으로 경쟁력을 강화해야 합니다.

편의점의 기본 4원칙이란 점포에서 지켜야 할 최소한의 요구조건으로 선도관리, 상품구색, 청결, 친절(Friendly Service)을 말합니다. 편의점의 기본 4원칙은 편의점에만 적용되는 원칙이 아니라 소매업 공통으로 적용되는 점포 운영원칙으로 인식되고 있습니다.

(1) 선도관리

선도관리하면 상품의 유효기간을 관리하여 유효기간 내 판매하면 된다는 단순한 개념으로 인식되는 경우가 많습니다. 그러나 그 정도의 인식만으로는 경쟁점을 이길 수 없습니다.

상품의 유효기간은 물론, 상품의 계절성, 유행이 지난 상품인지 등 다양한 요인으로 선도관리의 개념을 확대해야 합니다. 9월에도 여름철 물놀이 용품이 진열돼 있다면 고객은 점포의 선도관리가 제대로 되지 않는다고 판단하게 됩니다.

고객이 신선도의 기준으로 삼는 상품의 유효기간 역시 고객의 입장에서 이해하기 쉬운 POP를 부착함으로써 고객에게 더 좋은 이미지를 얻어야 합니다. 일례로 유효기간이 짧은 도시락과 김밥을 고르는 고객은 "어! 유효기간이 오늘까지네, 이 상품은 신선하지 않을 것 같다"라는 얘기를 할 수 있습니다.

고객의 무지를 탓하기 전에 오픈 쇼케이스 앞에 상품별 유효기간이나 상품의 입고 시간, 폐기시간 등 선도와 관련된 정보를 제공한다면 유효기간이 짧은 상품도 고객에게 높은 점수를 받을 수 있습니다.

(2) 상품구색

20여 평의 공간에 3천 개 아이템을 진열해야 하는 편의점의 특성상 고객이 필요로 하는 모든 상품을 갖추는 것을 불가능합니다. 그렇다고 해서 고객이 원하는 상품이 있음에도 점포가 좁다는 이유만으로 이를 무시할 수 없습니다.

점포의 소형화에 따른 딜레마는 POS를 활용함으로써 적절하게 해결해야 합니다.

상품 군별 베스트 상품과 발주자료 등 다양한 POS 데이터를 활용해 안 팔리는 상품을 찾아내 점포에서 빼냄으로써 그 공간에 고객이 원하는 상품으로 채워야 합니다. '시시한 물건도 없는 것보다 낫다'는 생각으로 많은 상품을 나열하는 것만으로는 고객의 구매를 유도할 수 없습니다.

(3) 청결

식품을 주로 취급하는 편의점은 깨끗함이 최대의 경쟁력입니다. 청결하지 않는 편의점에서 도시락을 구입하고 그 점포에서 머무를 고객은 없습니다. 편의점에서 식품을 구입하고 집에서 먹겠다는 생각으로 점포를 방문한 고객이라도 청결하지 못한 점포에서는 식품을 구입하지는 않을 것입니다.

청결 따위야 무슨 상관이냐 하는 고객은 애초에 편의점을 이용하지 않습니다. 편의점이 초창기부터 고객에게 인정받은 부분은 밝고 깨끗한 점포 환경이었습니다. 따라서 편의점을 이용하는 고객은 자신이 항상 이용하는 점포가 「청결하고 기분이 좋은 점포」가 아니면, 경쟁점포로 발길을 돌린다는 것을 항상 생각해야 합니다.

또한 고객을 맞는 점포 직원의 복장은 물론 진열대, 카운터 주변, 창고 등 모든 면에 신경을 써야만 합니다. 상품구색과 선도가 아무리 좋아도, 점포 내외가 더럽거나 불결하거나 해서는, 고객을 점포로 이끌수는 없습니다.

(4) 친절

상품 구색이 좋고 품질이 뛰어난 점포라도 고객과의 관계가 불편해서는 상품이 팔리지 않습니다. 사람 사이에 생기는 친밀한 관계가 있어야만 우연한 기회에 점포를 방문한 고객을 고정고객으로 만들 수 있습니다. 그러나 친절해야 한다고 해서 지나치게 고객의 사생활에 간섭하거나 고객의 사생활을 알려고 하는 행동을 해서는 안 됩니다. 고객과 너무 가깝지도 않고 너무 멀지도 않는 적절한 수준의 친밀함을 유지하는 것이 중요합니다.

친절은 돈이 들지 않습니다. 돈들이지 않고 경쟁점과 차별화 수 있다면 지금 같은 상황에서는 최우선적으로 실시해야만 합니다.

편의점간 생존경쟁이 치열해지는 상황에서 편의점 운영의 기본 원칙이 제대로 지켜지는 점포는 어느 경쟁점에도 지지 않는 성장을 할 수 있을 것입니다. 점포의 신선도와 상품구색을 강화하고, 청결도와 친절 수준을 높인다면 오히려 경쟁점의 고객을 우리 점포로 불러들일 수 있어 매출향상을 이룰 수도 있습니다.

경쟁이 치열해질수록 기본에 충실한 점포가 가장 성장가능성이 높습니다. 지금이야 말로 꼼수보다는 기본에 충실해야 합니다.

2) 불평하는 고객에게 감사해야

'고객은 왕'이라는 말이 있습니다. 고객이 점포를 이용해 주고 상품을 구입해 주니 고맙다는 생각에서 생겨난 말입니다. 그러나 실제 점포에서 고객이 왕인가 하는 생각을 해보면 항상 그렇다고는 할 수 없습니다.

고객이 불만을 가지면 점포 직원에게 불만을 표시하기도 하지만 대부분의 고객은 불만이 있어도 아무 말 하지 않는 경우가 많습니다. 고객 대부분이 별다른 불만을 표출하지 않기 때문에 고객이 만족하고 있는 것으로 오인할 수도 있습니다.

그러나 불만을 표출하지 않는다고 해서 고객이 항상 만족하는 것은 아닙니다. 점포에 대한 불만을 표시하지 않는 고객 중에서도 불편한 마음을 가지고 어쩔 수 없이 점포를 이용하는 경우도 적지 않습니다.

방송에서 광고하고 있는 상품을 취급하고 비슷한 시설을 갖추고 동일한 브랜드를 운영하는 상황에서도 유난히 잘 되는 점포가 있는가 하면 고객이 줄어드는 점포가 있습니다. 경쟁점과 상품의 차이가 거의 없고, 시설의 격차도 없는데도 그런 문제가 발생되는 것은 대부분의 고객 불만에서 문제점을 찾을 수 있습니다.

다시 말해, 상품이 팔리지 않고 고객이 점포에 오지 않는 이유는 고객이 점포에 대해 불만을 갖고 있기 때문입니다. 이런 경우 고객이 점포에 대해 가지는 불만을 말끔하게 해소해 주면 그 고객은 다시 점포를 방문하게 됩니다.

조사에 의하면 상품과 서비스에 불만을 품은 고객은, 아홉 내지 열 명의 주위 사람들에게 점포에 대한 불만족을 얘기한다고 합니다. 고객들은 불만을 느끼면 어떤 형식이든 누군가에게 투덜거리기도 하며 악담을 늘어놓기도 합니다.

아이러니하게도 고객의 불만을 많이 들어야만 고객의 불만을 줄일 수 있습니다. 서비스에 불만을 품은 고객의 90%는 그 점포에 불만을 말하지 않으며, 불만을 품은 고객 중 90%는 그 점포를 다시 찾지 않는다고 합니다. 모든 고객이 만족할 수는 없다는 점을 생각하면 고객의 불만을 찾아 신속하게 해결하는 것이 더 중요합니다.

고객의 불만이 오해에 의해 발생된 것이라면 오해를 풀어야 하며, 실제로 점포에 문제가 있는 것이라면 정중하게 사과하고 성심 성의껏 불만을 해소해야만 합니다.

고객 마음속에 있는 불만을 알아내기 위해서는 고객의 마음을 읽어내도록 노력해야 합니다. 고객의 입장에서 점포의 서비스와 상품을 분석해 보고, 고객과 똑같이 상품을 구입해본다면 고객의 마음을 어느 정도 읽을 수 있습니다.

고객의 마음을 알기 위해서는 고객과 끊임없이 접촉해야만 합니다.

고객의 움직임을 관찰하고 고객과 사소한 얘기라도 나누다 보면 고객의 진심을 알게 됩니다.

지속적으로 성장하는 점포는 고객의 불만과 불평을 알아내고 극복하는데 익숙해져 있습니다. 그런 점포에서는 고객들도 시원스럽게 속을 털어 놓게 되고 따라서 점포는 같은 실패를 되풀이하지 않게 되는 것입니다.

고객의 불평을 잘 해결하면 매출이 오른다는 것을 인정하면서도 실제로는 그렇게 행동하지 못하는 경우가 많이 있습니다. '불평불만을 들어주면 끝이 없다'는 잘못된 생각에서 출발하고 있기 때문입니다.

그러나 고객이 편의점에 가지는 불만은 기껏해야 십여 개에 불과하고 그런 불만의 대부분은 상식적이고 당연한 불만들입니다.

고객은 편의점에서 상품을 사고 서비스를 구입하기 때문에 고객 스스로 결정하고 구입한 상품과 서비스에 불만을 느끼면 화를 내고 불평하는 것은 당연합니다. 중요한 것은 고객의 불만을 적절하게 해소시켜 고객으로 계속 유지하게 하는 것입니다.

고객을 잃는 데는 짧은 시간이 걸리지만 그 고객을 다시 점포로 이끌기 위해서는 많은 시간과 노력이 소요됩니다. 그 기간 점포의 매출 감소에 의한 기회손실은 예측할 수 있는 수준을 넘을 수 있습니다. 오늘의 매출 증대에만 급급하여, 내일의 매출과 직결되는 고객만족을 소홀히 한다면 지속적인 성장을 기대할 수는 없습니다.

3) 신규 경쟁점 대책

편의점이 급격한 성장세를 기록하며 동네 곳곳에 출점되고 있습니다. 편의점이 소비자에게 인정받고 있음은 기뻐해야 하지만 그만큼 경쟁이 심화되고 있음을 의미하는 것이나 마냥 즐거워할 수도 없습니다. 그러나 편의점의 경영을 위협하는 경쟁자가 편의점뿐만이 아닙니다.

대형 슈퍼마켓 본사는 기존 편의점보다 조금 큰 점포 형태를 개발해 편의점 인근 지역에 출점하며 편의점의 영역에 발을 들여놓고 있습니다.

기존 점포가 영업하는 곳에 경쟁점이 들어서는 것은 신규점포가 충분히 성공할 수 있다는 판단을 하고 있기 때문입니다. 도저히 기존 점포를 이겨낼 수 없다고 판단하면서도 출점을 강행하는 가맹본사나 가맹점주는 없습니다. 본사와 가맹점주 모두 기존 점포와의 경쟁에서 충분히 생존할 수 있고 성장할 수 있다고 판단했기 때문에 출점 결정을 내린 것입니다.

경쟁점이 나타나면 일시적인 매출하락이 발생됩니다. 그 현상이 일시적일 수도 있으며 지속적으로 나타날 수 있습니다. 일시적인 매출하락은 어쩔 수 없지만 빠른 시간 내에 기존 매출을 회복해야만 점포가 생존할 수 있습니다.

점포의 매출하락은 곧 수익하락으로 이어지게 되므로 경쟁점이 출점하기 전에 편의점 기본원칙을 충실히 하며 특히 상권 특성에 맞는 상품구색을 강화하여 단골고객을 확보해야만 합니다. 점포의 경쟁력이 강하다면 경쟁점은 기존 점포와 최대한 거리를 두고 출점하게 될 것입니다. 반면 기존 점포의 경쟁력이 약하다면 경쟁사는 기존 점포 가까이 출점하여 기존점의 약점을 최대한 공략할 것입니다.

따라서 점포의 경쟁력을 확고히 한 다음 수시로 점포 인근의 상권을 파악하여 경쟁점이 들어설 가능성이 있는지 확인하고 경쟁점이 공사를 시작하면 경쟁점 개점을 대비한 구체적인 대응전략을 수립해야 합니다.

경쟁점 대응 전략을 세움에 있어 그 전략은 편의점 기본 4원칙을 중심으로 수립해야 합니다.

특히 청결은 가장 먼저 체크해야 합니다. 신규점포의 가장 큰 장점은 새로움과 청결함입니다. 신규 경쟁점과 가장 차이가 날 수 있는 부분이 점포의 청결이므로 경쟁점이 개점하기 전까지 최대한 청결수준을 높여야 합니다. 노후화된 설비의 내외를 보수하고 점포 내 시설물과 조명, 카운터, 점포외관 등을 정리하고 각종 포스터와 POP 등을 재정비하여 신규 경쟁점과의 청결도 차이를 최소화해야 합니다.

경쟁점이 영업을 시작하면 경쟁점 대비 점포의 경쟁력이 낮은 부분에 대한 적극적인 강화가 이루어져야 합니다. 시설과 장비에 대한 청결은 물론 상품구색도 크게 강화해야만 합니다.

신규점은 패스트푸드 폐기에 대해 일정기간 100% 혹은 50% 이상 지원되기 때문에 패스트푸드의 적극적인 발주를 통해 상권 내 기존점들의 고객을 유인하게 됩니다. 따라서 잘 팔리는 상품 중심의 구색강화로 매출감소를 최소화하는 노력을 지속적으로 전개해야 합니다.

경쟁점에 대응하기 위해 개별점 판촉행사를 진행할 수도 있습니다. 이때에도 판촉행사의 목적과 기대효과를 명확히 하여 점포의 판촉활동이 효과적으로 진행되도록 해야 합니다.

점포의 판촉행사는 가맹점주의 의지만으로 해결하기 어려운 부분이 많이 있습니다. 판촉을 하기 전에 충분히 본사 슈퍼바이저와 상의하여 경쟁점 대응전략으로 가장 적합한 전략을 세워야 합니다.

편의점은 매출총이익을 본부와 나누는 방식이므로 점포 자체적으로 판촉활동을 할 수 없으며 본사의 사정 승인을 받지 않고 단독으로 가격 인하 및 덤 진행 행사를 진행하면 점포의 손실이 발생될 수 있으므로 반드시 본사와 협의 후 진행해야만 합니다.

예를 들어 매익률 40%인 1천 원짜리 상품이 하나 팔릴 때 발생되는 영업이익 400원을 본사와 정한 비율에 따라 나누게 됩니다. 그러나 그 기준은 판매시점이 아니라 본사가 점포에 공급한 수량 기준입니다.

즉, 본사가 그 상품을 10개 공급하면 무조건 영업이익이 4천원 발생한다는 전제하에 본부 로열티를 공제합니다. 따라서 본사와 협의 없이 가격인하 판촉을 해서 영업이익이 줄어들어도 본사의 몫은 변함이 없으며 가맹점의 영업이익만 줄어드는 것입니다.

4) 경쟁점에 즉시 대응해야

편의점의 경쟁점은 다양합니다. 동네 슈퍼마켓이 경쟁점이 되기도 하고 동일한 브랜드의 편의점이 강력한 경쟁점이 되기도 합니다. 점포 운영을 하면서 경쟁점을 피할 수는 없으며 경쟁을 이기고 생존해야만 합니다.

상권이 작은 편의점의 특성에 따라 고정고객이 거주하는 지역 내에 있는 점포를 경쟁점으로 선정하고 그들의 동향을 항상 주시해야 합니다.

그동안 잘 팔리던 상품이 갑자기 팔리지 않는다면 상품에 문제가 있을 수도 있고 경쟁점으로 인한 것일 수도 있습니다. 상품에 문제가 있는지는 본사에 문의하거나 인터넷에서 쉽게 정보를 확인할 수도 있습니다.

거의 매일 오던 단골손님이 한동안 오지 않는다면 자점에 문제가 있을 수도 있지만 경쟁점 때문일 수도 있습니다. 문제가 발생되면 점포 스스로의 요인을 찾는 것이 매우 중요하지만 경쟁점의 판촉활동에 따른 것인지 내용을 확인하고 대응하는 노력이 필요합니다.

경쟁점을 분석할 때는 점포 외부는 물론 내부와 운영 상태까지 확인해야 합니다. 점포 외부에서는 경쟁점이 활용하는 간판, 현수막, 포스터 등을 점검하고 경쟁점 앞을 지나는 고객의 복장과 구매상품의 경향을 수시로 파악해야 합니다. 점포내부에서는 POP물의 종류와 내용을 상세히 확인하여 자점에 영향을 주는 내용을 확인해야 합니다.

어느 대학교 앞 패스트푸드점에서 아르바이트 학생이 너무 예뻐서 신문과 TV에 소개된 적이 있습니다. 'OOO 여신'이라는 닉네임이 붙어진 그 아르바이트 학생을 보기 위해 멀리서도 그 점포를 찾는 고객이 생기기도 했습니다. 그 점포는 그 아르바이트 학생으로 고객의 선택을 받은 것입니다.

이처럼 고객이 경쟁점으로 떠나는 것은 말도 안 되는 이유로 인한 것일 수도 있습니다. 만약 경쟁점에 이른바 '편의점 여신'이 있을 수도 있습니다. 그런 경쟁점의 경쟁력을 확인해야만 자점의 경쟁력 강화를 위한 조치를 만들 수 있습니다.

5) POS 정보는 경쟁력의 원천

스캐너를 통해 상품에 인쇄된 바코드를 읽어드리는 순간 상품의 이름과 가격, 용량 등 상품에 관한 정보를 단숨에 해석해 제공하는 POS는 점포에게 다양한 정보를 제공합니다.

특정 상품이 하루에 몇 개나 팔렸는지? 얼마나 많은 상품이 하루에 팔리는지? 몇 명의 고객이 점포를 방문했는지? 지난주에 비해 도시락이 얼마나 많이 팔렸는지 등 다양한 정보를 제공합니다.

최초에 편의점에 POS 시스템이 도입된 것은 고객과 상품의 팔림세를 정확하게 분석하여 단품관리를 효과적으로 실시하기 위한 것입니다. 물론 POS 시스템이 있어야만 단품관리를 할 수 있는 것은 아니지만 POS를 활용함으로써 더욱더 정확한 엄격한 단품 관리를 하여 점포의 매출향상과 수익성을 향상시킬 수 있습니다. 또한 POS는 가맹점의 성장 전략을 수립할 수 있는 중요한 경영 정보를 제공하는 편의점 운영의 가장 중요한 도구입니다.

그러나 많은 점포의 POS 시스템 활용은 단순한 정산관리나 상품 가격 변동, 상품 발주 등 단품관리의 기초적인 수준에 머물러 있는 것이 사실입니다.

점포에서 POS를 활용하지 않는 이유는 첫 번째 원인은 사용법을 정확히 모르기 때문입니다. POS를 활용하는 방법을 배우긴 했는데 정산과 발주 그리고 상품 가격 변경 등 기본적인 메뉴만 사용하다보니 처음 POS를 접할 때 받았던 활용법은 잊고 몇 가지 기본적인 메뉴에만 익숙해진 것입니다.

두 번째 요인은 POS 활용의 중요성을 너무 과소평가하고 있다는 점입니다. 잘 활용하면 좋긴 하겠지만 몰라도 크게 손해 볼 것이 없다는 생각이 전반적인 분위기를 이루고 있어 POS 활용 스킬이 축적되지 않는 것입니다.

고객수가 줄어 매출이 떨어진 경우, 단순하게 "고객수가 줄어 매출이 줄었다"라고 하는 점주는 POS를 활용한다고 할 수 없습니다. POS를 적극 활용한 점포 경영주라면 "심야 시간대에 30대 남성 고객이 많이 줄었고, 특히 주류 매출이 줄었다."는 식의 구체적인 해석을 할 수 있어야 합니다.

어느 시간대의 어떤 고객층 고객이 줄었는지도 모르면서 다른 점포에서 효과가 좋은 판촉 활동을 전개한다면 비용만 쓸 뿐 기대했던 효과는 나타나지 않습니다. 야간시간의 주류 매출이 줄었는데도 낮 시간 주부고객을 대상으로 우유나 세제를 할인 판매하는 우를 범해서는 안 됩니다.

POS는 점포의 성장 전략을 수립하는 중요한 도구입니다. POS가 제공하는 정보 또한 매번 업그레이드되고 있습니다. POS 시스템을 제대로 활용하면 점포의 효율성을 높이고 매출을 올릴 수 있다는 점을 인식하고 POS 활용도를 높이는 노력이 필요합니다.

6) 경쟁력 강화를 위한 In-Store 머천다이징

경쟁이 치열해지는 소매점 운영에서 경쟁점을 이기기 위해서는 경쟁점과는 다른 차별화된 장점을 가져야 합니다. 일상적인 일 하는데도 바쁜데 무슨 차별화를 할 수 있는가 하는 생각이나, 다 똑 같은 상품을 파는데 무슨 차별화가 가능하겠는가 하는 생각을 할 수도 있습니다. 그러나 편의점은 충분한 성장 가능성을 갖고 있으며 점포의 노력 여하에 따라 경쟁점과 차별화된 장점을 확보할 수 있습니다. 아주 거대한 것이 아니라 아주 작고 사소한 차이가 경쟁을 이기는 장점이 될 수도 있습니다. 점포에서 실행 가능한 머천다이징에 대해 살펴봅니다.

경쟁사와 차별화하기 위해 가격인하 행사가 진행되곤 합니다. 불황기에 가장 많이 등장하는 가격인하는 단순하게 인기상품 가격을 인하하는 방식으로는 기대했던 성과를 얻기는 힘듭니다. 우리 점포가 가격을 내리면 며칠 정도 효과가 있겠지만 경쟁점포도 같은 상품을 할인해 주기 때문에 얼마 안 돼 이것도 안 팔리게 됩니다.

따라서 편의점에서 가격인하 전략을 실시할 때에는 고객에게 가치 있고 경쟁점보다 우위에 있는 상품에 대해 실시하는 것이 효과적입니다. 경쟁점과 차별화할 수 없는 상품의 가격을 인하하게 되면 점포 매출만 줄어들 뿐입니다.

고객에게 시간을 제공한다는 편의점의 특성을 발전시켜 상품의 시간특성을 변경시킬 수도 있습니다. 여름이면 모두들 시원한 커피와 콜라를 찾는 것처럼 보이지만, 반대로 따뜻한 커피와 우유를 찾는 고객도 적지 않습니다. 특히 요즘처럼 비가 오락가락 내릴 때면 그 수는 더욱 늘어나게 됩니다. 따라서 온장고를 활용해 따뜻한 음료를 준비하는 활동은 여름이라 해서 멈춰서는 안 됩니다.

이때 시원한 커피가 진열돼 있는 진열대 앞에 따뜻한 음료가 준비돼 있다는 POP를 반드시 부착해야 합니다. 찾고자 하는 상품을 찾기 어려울 때에도 상품의 위치를 직원에게 묻는 적극적인 고객은 별로 없습니다. 점포에 왔다가 1분 만에 휙 돌아보고 나가는 고객들은 자신이 구입하고자 하는 상품을 찾지 못해 나가는 것일 수도 있습니다. 경쟁점 모두가 찬 음료만 갖춘 반면 우리 점포에서만 뜨거운 커피를 마실 수 있다면 한 사람의 단골손님을 확보하게 되는 것입니다.

시간의 특성과 관련해 살펴보면 잡지에도 선도관리가 필요합니다. 잡지는 일반 상품과는 차별화된 특성이 있습니다. 일반상품의 경우 먼저 발주한 상품을 먼저 팔아야 하지만 잡지의 경우 가장 최근에 들어온 상품부터 팔아야 합니다.

월간지의 경우 매월 20일 경이면 다음 달 호가 발행되며 입고된 후 열흘 정도가 지나면 상품가치가 크게 하락합니다. 월간지는 그 특성상 시의성이 약한 얘기를 주로 취급하고 발간 후 열흘 정도가 지나면 상품가치는 거의 없어집니다.

반면 주간지는 일주일에 한 번 발행되며 수요일에 발행되는 경우가 많습니다. 수요일에 발간된 주간지는 일요일이 지나면 상품가치가 급격하게 줄어들게 됩니다. 그때는 반품할 준비를 해야 합니다. 이미 상품으로서 가치가 없는 주간지가 진열대에 있으면 점포의 이미지만 하락시킬 뿐입니다.

불황기일 때 이색 판촉이 등장하는 이유는 어떻게든 매출을 올리기 위한 생존전략에 따른 것입니다. 그러나 이 같은 활동들이 성과를 나타내기 위해서는 우선 기본적인 원칙이 준수되어야만 합니다. 모든 활동의 기본은 편의점 운영의 기본원칙을 지켜야만 합니다. 그래야만 판촉효과도 효과를 나타내게 됩니다.

7) 최고의 서비스 제공이 일등점포의 비결

일등점포. 우수점포. 이름은 달라도 고객에게 최고로 선택받는 점포라는 점에서 공통점이 있습니다. 우수 점포 중에서도 최고의 점포를 뜻하는 일등점포의 자격 요건은 매출, 서비스, 상품 그 어느 것 하나 부족함이 없어야 합니다.

그 편의점에 가면 항상 편안하게 쇼핑할 수 있고, 항상 친절한 직원과 점주를 만날 수 있고, 항상 신선한 상품을 구입할 수 있다는 이미지를 가진 점포가 최고의 점포라 할 수 있습니다.

단순하게 매출이 가장 높은 점포를 칭하는 것이 아니라 성장률이 높고 고객에게 제공하는 상품 및 서비스 수준 등 점포운영의 모든 면에서 앞서나가야 한다는 것을 의미합니다.

일등점포가 된다는 것은 그리 쉬운 일이 아닙니다. 최고의 점포를 만들어 낼 수 있는 상권의 잠재력, 본부의 적극적이고 효율적인 지원 등이 결합했을 때 일등점포가 될 수 있습니다.

또한 최고의 상품을 고객에게 제공하고, 고객에게 친근한 점포 분위기를 만들고, 한번 점포를 방문한 고객은 고정고객으로 만드는 노력이 없이는 최고의 점포를 만들 수 없습니다.

일등점포로 알려진 점포의 특성을 살펴보면 몇 가지 특성을 찾을 수 있습니다.

첫째로, 고객에게 최고의 상품을 제공하는 것으로 경쟁점을 압도할 수 있는 상품력을 갖추고 있습니다. 1차 상품을 주로 파는 슈퍼마켓은 점주의 구매능력에 따라 상품력이 차이가 나지만 편의점에 있어 상품력이란 다양한 상품 구색과 깨끗한 상품 등 점포의 노력과 서비스가 포함된 상품을 제공하는 것입니다.

둘째로, 고객에게 친근한 점포분위기를 느끼게 합니다. 비 오는 날 들러서 부담 없이 원두커피를 마실 수 있는 점포, 부담 없는 음악을 들을 수 있는 점포 등 고객의 편안함을 최대로 생각하는 점포가 일등점포입니다. 오랫동안 앉아서 커피를 즐기는 커피전문점이 아니라 잠깐 동안의 휴식을 취할 수 있는 공간을 제공할 수 있어야 합니다.

점포의 음악도 점포 경영주가 좋아하는 흘러간 가요나 파트타이머가 좋아하는 최신 음악만 들려준다면 많은 고객을 이끌 수 없습니다.

셋째로, 단골고객을 많이 확보하고 있습니다. 점포에서 고객을 기다리는 소극적인 자세가 아니라 점포 주위의 고객을 찾아다니고 한번 점포를 방문한 고객은 단골고객으로 만드는 적극적인 고객관리가 일등점포에 있습니다.

넷째로, 점포 구성원 간 가족적인 분위기를 유지하고 있습니다. 직원의 경조사엔 함께 하고 주기적으로 미팅을 가져 점포 구성원 간 활발한 커뮤니케이션이 이루어지는 점포라야만 일등점포가 될 수 있습니다.

파트타이머에 의해 운영되는 시간이 많은 편의점에 있어 경영주와 파트타이머 사이의 관계뿐 아니라 파트타이머 사이의 관계 또한 매우 중요합니다. 파트타이머끼리 교대하는 시간에는 철저한 인수인계가 중요한데, 서로 불편한 관계이거나 무관심하고 있다면 업무 인수인계는 물론 로스의 위험도 발생할 수 있습니다.

다섯째, 직원에 대한 충분한 보상이 이루어집니다. 최고의 보상은 단순하게 돈을 많이 준다는 의미보다는 일에 대한 인센티브를 지급한다는 것을 의미합니다. 매달 미소왕을 선발하여 작은 선물을 주고 파트타이머가 발주를 담당하는 점포에서는 결품이 적은 담당자에게 인센티브를 제공하여 일의 효율성을 높일 수도 있습니다.

마지막으로 일등점포를 만들겠다는 경영주의 의지가 그 어떤 요소보다 중요한 것입니다. 적극적인 PR활동을 전개하고 신속한 서비스를 제공하고 신선한 경영 아이디어를 발굴 활용하여 최고의 점포를 이루겠다는 의지가 가장 중요합니다.

8) 발주는 곧 매출

유통업체의 발주업무는 상품을 주문하는 행위입니다. 편의점이 처음 도입됐을 때는 다양한 형태의 공급선에 발주를 별도로 했지만 현재는 단말기를 통해 한 번에 모두 할 수 있게 되어 무척이나 간단한 작업으로 발전했습니다.

발주 행위는 단말기를 통해 처리할 정도로 단순화됐지만 그 의미는 결코 단순화돼서는 안 됩니다. 점포에서 상품을 팔기 위해서는 발주되어 입고된 상품이 있어야 하기 때문입니다.

아무리 고객이 많이 와도 상품을 발주하지 않아 텅 빈 진열대에서는 매출이 발생되지 않습니다. 텅 빈 진열대를 확인하고 상품을 발주해도 그 상품이 입고되기까지는 최소한 몇 시간이 필요하며 그 시간 동안 매출기회손실이 발생되고 고객은 경쟁점으로 떠나게 되고 다시는 우리 점포를 찾지 않을 수도 있습니다.

이처럼 중요한 발주는 고객이 원하는 상품을 제때에 필요한 양만큼 갖추어 결품이 발생되지 않도록 하여 고객의 상품에 대한 Needs를 만족시켜 주기 위한 것입니다.

이때 결품의 의미는 진열된 상품이 하나도 없거나 최저 진열량 이하로 진열된 경우를 말합니다. 최저 진열량은 고객이 구매의욕을 상실하지 않을 정도로 진열된 최저 재고량을 의미합니다. 유통기간이 짧은 패스트푸드상품의 경우 풍성하게 진열되어 있으면 고객에게 신선도가 좋다는 느낌을 주지만 상품이 한두 개 있다면 왠지 다 먹고 남은 음식이라는 느낌을 주어 팔리지 않게 됩니다. 팔리지 않는 상품은 폐기로 이어지며 폐기로스가 발생되면 가맹점은 더욱 폐기를 줄이기 위해 소극적으로 발주를 할 가능성이 높고 이는 폐기로스 확대로 이어지는 악순환이 될 가능성이 높습니다.

그렇다고 무조건 많이 발주하고 풍성하게 진열해서도 안 됩니다. 과거 데이터와 점포의 상권에 적합한 판매가설을 세우고 그 가설에 근거해 발주해야 합니다. 상품이 입고되면 판매동향을 점검하여 가설을 수정하는 과정을 반복해야만 매출이 향상될 수 있습니다.

점포에서 발주 전 가설을 세우는 것은 상품별 매출을 예측하는 것과 동일한 의미입니다. 가설을 세우기 위해서는 점포와 경쟁사, 그리고 고객의 3가지 채널 정보를 얻어야 합니다. 정보 수집이 완료되면, 발주량 산출을 위한 판매가설을 세워야 합니다. 어떤 상품을 얼마만큼 팔 것인가를 계획하는 과정입니다. 발주용 단말기가 제공하는 최근의 단품별 판매실적을 참고로 내일의 매출을 계획하여야 합니다.

단순히 과거 데이터에 의존하는 것이 아니라 고객의 행사와 날씨를 미리 파악해서 준비하고 발주에 반영해야만 매출향상을 기대할 수 있습니다.

다음 주에 인근 초등학교 소풍이 예정돼 있다면 김밥과 초밥 재료가 많이 팔릴 것으로 예측할 수 있으며 상품별 유효기한을 감안하여 발주를 늘려야 합니다. 점포 인근에 대규모 집회 및 행사가 있다면 생수와 휴지, 도시락 등 행사용품을 발주해야만 행사로 인한 매출향상을 기대할 수 있습니다.

발주는 판매를 위한 가장 기본적이면서 가장 중요한 업무입니다. 발주를 해야만 상품이 입고되고 판매할 수 있습니다. 아무리 고객이 많이 와도 팔 상품이 없다면 매출향상은 고사하고 오히려 고객에게 나쁜 이미지만 주게 됩니다.

매출향상에 가장 중요한 발주의 향상을 위해서는 항상 고객으로부터의 정보를 수집해야 합니다. 그런 정보는 고객과의 대화를 통해 얻어질 수 있습니다. 고객에게 단순히 상품만 팔고 대화도 하지 않는 그런 점포에서는 고객이 제공하는 소중한 정보를 얻을 수 없습니다.

고객은 어떤 상품이 필요한지, 어떤 행사가 있는지, 동네에 어떤 일이 벌어지는지 등을 말해 줍니다. 고객을 통해 얻어진 정보는 반드시 발주에 반영되어야 합니다.

발주는 곧 매출입니다.

9) 진열은 보기 쉽고 고르기 쉽게

점포를 방문한 고객이 점포에 대해 가지는 첫인상은 상품의 진열상태에 따라 결정됩니다. 매장 전체가 정연하게 진열된 상태라면 고객은 즐거운 마음으로 쇼핑을 하게 되지만 진열이 제대로 이루어지지 않은 경우 고객은 긴급한 상품만 구입하거나 상품을 구입하지 않고 경쟁점으로 발길을 돌리게 됩니다.

어떤 진열이 좋은 진열인지 다양한 의견이 있을 수 있습니다. 가맹점주가 정성껏 하는 진열이 가장 좋은 진열이 될 수도 있습니다. 그러나 가맹점주의 느낌이 항상 좋을 수만은 없습니다. 따라서 점포의 특성과 상권의 특성에 따른 표준화된 진열이 필요합니다.

가맹본사가 정한 표준진열대장은 편의점 진열의 가장 기본이 되며 점포 운영의 기본 원칙이 되어야 합니다. 표준진열대장은 편의점 본사가 고심을 하여 입지별 특성과 고객특성을 가장 잘 반영하여 작성한 중요한 노하우입니다. 따라서 가맹점은 본사의 표준진열대장을 완벽하게 구현하는 것이 경쟁력의 강화라는 노하우가 됩니다. 한편으로는 표준진열대장이 제시하지 못하는 특이한 형태의 진열대도 점포 자체적으로 원칙을 정하고 그 원칙을 지켜야 합니다.

진열의 일반적인 요소는 다양하게 설명할 수 있지만 6가지 진열 원칙 따른 점포 진열이 효과적입니다.

첫째로, 셀프서비스를 중심으로 운영되는 점포에 있어서 가장 중요한 사항의 하나가 바로 안전한 진열입니다. 이것은 유효기한이 지났거나 파손된 상품이 없고 집기가 적절히 사용되는 것을 의미합니다. 또한, 통행에 불편을 느끼게 하지 않도록 점두, 출입구, 통로 등에 있어서는 상품이나 진열대 등을 방치해 두면 안 된다는 것을 의미합니다.

둘째로, 상품 진열에 있어 핵심은 보기 쉽고 고르기 쉬운 진열이 되어야 합니다. 일반적으로 가슴 높이의 상품이 가장 보기 쉽다고 알려져 있습니다. 점포가 자랑하고 싶은 상품이나 신상품 등은 이런 공간에 진열하는 것이 효과적일 것입니다. 또한 특별한 표시가 없어도 상품만으로 그 분류를 알 수 있어야 좋은 진열이 됩니다. 브랜드는 잘 모르지만 상품이 진열된 모습을 보고 고객이 상품의 용도를 유추할 수 있다면 더할 나위 없는 좋은 진열이 될 것입니다.

상품분류의 경우 취급 Item 모두가 대분류·중분류 등으로 묶일 수 있으므로 그 분류에 맞게 진열되는 것이 바람직합니다. 점포의 머천다이징 계획에 기초하여, 용량·메이커·가격 등을 기준으로 진열하면 상품의 특성이 명확해지고, 보기 쉽고 고르기 쉬운 매장이 됩니다. 이렇게 진열이 잘 되어 있다면 고객은 더욱 쉽게 상품을 구입할 수 있습니다.

셋째로, 집기 쉽고 되돌려 놓기 쉬운 진열이 되어야 합니다. 고객은 진열돼 있는 상품을 한번 쳐다보고 구입하는 것이 아니라 상품의 감촉을 확인한다든지, 다각도로 확인하여 구매를 결정합니다. 그 사이 상품을 꺼내기 어렵든지 되돌려 놓기 어려운 매장에서는 그만큼 판매 기회를 잃게 됩니다. 공간을 효율적으로 활용하기 위해 고객이 상품을 꺼내기 어려운 진열이 된다면 고객은 상품을 꺼내기 위해 애쓰기보다는 구입하지 않을 가능성이 더 커질 것입니다.

네 번째는 느낌이 좋은 진열이 되어야 합니다. 느낌이 좋다는 것은 청결하고, 상품선도가 눈에 보일 듯하고, 고객에게 항상 신선한 이미지를 준다는 뜻입니다. 여기에서 말하는 '느낌'이라는 것은, 제일 먼저 청결감이라는 단어로 대표됩니다.

특히 식품을 주로 취급하는 편의점에 있어 청결은 기본 조건입니다. 신선도는 상품 그 자체의 선도가 제일 중요하지만 페이스업의 완벽함도 신선함의 요소가 됩니다. 상품을 돋보이게 하는 POP도 색상이 변하거나 더러울 때 고객의 눈에는 상품의 선도가 떨어져 보이게 되므로 반드시 주의해야만 합니다.

또한 판촉행사 등을 이용하여 정기적으로 진열을 변경하여 점포가 항상 새로워지는 느낌을 고객에게 주어야 합니다. 특히 점포에 들어서자마자 보게 되는 엔드 판매대를 활용하여 항상 새로운 점포의 모습을 보여주어야 합니다.

다섯째로, 점포의 메시지와 의지가 담긴 진열이 되어야 합니다. 진열의 좋고 나쁨은 진열 그 자체로부터 받는 메시지가 있느냐에 따라 판단될 수 있는데 결국 무엇을 팔고 싶은가를 명확히 고객에게 제시해야만 합니다.

신상품을 소구하는 방법으로 메이커가 TV 광고 등을 통해 신상품을 알리는 것과 같이 프라이스 카드는 물론 상품명이나 특징을 POP 등으로 활용해 고객에게 알려야만 합니다.

마지막으로 수익성을 생각하는 진열을 해야 합니다. 거의 동일한 상품을 판매하며 경쟁하는 편의점업계에서도 진열방법에 따라 매출액, 매출이익은 큰 차이를 보이고 있습니다. 따라서 상품으로 차별화하기 어려운 상황에서도 수익성을 높이는 진열을 연구해야 합니다. 수익성을 높이기 위해 잘 팔리는 상품의 근처에는 매익률 높은 상품이나 점포지원 대상 이벤트 상품을 배치하는 등의 노력을 해야만 합니다.

진열은 아주 단순한 작업이라 생각하기 쉽지만 편의점 운영에서 매우 중요한 부분입니다. 진열만 잘해도 점포의 매출이 오를 수 있으며, 팔리지 않는 상품도 어느 위치에 진열하고 어떻게 고객에게 홍보하느냐에 따라 팔림세가 달라질 수 있다는 것을 생각해야 합니다.

서점에 가면 선반에 진열된 책보다는 평대에 진열된 책이 잘 팔립니다. 출판사는 자사가 출간한 책을 평대에 진열시키기 위해 홍보비를 지출합니다. 그렇게 비용을 들여 진열한 자사의 출판물 위에 다른 출판사의 책이 얹어 있다면 기대했던 매출은 발생되지 않을 것입니다.

마찬가지로 아무리 잘 팔리는 상품을 갖고 있어도 팔리지 않는 상품이 그 상품 앞을 막고 있다면 잘 팔리는 상품도 팔리지 않을 것입니다.

진열 개선만으로도 매출향상을 이룰 수 있다면 고객이 없는 시간에는 직원과 함께 상품의 진열을 최선의 상태로 유지하려는 노력이 계속 되어야만 합니다.

10) 잠자는 상품 제거하기

편의점이 가지는 장점의 하나는 원스톱 쇼핑이 가능하다는 것입니다. 본부에 등록된 상품의 수가 4천 개에 이르며 개별점포에 진열될 아이템은 2천 개 이상입니다. 고객의 니즈에 대응하기 위해 점포의 판매 아이템이 늘면서 한 달에 두세 개 정도 팔리면서도 구색상품이라는 이름으로 점포에 진열되어 있는 경우도 적지 않습니다.

본사가 취급 상품수를 늘리는 것은 상품구색을 강화하여 고객의 니즈를 만족시키기 위함입니다. 구색을 강화한다는 의미는 잘 팔리고 있는 중분류상의 상품의 수를 늘린다는 것이지 단순하게 아이템 수를 늘리는 것을 의미하는 것이 아닙니다.

상품구색을 강화한다고 취급 아이템을 늘리기만 하면 점포는 고객이 들어설 공간도 없을 것입니다. 진정한 의미의 상품구색 강화는 판매가 부진한 상품을 찾아내어 새로운 상품으로 대체시키는 것입니다.

주의해야할 점은 팔리지 않는 상품 중에 구색상품이란 없다는 것입니다. 대분류별로 판매수량별 순위표를 출력한 다음 매출 순위가 낮은 상품을 차례로 커팅해 나가면 어느 정도 팔리고 있는 상품이라도 판매순위가 낮게 나타나게 됩니다. 이런 상품이 바로 구색상품입니다. 다시 말해 안 팔리는 상품이 아니라 어느 정도 팔리고 있지만 다른 상품에 비해 팔림세가 다소 느린 상품이 바로 구색상품입니다.

팔리지 않는 상품을 점포에서 없애는 작업은 재고관리와 연결해 생각할 수 있습니다. 재고를 관리한다는 의미는 상품재고 총량을 줄이는 것이 아니라 기회손실이 거의 없는 상품재고를 유지하는 것을 의미합니다.

적정재고를 유지할 수 있다면 점포의 효율성을 높일 수 있고 상품로스도 줄일 수 있는 등의 많은 이익을 얻을 수 있습니다. 재고가 많을 경우 재고 유지비가 증가하고, 정리정돈 작업에 많은 인건비를 지출해야 하고 또한 로스가 발생할 가능성도 그만큼 커집니다.

반면 상품재고가 적정재고량 이하로 낮아지면 재고 유지비는 줄일수 있지만 상품진열이 풍성함을 주지 못하고, 결품이 자주 발생해 판매기회로스가 발생해 오히려 점포에 마이너스가 될 가능성이 높습니다.

점포에서 팔리지 않는 상품을 제거하는 과정에서 반복적인 결품으로 판매기회로스가 발생한다면 죽은 상품을 커팅하여 점포의 효율성을 높이려는 본래의 의미를 잃게 됩니다.

잠자는 상품을 커팅하는 과정은 상품별 판매순위를 보고 커팅할 상품을 들어내고 다른 상품을 진열하면 그만입니다. 이때 커팅된 상품이 진열되었던 공간에 어떤 상품을 진열할 것인가를 먼저 결정해야만 합니다. 잠자는 상품을 들어낸 공간을 어떻게 할 것인가를 고민해야 합니다. 다른 상품을 진열할 수도 있고 기존 상품의 진열량을 늘릴 수도 있습니다.

신상품 등록이 활발하고 아이템수가 많은 상품군의 경우 TV 광고 중인 미취급 상품을 우선적으로 도입하는 방법이 좋습니다. 반면 매출구성비가 낮은 상품군의 경우 굳이 신상품이 아니더라도 점포에서 취급하지 않던 상품으로 바꿈으로써 점포의 이미지를 새롭게 할 수도 있습니다. 이런 방법은 상품의 진열량을 늘려도 매출이 크게 늘지 않는 상품군과 여성용품, 면도기 등 목적구매 상품에 적합합니다.

한편 팔리지 않는 상품을 커팅한 공간에 A상품의 진열량을 늘리는 것이 효과적일 때도 있습니다. 이것은 상품진열과 관련되어 설명할 수 있는데 점포가 주장하는 바를 보여주기 위해 진열량을 조정하는 경우입니다.

특히 하루 판매량이 매우 많은 상품의 경우 고객이 몰리는 시간에 결품이 발생되지 않도록 충분히 진열공간을 확보해야 합니다. 짧은 시간에 해당상품이 계속 팔리게 되면 순간적으로 결품이 발생하거나 직원이 계속적으로 보충진열을 해야 합니다.

한 시간에도 두세 번씩 보충 진열해야 하는 상품이 있다면 그 상품의 진열량이 부족한 것으로 판단하고 해당 상품군에서 팔리지 않는 상품을 제거하고 잘 팔리는 상품의 진열량을 늘려야 합니다.

패스트푸드의 경우는 매출이 높지 않은 상품을 삭제한 뒤 대체상품을 도입하지 않으면 발주량 전체가 줄어 결국 매출이 떨어지게 됩니다. 패스트푸드는 편의점의 꽃이라 불리는 만큼 편의점의 중요한 상품이기 때문에 다른 상품보다 더 많은 관심을 가져야 합니다.

팔리지 않는 상품을 제거하는 과정에서 가장 문제가 되는 것은 팔리지 않아 빼낸 상품의 처리방법입니다. 가장 쉬운 방법은 정상품 반품기간과 계절상품 반품기간을 이용하여 반품을 하는 것입니다. 반품이 가능하고 반품이 자유롭다면 이런 방법이 적절한 것일 수 있지만 반품이 불가능하다면 적지 않은 문제점에 부딪히게 됩니다.

첫 번째로 나타나는 문제가 창고를 효율적으로 이용할 수 없는 점입니다. 반품할 상품을 박스에 담아 정돈해 놓는다 해도 창고가 좁아지는 것을 막을 수 없습니다. 백룸이 충분하게 넓어 공간문제가 없다고 해도 반품할 상품에 대한 관리가 소홀해지고 결국은 로스로 이어질 가능성이 높습니다.

따라서 반품기간이 많이 남은 시점에서 점포가 취할 수 있는 가장 좋은 방법은 점포 내에서 처리하는 방법이지만 고객의 니즈를 충족시키지 못해 커팅된 상품을 처리하기란 쉬운 일이 아닙니다.

이런 상품들은 할인 판매하거나, 경품으로 증정하기, 묶어서 할인판매 등의 방법을 사용할 수 있습니다. 세일을 실시하는 경우에도 세일 폭이 크지 않으면 처리하기가 쉽지 않습니다.

커팅된 상품의 종류가 적을 때는 판촉행사의 경품으로 이용하는 것도 좋은 방법입니다. 경품증정식 판촉행사를 실시하고, 경품으로 커팅된 상품을 구매 금액에 따라 제공하는 방법을 사용한다면 골치 아픈 상품처리와 매출증대의 효과를 동시에 올릴 수 있습니다.

11) 로스관리

점포 경영에 있어서 가맹점주에게 가장 큰 관심사는 점포 운영에 따른 순이익을 확보하는 것입니다. 아무리 매출이 높아도 이익이 줄어들면 제대로 된 점포 운영을 한 것이 아닙니다.

점포의 순이익 향상에서 가장 큰 부분을 차지하는 것은 매출, 매익률, 영업비로 크게 3가지입니다.

좋은 입지에 입점을 했던 그렇지 않은 입지에 입점을 한 점포든 간에 상권은 계속적으로 변하고 있으며 경쟁점의 등장으로 경쟁이 심화되는 것은 어쩔 수 없는 상황입니다. 점포에서는 이에 따른 대비책으로 판촉 행사 등의 대응책을 내세우고 있지만 목표만큼 성과를 올리기가 쉽지 않은 현실입니다.

일 매출 10만원을 추가로 올리면 매익률 30% 기준으로 3만 원의 마진이 발생되며 순수가맹점의 경우 월 60만 원의 추가 수익이 발생됩니다. 그러나 일 매출 10만원은 쉽지 않는 목표치입니다.

그러나 Loss로 눈을 돌려 Loss율 2%인 매장에서 0.5%로 관리했을 때 일 매출 십만 원 상승과 비슷한 효과를 얻을 수 있습니다. Loss율을 1% 줄이는 것은 매출 3~5% 상승 시 추가로 얻는 점포의 순이익과 비슷한 수분입니다.

로스란 장부상 재고와 실재고와의 차이분과 판매 기회로스를 의미합니다. 로스가 발생되면 점주의 노력에 의해 얻어진 이익이 일순간에 사라지게 되므로 로스관리는 매출 향상 이상으로 중요한 것입니다. 삼각김밥 하나를 판매하면 약 2백 원 내외의 이익이 발생되지만 폐기가 발생된다면 4백 원 넘는 손실이 발생되게 됩니다. 이 같은 수치는 매출 향상 못지않게 로스를 관리해야 하는 이유를 명확하게 보여줍니다.

로스의 원인은 내부요인과 외부요인에 의한 것으로 나눌 수 있는데 이것이 차지하는 비율은 8:2 수준으로 분석되고 있습니다. 다시 말해 내부 요인에 의한 로스만 없다면 로스율을 크게 줄일 수 있음을 의미합니다.

내부 로스의 대부분은 점포 근무자에 의해 발생됩니다. 점포관리자나 종업원이 무의식중에 행할 수 있는 무단 취식과 무단 반출 등으로 인한 것으로 종업원 관리를 통해 어느 정도 막을 수 있습니다. 외부요인에 의한 요인은 도난에 의한 것으로 점포 근무자가 고객에게 항상 관심과 미소를 보여준다면 크게 줄일 수 있는 부분입니다.

그러나 이 같은 부정에 의한 로스가 아니더라도 점포의 관리실수로 인해 발생되는 로스도 적지 않습니다. 장부상 로스는 수량 및 단가 확인 착오 등 검수관리 및 반품과정에서의 오류로 인해 발생되는 로스입니다. 면세상품을 과세상품으로 매출 등록하여 부가가치세만큼 로스가 발생되는 경우도 있으며, 상품가격 인상을 반영하지 못해 발생되는 로스 등도 있습니다.

또한 상품관리를 제대로 하지 못해 발생되는 로스도 빈번히 발생됩니다. 유효기간이 짧은 상품을 과다발주 시 입고된 상품의 상당수는 폐기로 이어질 수 있습니다. 또한, 유효기간이 짧은 상품의 선입선출 원칙이 지켜지지 않을 경우 폐기가 발생되기도 합니다.

로스를 줄이기 위해서는 창고정리가 필수적인데 과다한 재고를 발생시키지 않는 발주와 로스관리는 밀접한 관계가 있으므로 항상 관심을 가져야 합니다.

이처럼 다양한 유형의 로스를 막는 최선의 대응책은 편의점 기본 4원칙을 비롯한 모든 룰을 철저히 준수하는 것입니다. 도난에 의한 로스대책도 도난 행위를 잡기보다는 예방적 차원에서 접근하여야 합니다.

기본원칙의 준수와 함께 로스에 대한 교육을 모든 종업원에게 지속적으로 실시해야 합니다. 면세 상품을 과세상품으로 매출 처리할 경우 매출이익이 발생하는 것이 아니라 부가세와 이익 감소분만큼의 로스가 발생됨을 지속적으로 교육해야 합니다.

적정량의 상품진열을 통한 구색의 강화, 선입선출 관리를 통한 상품 선도관리 강화, 밝고 청결한 실내분위기 연출로 소비자 도난 최소화, 그리고 고객에 대한 친절 서비스 강화로 소비자 도난 억제 등을 통해 효과적으로 로스를 줄인다면 매출 상승 이상의 수익향상을 올릴 수 있습니다.

12) 오피스가 점포 운영전략

소매점 운영에 있어 가장 중요한 원칙은 점포를 방문한 고객이 자신이 원하는 상품을 불편 없이 구입하게 하는 것입니다. 점포에서 취급하는 상품이 결품 없이 진열되어 있어야함은 물론 고객이 원하는 상품을 항상 갖추려는 노력이 필요합니다.

그러나 할인점이나 대형 슈퍼마켓과 달리 2~30평 규모로 영업하는 편의점 특성상 점포에서 취급할 수 있는 아이템 수는 많아야 2천 개 수준입니다. 슈퍼마켓과 할인점과는 비교가 되지 않지만, 지역밀착형 점포의 특성을 이해하고 입지의 특성에 맞는 점포 운영을 통해 고객의 니즈를 충분히 만족시킬 수 있습니다.

이 같은 원칙은 모든 점포에 해당되는 사항이지만 샐러리맨과 오피스 레이디 중심의 고객을 상대하는 오피스가 점포에 있어서는 특히 중요합니다.

오피스가 점포는 고객이 한정되어 있고 고객 대부분이 직장인이라는 점에서, 고객의 구매습관을 파악하고 구매 결정자가 누구인지를 명확히 하는 것이 오피스가 점포 운영의 핵심입니다.

동일한 판촉행사를 실시하더라도 입지에 따라 효과가 다른 것은 너무나 당연합니다. 따라서 오피스가 점포에서는 오피스 가에 적합한 판촉방법을 실시해야만 합니다.

오피스가 점포에서 가장 효과적인 판촉 기법은 마일리지 행사, 프리

초이스 행사입니다. 마일리지 행사는 고객의 구입 누계 금액에 따라 경품을 제공하는 방법으로 고객이 구매할 때마다 고객카드에 도장을 찍어 누계금액별로 다양한 경품을 제공하는 방식입니다.

프리 초이스(free choice)기법은 점포에 있는 몇 가지 상품을 경품으로 선정해 일정금액 이상 구매고객이 자유롭게 선택할 수 있게 하는 방식으로 마일리지 행사와 결합해 실시하면 더 큰 효과가 있는 것으로 알려지고 있습니다.

오피스가 점포는 동일한 비용과 동일한 노력을 기울여 판촉행사를 실시할 때 가장 큰 효과를 얻을 수 있는 입지로 알려져 있습니다. 따라서 고객의 특성에 따른 판촉행사를 적극 전개해야 합니다.

오피스 지역의 특성은 다른 입지에서 매출구성비가 크지 않는 상품군의 매출 구성비가 매우 높습니다. 이들 점포에서는 커피·차, PET 음료, 잡화 등이 타상권의 점포와 비교하여 매출구성비가 큽니다. 이들 상품은 부서별로 구매하는 경향이 있기 때문에 충분한 진열을 해야 하고 이와 함께 결품이 발생하지 않게 적절한 재고를 갖추는 게 필요합니다. 이때에도 과다재고가 발생하지 않도록 하는 것이 중요합니다.

오피스가 점포의 또 다른 특징은 주 구입고객층이 샐러리맨과 오피스 레이디들로 가격에 상대적으로 구애를 받지 않는다는 것입니다. 따라서 같은 카테고리 안에서는 고가이면서도 매익률 높은 상품위주의 상품구색을 갖추는 것이 매출과 매출이익을 높이는 관건입니다.

진열에 있어서도 2, 30대 여성에 맞는 눈높이로 진열하는 것이 효과적입니다. 우유를 진열하는 오픈 쇼케이스의 골든 라인에 액상 요구르트의 진열량과 종류를 늘리고 고가의 건강음료를 집중 진열하여 좋은 효과를 얻을 수 있습니다.

잡지는 회사에서 부서별로 정기 구독하는 경우가 많기 때문에 취급

아이템을 늘리기보다는 고객에 맞는 잡지 위주로 진열하고, 잡지의 전면을 모두 보여주는 것이 효과적입니다.

오피스 레이디 고객이 많은 점포에서는 여성지 및 패션지를 집중 진열하며 부록이 있는 잡지들은 부록과 함께 서적 매대 전면에 전진 배치하는 것이 매출향상에 도움이 됩니다.

오피스가 점포에 있어 가장 중요한 것은 점포를 자주 변화시키는 것입니다. 상권자체가 한정되어 있고, 고객이 달리 선택할 여지가 없다는 생각으로 변화를 하지 않으면 고객은 경쟁점을 찾아 떠날 수도 있습니다.

오피스가 점포에서는 비용을 많이 들이지 않는 아이디어성 판촉행사를 자주 실시하고 고객의 흥미를 유발시키는 이벤트를 실시해 고객에게 항상 새로운 모습을 보여주는 것이 매우 중요합니다.

오피스가 점포는 여타 입지에 비해 고정고객이 대부분이므로 직장인 고객의 니즈가 점포 운영의 가장 중요한 기준이 되어야 합니다. 특히 오피스가 점포는 다른 입지의 점포에 비해 객단가가 높은 특징이 있습니다. 이런 입지 특성을 십분 이해하고 이 같은 특성이 점포에 반영되어야만 경쟁점을 이기고 성장할 수 있습니다.

13) 매익률 높은 상품에 집중하라

소매업에 있어 박리다매형 영업 전략을 효과적으로 이용한 성공사례가 많이 알려져 있지만 좁은 상권에서 영업을 하는 편의점 영업 전략은 고매익률 상품을 집중 판매하는 전략을 펴야합니다.

특히 현재와 같이 점포당 잠재 고객수와 방문고객수가 줄어들고 있는 상황에서는 고객수를 많이 늘리기 어려운 것이 현실입니다. 또한 고객별 평균구매액인 객단가를 늘리는 것도 쉽지 않는 상황입니다.

이런 상황에서 매익률 높은 상품을 집중적으로 판매하는 전략은 추가 인건비를 부담하지 않고서도 수익을 올리는 효과적인 전략입니다.

편의점의 상품은 다양한 매익률을 보이고 있습니다. 10% 이내의 매익률을 기록하는 상품이 있는가 하면 50% 이상 매익률을 올리는 상품이 있습니다. 따라서 일평균 매출이 동일한 점포사이에도 팔리는 상품의 구성비에 따라 이익에 차이가 나는 것은 당연합니다. 매익률 높은 상품의 구성비가 높은 점포의 이익이 그렇지 않는 점포보다 높은 것은 너무나 당연합니다.

매익률이 높은 점포는 평균 점포에 비해 생산성이 높다고 말할 수 있습니다. 매익률 25%인 점포에서는 10만원 판매 시 2만5천 원의 매출이익이 발생하지만 매익률 30%인 점포인 경우는 매 10만 원마다 3만 원씩 매출이익이 발생됩니다.

매출이익이 높다는 것은 단순히 이익이 많다는 것 이상의 의미를 가지게 됩니다. 껌, 과자와 같이 판매수량이 많은 상품의 경우 매익률이 25%인 점포는 매익률이 30%인 점포에 비해 5% 만큼의 매익률 차이를 상쇄시킬 만큼 더 많이 팔아야만 합니다.

매익률이 낮은 점포는 매익률이 높은 점포에 비해 더 많이 팔아야 매출이익을 동일한 수준으로 맞출 수 있다는 것을 의미하기 때문에 재고관리와 인건비 및 로스 문제로 발생될 가능성이 있습니다.

매익률이 낮은 점포는 고객이 원하는 모든 상품을 갖추어야 고객을 유인할 수 있다는 판매전략을 취하는 것으로 이 점포에서는 매익률 관리가 되지 않는 경우가 많습니다. 하지만 매익률을 높이면서도 구색강화를 충분히 전개할 수 있습니다.

잡화의 경우 상품 커팅 결정이 빠르면 빠를수록 매익률 높은 신상품을 신속하게 도입할 수 있습니다. 일반적으로 신상품의 매익률은 기존 상품보다 높습니다. 매익률도 낮도 안 팔리는 상품을 제거하고 매익률 높은 신상품을 진열하고 고객에게 판매하면 더 많은 이익을 확보하는 것은 당연합니다.

상품의 팔림세만 보고 '이 상품은 잘 팔리는 효자 상품이다'고 판단해서는 안 됩니다. 매익률 높은 상품이 상품 DB에 있음에도 불구하고 매익률 낮은 상품에 판매를 집중한다면 기회로스가 발생되고 있는 것입니다.

지난 수십 년간 두 개의 회사가 장악했던 인스턴트커피 시장에 새로운 경쟁회사가 등장하면서 경쟁구도가 삼파전으로 바뀌었습니다. 이런 상황에서는 새롭게 시장에 진입한 새로운 회사의 상품의 이익이 가장 높습니다. 판매처에 대해 이익을 보장함으로써 시장점유율을 높이려고 하기 때문입니다.

물론 제조회사의 의도대로 상품이 판매되는 것은 아닙니다. 그러나 제조회사의 명성과 상관없이 판매되는 잡화나 메이커가 브랜드 차이가 거의 없는 일배식품의 경우 단순히 팔림세만으로 구색을 갖춰서는 안 됩니다. 상품의 매익률을 더 중요시해야 합니다.

한 달 동안 원가 인하가 적용되는 상품은 반드시 도입해야 하며 진열량을 늘려야 점포의 수익이 증대됩니다. 고객대상이 아닌 점포 대상의 이벤트를 실시하는 상품은 반드시 도입하고 진열량을 늘려야 매출이익이 증대됩니다.

고객에게 하나의 상품을 팔기 위해 들이는 노력은 매익률과 상관없이 동일합니다. 치열한 경쟁을 이겨내고 고객에게 상품을 팔 때 매익률 높은 상품이 팔린다면 그만큼 점포가 얻는 보상은 배가될 것입니다.

점포 기여도가 높고 마진이 많은 상품을 고객에게 판매하기 위해서는 청결·선도관리·프렌들리서비스·상품구색 등 편의점 4원칙이 제대로 지켜져야만 합니다.

매익률 위주로 상품을 진열한다고 해도 청결이 뒤따라오지 않는 점포, 친절하지 않는 점포에는 고객이 가지 않기 때문입니다.

14) 패스트푸드는 서비스 상품

패스트푸드는 편의점의 꽃으로 불립니다.

편의점이 가격파괴를 내세우는 할인점이나 신선한 생식품을 장점으로 내세우는 슈퍼마켓 등 다른 소매점과 차별화 할 수 있는 가장 큰 경쟁력 하나가 바로 패스트푸드 상품이기 때문입니다.

편의점 문화가 발달한 일본의 경우 패스트푸드가 점포 전체 매출에서 차지하는 비중이 전체 매출의 2~30%에 이르고 있습니다. 일본 편의점에서 패스트푸드는 편의점의 최고 주력상품으로 인정받고 있습니다.

가장 성공한 편의점인 〈세븐일레븐 Japan〉은 편의점에서 패스트푸드가 충분한 경쟁력이 있고 잘 팔릴 것이라는 판단을 하고 다양한 노력을 기울인 결과, 일본의 도시락 문화를 새롭게 만들었다는 평가까지 얻고 있습니다.

그러나 패스트푸드가 주력상품으로 자리 잡은 일본에서조차 점포에서 발주한 패스트푸드가 고객에게 팔리지 않고 거의 그대로 버려지던 시절이 있었습니다.

이 같은 상황을 반전시키기 위해 점포와 본부가 공동으로 다양한 노력을 한 결과 주력상품으로 확고히 정착된 것입니다. '왜 안 팔리는가'

하는 기본적인 분석부터 시작해 어떻게 하면 고객에게 팔 것인가 하는 다양한 연구와 노력이 없었다면, 일본의 패스트푸드 시장을 맥도널드와 KFC에 내주고 말았을 것입니다.

우리나라에서도 패스트푸드의 매출구성비가 증가하고 있지만 아직도 성장가능성은 충분합니다. 일본의 사례에서도 그렇듯 본사와 점포의 적극적인 노력과 현대 도시의 빠른 소비 경향이 패스트푸드를 요구하고 있기 때문입니다.

패스트푸드는 식품이지만 그 성격상 서비스 상품과 비슷한 특성을 갖고 있습니다. 점포에 진열해두면 언젠가 팔리는 다른 상품과 달리 패스트푸드는 정해진 시간 내에 팔리지 않으면 상품으로서의 가치를 잃게 됩니다.

이 같은 특성 때문에 도시락, 김밥, 샌드위치라는 외형을 갖고 있지만 패스트푸드는 손에 잡히지 않는 서비스 상품과 동일한 특성을 보이고 있습니다.

공연 시간이 정해진 공연티켓이나 출발시간이 지정된 기차표는 마감 시간을 넘기기 전에만 상품으로서 가치를 지닐 뿐, 기차가 출발한 뒤에는 상품 가치가 없어지게 됩니다. 패스트푸드 역시 동일하게 설명할 수 있습니다. 정해진 시간 내에 팔지 못하면 상품으로서의 가치는 사라지게 된다는 점에서 패스트푸드는 일종의 서비스 상품이라 할 수 있습니다.

패스트푸드를 일종의 서비스 상품이라고 인식한다면, 인기가수의 공연을 유치하고 티켓을 판매하는 사업에서 패스트푸드 상품 판매 전략의 힌트를 얻을 수 있습니다.

기획자는 인기 가수의 공연을 유치하고, 공연 장소를 빌린 다음, 공연티켓을 고객에게 판매합니다. 기획자는 많은 수익을 얻기 위해 가능한 한 큰 공연장을 예약하고, 공연장 좌석을 모두 채우기 위해 다양한 판촉행사를 실시합니다. 공연을 다 마칠 때까지 채워지지 않는 좌석은 판매기회 로스로 기획자의 몫입니다.

패스트푸드 역시 이와 동일한 과정을 거칩니다. 상품을 발주하고, 입고된 상품을 검수하고, 진열하여, 고객이 구입하도록 적극적인 판촉을 실시합니다. 유효기간 내 팔리지 않는 상품은 모두 폐기 로스로 버려지게 됩니다.

공연을 준비한 기획자가 채워지지 않는 빈자리가 아까워 작은 공연장을 빌린다면 공연 수입의 확대를 기대할 수 없는 것과 마찬가지로, 팔리지 않아 버려지는 폐기를 두려워 발주를 줄인다면 패스트푸드를 통한 매출 활성화는 기대할 수 없습니다.

한두 번은 실패할 수 있습니다. 그러나 지난 번 실패했기 때문에 소극적으로 공연기획을 한다면 또다시 실패하게 됩니다. 점포 의도만큼 패스트푸드 매출이 늘지 않고 폐기만 늘었다고 발주수량을 줄인다면, 매출 역시 줄어들게 됩니다.

왜 안 팔렸는가? 언제 안 팔렸는가? 어떤 상품이 잘 팔리고 어떤 상품이 안 팔렸는가? 하는 분석을 하고 보완해 나간다면 매출은 조금씩 향상될 것입니다.

이제 패스트푸드를 기차표와 같은 서비스 상품으로 생각하고 팔림세와 특성을 분석해보면, 어렵게만 보이는 패스트푸드 매출 활성화의 방법을 찾을 수 있습니다.

[편의점 관련 주요 용어]

◆ 기상 마케팅

상품이 잘 팔리는 '최적온도'가 있다는 논리를 근거로 날씨를 상품판매와 영업활동에 연계시키는 일련의 마케팅 수단. 예를 들어 아이스크림의 경우 통상적으로 기온이 25℃가 넘으면 매출이 급증하지만 너무 더우면 오히려 판매는 줄어들게 된다는 통계를 바탕으로 생산과 판매에 반영한다. 대부분의 기업들이 점포 및 공장가동률이나 각종 제품의 구매량 결정 등에 있어 장기예보를 주요 고려사항에 포함시키고 있는 것도 이 같은 기상 마케팅에 바탕을 두고 있기 때문이다.

◆ 스크랩 앤 빌드 전략

원래의 뜻은 기존 설비를 폐기처분하는 대신 새로운 설비를 갖추는 것을 의미하지만, 소매업계에서는 채산성이 전혀 없거나 경쟁에서 뒤떨어지는 점포를 폐쇄하는 대신 신점포를 개설하는 체인스토어를 전개방법으로 사용된다.

◆ 안테나숍

전 점포 판매에 앞서 신제품이나 새로운 마케팅 기법을 실험하며 효과 측정 등을 목적으로 운영되는 점포. 파일럿(Pilot)점포라고도 하며 각종 상품의 판매동향이나 소비자들의 니즈를 파악하는 일종의 '테스트 마케팅(test marketing)'이 이루어진다.

◆ 업태

세무서 등에서 판매방식과 경영 형태의 차이에 의한 사업 분류. 소매업에서는 상품구색과 가격대와 상권 범위, 고객층, 점포 규모, 입지, 상품의 종류 및 수량, 판매방법 등을 종합하여 업태가 구분된다. 백화점, 슈퍼마켓, 편의점, 할인점 등의 분류가 여기에 해당된다.

◆ 체인스토어

소매업에 있어 회사가 개설한 직영 점포망 또는 다수의 가맹점포망을 본부의 통제아래 조직화하여 상품구매와 공급, 경영정보 제공 등 공동사업을 전개하는 일련의 서비스업을 말한다. 직영 점포망으로만 구성된 '레귤러체인'과 임의가맹사업자로 구성된 '볼런터리체인', 프랜차이즈 계약을 통해 구성된 '프랜차이즈체인' 등으로 구분된다.

◆ 물류센터

상품을 대량으로 보관하고 배분하기 위한 상품관리시설. 물류센터는 가맹점의 적시·적품·적량재고를 확보하기 위해 상품을 배송하는 역할을 하는 기관이다. 또한, 상품의 신선도를 균질하게 유지하는 한편 전체 체인의 원가를 절감하기 위해 운영된다.

◆ 배송 스케줄링 프로그램

가맹점에 대한 상품 배송시간과 비용을 줄이기 위한 기법. 많은 체인사업자가 운영하고 있으며 차량의 주행거리, 배송시간, 목적지, 도착시간 등 차량의 일일 업무 스케줄을 체계적으로 관리하는 시스템이다. 점포의 좌표를 기준으로 점포간 거리·이동거리·하역시간 등을 산출하여 최적의 배송루트를 결정하는 방식이다.

◆ 콜드체인

신선식품을 생산에서 소비에 이르기까지 연속하여 저온을 유지하여
양호한 품질을 유지하는 system.

◆ 크로스 도킹 [cross docking]

상품이 입고되어 재고로서 머물지 않고 바로 출고되는 것. 유통센
터에서 중간 저장단계를 생략하고 입고지점으로부터 출고지점까지 물
품을 곧바로 이동시키는 운영방법을 말한다. 이를 위해서는 어떤 상품
이 언제 입고되고 어떻게 점포에 출고될 것인가 하는 전체적이고 통합
적인 수·배송계획이 미리 작성되어져 있어야 한다.

◆ 냉동식품

냉동식품은 식품 본래의 맛을 그대로 장기간 보존해 두기 위해 저온
냉동상태로 보관하는 식품이다. 제품을 급속 냉동해 -18 이하로 보존,
소비자가 구입할 때까지 포장된 상태로 진열된다. 냉동식품은 고품질
에다 위생적이고 이용이 간편하므로 여러 종류가 생산되고 있다.

◆ 단품관리

상품을 더 이상 분류할 수 없는 최소단위인 단품 별로 관리하는 방
식이다. '캔 커피'가 아니라 '스타벅스 캔 200ml'라는 식으로 단위품목
을 정하고, 단품별 판매실적을 감안하여 판매계획을 세우고 계획과 실
적을 분석하여 매출향상을 꾀한다.

◆ 돌출진열

일반적인 진열대에서 고객 쪽으로 돌출된 진열방식의 하나로 돌출
된 상품을 고객에게 효과적으로 소구하기 위함이다.

◆ 레토르트 식품

조리가 된 식품을 단단한 용기에 담아 100℃ 이상의 고온으로 가열
시켜 살균한 식품. 통조림과 같은 보존성을 유지할 수 있고 휴대가 용
이하며 별도 조리과정이 필요 없이 시식할 수 있는 상품이다.

◆ 로스리더

유통업체들이 고객을 모으기 위해 원가 이하의 가격을 붙여 한정된
기간에 판매하는 상품을 말함. 특별 판매행사를 할 때 손님을 유혹하
기 위한 상품이라는 뜻에서 미끼상품이라고도 부른다. 로스리더 상품
으로 인해 loss가 발생할 수도 있지만 소비자가 점포에 오면 그 상품
뿐 아니라 다른 상품까지 구매하도록 하여 점포의 매출과 이익향상을
도모하는 방법이다.

◆ 벤더

우리말로 표현하자면 '물류를 판매하는 도매업'이다. 여러 제조회사
및 판매회사를 통해 상품을 구입해 소매점들에게 여러 상품을 공급해
준다. 이들은 메이커의 구애를 받지 않고 다양한 상품을 갖추고 있다.
취급 품목에 따라 냉장벤더, 냉동벤더, 잡화벤더, 도시락 벤더 등으로
나뉘어 특화되고 있는 추세를 보이고 있다.

◆ 엔드진열

진열선 끝 엔드 진열대에 상품을 대량으로 쌓아 소비자에게 소구하는 진열방식. 엔드 진열대는 고객에게 가장 눈에 띄기 쉬운 장소이기 때문에 매우 중요한 장소이다. 엔드진열은 출구 쪽으로 돌아서는 고객을 다시 멈추게 하는데 효과적이며 주로 세일행사나 신상품 홍보에 적극 활용된다.

◆ 일배식품

상품의 유효기간이 짧고 상품의 품질관리를 위해서 냉장 및 냉동 보관하며 매일 일정한 시간대에 점포로 배송되는 상품을 말한다. Daily 상품이라고도 한다.

◆ 카테고리 [category]

카테고리는 고객의 shopping-list에 의한 분류로 소매업에서 상품을 관리하는 전략적 경영단위이다. 일반적으로 상호대체성이 높은 상품 또는 밀접한 연관관계를 가진 상품의 범위를 말한다. 하나의 카테고리만을 집중적으로 판매하는 소매점은 '카테고리킬러'라 하며 [하이마트]가 대표적이다.

◆ ABC분석

상품을 중점적으로 관리하기 위한 분석기법이며 효과적인 단품관리에 주요 이용된다. 상품의 판매량을 기준으로 ABC 세 부문으로 나누어 관리하는 방법이다. 보통 상품 판매량의 75% 이내 상품을 A군, 95%를 B군으로 구분하여 단품관리에 활용된다.

◆ 객단가

고객 1인당 평균 상품 구입액을 말하며 매출액을 고객수로 나누어서 계산한다. 객단가를 위해서는 고객 당 구입 상품수를 증가시키거나 상품 판매가를 올림으로써 가능하다. 상품가격을 올리면 고객수가 감소하기 때문에 평균 구매 상품수를 늘리는 쪽으로 점포의 활동이 집중된다.

◆ 품절

재고가 하나도 없는 것을 말하는 것은 아니라 특정 상품의 진열량이 최저 재고량보다 적은 상태. 만약 재고량이 적절하면 팔렸을 것이라고 추측되는 매출액에 대한 총이익을 판매기회손실이라고 한다.

◆ RFC

대상입지를 선정하여 그 입지특성과 지역특성을 분석한 후 가맹본사가 출점해도 성공할 수 있다고 판단되는 점포를 임차하거나 전업을 유도하는 직무. 가맹점주를 상담에서 가맹계약체결까지 관리하는 역할을 한다.

◆ 매가환원법

상품 재고조사방법의 하나로 판매가로 파악된 재고총액에 해당원가율을 곱하여 원가재고평가를 하는 방법. 주로 다품목을 취급하는 경우에 이용된다. 이 방법은 상품의 개별 원가를 조사하지 않아도 되기 때문에 평가가 편리하지만 다른 평가방법에 비해서 약간 과대하게 평가되는 경향이 있다.

◆ 인시

사람의 일손이 얼마나 드는 가를 숫자로 나타낸 개념이다. 한 사람
이 1시간 동안 일하는 것을 「인시」로 표현한다. 소매점에서 비용관리
와 인건비를 분석할 때 자주 사용된다.

〈참고문헌 및 자료〉

편의점 운영동향, 한국편의점협회 편, 2012
편의점 운영동향, 한국편의점협회 편, 1998

CHAPTER

04

서비스프랜차이즈 특성과 성공전략

박남규

(park@atom-robot.com)

기술경영전문가, 혁신가치전문가

업무영역

창업 프로세스 강의 / 사업계획서 심사

blog.naver.com/kinetherapy

주요경력

현) ㈜아톰로봇(2010~) 대표

전) ㈜대우전자T(1994-2001) Park's운동테라피(2002) ㈜로봇앤드디자인(2003-2010)

호서대 벤처대학원 경영학 박사과정(2012~), 경희대 기계공학 학사(1995)/석사(1998)

호서대 국책 글로벌창업대학원 경영학 석사(2012) , 창업지도사(2011)

사업계획서경진대회 - 창업진흥원장상(2011) KAIST총장상(2010) 경기도지사상(2010) 등

저서

『성공 Biz Consulting 노트』 (2012, 라온)

『성공 Biz 컨설팅 노트 - 실전편』 (2012, 북랩)

1) 집필동기

창업을 준비하거나 창업하신 분에게 이 책이 창업길라잡이 역할을 하였으면 하는 바람입니다. 또한 창업에서 문제해결을 위한 코칭전문가의 역할을 기대합니다. 코칭은 상대방에게 좋은 질문을 통하여 상대방이 스스로 답을 찾아가도록 하는 방법입니다. 자신의 문제점은 자신이 가장 잘 알고 있습니다. 모든 해답은 자신 안에 있습니다. 처음 창업을 준비하면서 시작한 창업교육은 저에게 멘토이자 코칭전문가의 역할을 했습니다. 창업에서 준비가 필요한 부분에 대하여 체크를 할 수 있게 해 주었으며, 질문에 대하여 답하는 과정에서 해답을 찾을 수 있도록 해주었습니다.

제가 가장 자신 있는 분야는 사업타당성분석과 사업계획서 작성입니다. 또한 기술창업전문가로 활동하고 있습니다. 사업계획서 전문가로서 객관적인 관점에서 서비스프랜차이즈에 대하여 기술할 수 있었습니다.

이책의 목적은 물고기를 잡는 원리를 제시하는 것입니다. 물고기를 잡는 원리는 고객의 심리상태를 파악하는 것입니다. 고객의 심리상태를 파악하는 것은 고객이 원하는 것을 아는 것입니다. 책의 시점은 예비창업자의 입장에서 기술합니다. 예비창업자의 입장에서 가장 궁금해할 사항은 다음과 같을 것입니다.

· 어떤 아이템으로 창업해야 하는가?
· 창업의 성공원리는 무엇인가?

· 성공창업을 위하여 어떤 점을 고려해야 하는가?

이러한 질문에 대하여 근본적인 원리를 이해한다면 서비스프랜차이즈의 특성을 잘 이해하실 수 있습니다.

2) 창업의 현실

중소기업청의 '2010년 전국 소상공인 실태조사'에 의하면 자영업자 10명 중 8명은 생계 때문에 창업했다고 합니다. 이들 중 46.2%는 사업구상에서 문을 여는 데까지 6개월이 채 안 걸렸다고 합니다. 퇴직금 등을 끌어 모아 만든 창업자금은 1억 원 미만이 98.6%로 대부분을 차지합니다. 창업자의 45.4%가 1인 기업이었습니다. 10명중 8명(76.6%)이 연간 매출이 1억 원이 되지 않았으며 10곳 중 6곳(58.3%)은 월 매출이 400만 원에 못 미칩니다.

중소기업청 실태조사에 따르면 지난해 자영업자의 순소득은 월평균 149만 원이었습니다. 아무 일도 하지 않고 최저생계비를 지원받는 기초생활수급자와 비슷한 수준입니다. 자영업자의 57.6%인 414만 명의 한 달 소득이 100만 원 이하입니다. 특히 수리 및 개인서비스부문은 월평균 수익이 41만 원으로 매우 열악하고, 부동산임대업과 운수통신업도 순이익이 100만 원 이하 수준입니다.

통계청이 발표한 '2012년 6월 고용동향'에 따르면 우리나라의 자영업자는 경제활동인구 2,511만 명 가운데 718만 명으로 28.6%를 차지합니다. 여기 수치상에는 실제 자영업자 583만 명과 보수를 받지 않는 가족 135만 명은 포함되지 않았습니다.

2008년 경제협력개발기구(OECD) 조사에 따르면 국내 자영업자

비중은 29.3%로 OECD가입국 중 4번째로 높습니다. 미국 7%, 독일 11.7%, 일본 13%, 영국 13.4% 등 선진국보다 훨씬 높고, 평균 15.8%와 비교해도 두 배 가량 됩니다. 2009년 705만 명, 2010년 686만 명으로 줄었다가 최근 다시 증가하고 있습니다. 2012월 6월에는 718만 명입니다. 창업자가 늘어나는 이유는 '베이비붐 세대'의 은퇴와, 불안정한 취직보다는 창업을 선택하는 젊은 층에서의 양극화 창업현상이기 때문입니다.

창업아이템으로는 통계청에 따르면 도·소매업이 28.8%, 음식·숙박업종이 22.6% 순입니다. 음식점·주점은 13.9%가 프랜차이즈 형태로 운영되며, 치킨전문점은 74.8%가 가맹점 형태로 운영되고 있습니다. 창업은 사업아이템의 차별화로 수익성을 확보하는 것이 가장 중요합니다. 그러나 현실은 수익성 악화로 이어지고 있습니다.

서울 마포구에만 호프집이 1,100여 곳에 달합니다. 중소기업청이 2010년 소상공인 1만 명을 대상으로 실시한 실태조사에 따르면 응답자의 73.4%가 월평균 순이익이 감소했다고 답했습니다. 증가했다는 답변은 6%에 불과합니다. '주변 업체와의 경쟁 심화'(30.5%)가 '소비자의 구매 패턴 변화'(20.1%)나 '임대료 등 원가 상승'(15.5%) 등을 제치고 순이익 감소의 가장 큰 원인으로 지목됐습니다.

국세청에 따르면 2009년 창업한 92만 5,000명 중 35%인 32만 5,000명이 생활 밀접형 업종으로 창업했습니다. 통계청에 따르면 2009년 말 현재 음식점 수는 44만개로 인구 114명 당 한 개꼴입니다. 의류점은 8만 4,000개로 595명당 한 개입니다.

업종	점포 수	점포당 인구 수
음식점	440,000 개	114 명
의류점	84,300 개	595 명
부동산중개업소	77,200 개	650 명
미용실	67,238 개	746 명
편의점	15,000 개	2,500 명

통계청 업종별 종사자 수

서울시의 경우 미용실은 1㎢당 평균 35.9개의 점포가 입점해 있으며 포화상태임에도 불구하고 꾸준히 증가하는 추세입니다. 일반 단과학원과 치킨점, 제과점은 각각 1㎢당 12.6개, 6.3개, 5.1개의 점포로 입점해 있고 높은 속도로 증가하고 있습니다.

창업의 현실은 냉혹합니다. 기업의 생존율은 평균 3년 생존율 35%, 5년 생존율 15%, 10년 생존율 5%라고 합니다. 통계청의 자료에 의하면 창업 후 3년 뒤의 생존율 49%, 7년 후 생존율 18%, 10년 생존율 13%가 됩니다.

신규사업체의 평균 생존율은 1년 생존율 72.6%, 2년 생존율 56.5%, 3년 생존율 26.4%로 절반 이상의 신규사업체가 3년이 안 되어 퇴출됩니다.

매년 80~100만개 창업, 70~80만개 폐업을 반복합니다. 생존은 하였지만 수익을 내지 못하고 있는 기업도 포함된 숫자입니다. 3년 후 2명 중 1명은 대출연체자 근처까지 가게 되며 나머지 1명도 수입보다는 지출이 많은 상태에 있게 됩니다. 자영업자가 많이 뛰어드는 음식·숙박업은 한 해 평균 12만 4,000개의 신규사업체가 생겨나는 동안 12만

7,000개 업소가 폐업하는 것으로 나타났습니다.

또한 규모가 영세하고, 경쟁이 심하며, 월세나 관리비는 지속적으로 상승하는 추세입니다. 이자비용도 자영업자에게는 상당한 부담이 되고 있습니다. 초기 창업비용 때문에 짊어지게 되는 가계부채 문제도 심각합니다. 자영업자의 평균 가계 부채는 8500만 원으로 5100만 원인 일반 직장인보다 3400만 원이 많습니다. 평균 소요되는 창업비용이 6600만 원 규모입니다. 오락·문화·운동부문과 전기·가스·수도·건설업의 경우 1억 원에 달하고 숙박·음식업도 7500만 원에 이릅니다. 백화점이나 할인점 내 입점하기 위해서는 1억 8000만 원이 소요됩니다.

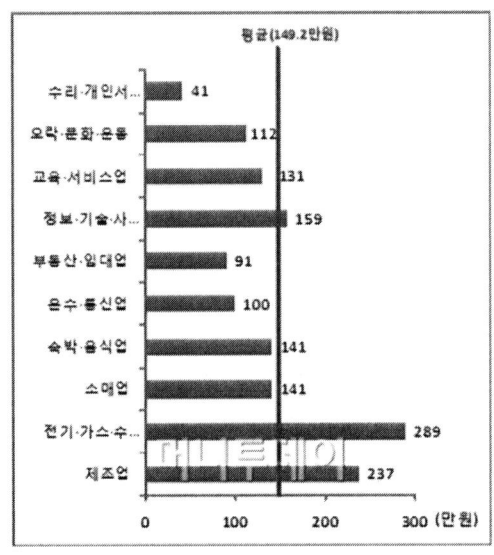

자영업 업종별 월평균 순이익
(자료: 중소기업청 전국소상공인 실태조사자료)

건설업체 임원 출신의 퇴직자 K모 씨는 2011년 5억 원을 들여 강남 테헤란로 인근에 70평짜리 상가를 임차해 대형 수입 맥주 전문점을 차렸습니다. 사무실 밀집 지역이라 장사가 잘 될 줄 알았는데 현실은 달랐습니다. 주5일제 때문에 금요일 밤부터 월요일 오전까지는 개점휴업인 데다 평일에도 낮에는 손님이 없었습니다. 매출은 늘지 않고 월 임차료 2000만 원과 직원 8명의 월급까지 감당하려니 적자가 눈덩이처럼 불어나 결국 1년도 안 돼 투자금의 절반도 못 건지고 문을 닫았습니다.

사라토가 벤처파이낸스 조사결과 첨단기술벤처기업 성공률은 아이디어에서 상장까지 6/1,000,000, 투자심사에서 상장까지 6/1,000, VC투자에서 상장까지 1/10의 확률을 가집니다.

3) 준비 안 된 창업자는 창업하지 말아야 한다

얼마 전 급한 전화 한 통을 받았습니다. L사장님이셨습니다.

같이 창업교육을 받았던 인연으로 가끔 연락도 하는 사이입니다. 전화내용은 다음과 같습니다. 오후 6시까지 지원과제에 참여하기 위해서는 본인부담금으로 200만 원을 입금해야 하는데 돈이 없어서 빌려달라는 내용이었습니다. 현재 미혼으로 아침저녁으로 광고전단지를 돌려서 생활을 하고 있고 본인이 창업을 하고자 하는 의지가 굉장한 분입니다. 예전에 G-창업프로젝트 과제를 수행하면서 창업멘토로서 저를 선택하시기도 해서 서로 잘 알고 있는 사이였습니다. 한 달 전에 이분의 다른 사업계획서 작성을 도울 기회가 있었습니다. 그 계획서에는 본인의 사업아이템에 대한 시장성과 사업아이템의 핵심기술에 대한 정의가 전혀 되어 있지 않았습니다. 제가 사업아이템에 대한 사양을 정의하고자 노력하였으나 도저히 해답이 나오질 않았습니다. 그래도 L사장님의 하고자 하는 의지를 높이 평가하여 저는 5일 동안 시간을 투자하였습니다. 그러나 마지막 날 마감시간에 컴퓨터접속 폭주로 시간을 넘겨서 사업계획서 제출을 못 했다는 전화를 받고 오히려 잘 됐다는 생각을 가지고 있었습니다. 그렇게 만들어졌던 사업계획서로 이번에는 지원사업에 선정된 것입니다.

예전 회사에서 정부정책자금을 받기 위해서 사업계획서를 제출하여 선정되었으나 부실한 사업아이템으로 인하여 성공판정을 받기 위하여 고생하였던 경험이 생각났습니다. 저는 두 가지 관점에서 거절하였습니다. 첫째는 경영자의 경험과 능력입니다. 사업에 대한 준비가 되어 있어야만 합니다. 경영은 의사결정의 연속입니다. 그러므로 명확한 판단을 할 수 있는 판단력을 가지고 있어야 합니다. 둘째는 사업아이템의 명확성입니다. 시장이 명확하고 제품의 개발목표가 명확하고 구현 가능한 기술에 대한 노하우가 있어야 합니다. L사장님은 당장은 낙담을 할 수 있습니다. 그러나 오히려 장래에는 이분을 위해서 잘 된 일입니다. L사장님은 창업보다는 본인이 다시 취직하여 근면성으로 안정적인 생활을 하는 것이 더 낫다는 생각을 가지고 있습니다.

4) 창업자는 경영수업이 필요하다

창업자가 되기보다는 경영자가 되어야 합니다. 창업은 사업전문가가 하는 것입니다. 경영은 사람, 기술, 자본, 마케팅 전반에 걸친 지휘자와 같은 역할입니다. 사회도 창업자를 양산하기보다는 사업을 끌고 나갈 수 있는 경영자를 배출하여야 합니다. 사업전문가를 양성해야 합니다. 창업은 누구나 할 수 있습니다. 사회분위기는 창업을 부추깁니다. 국가는 창업을 하게 되면 스스로를 고용하여 실업률을 낮출 수 있고 세금도 받을 수 있으므로 창업을 장려합니다.

그러나 현실은 경영수업을 할 수 없는 환경입니다. 사업은 경험이 중요합니다. 대기업이나 중소기업에 취직하더라도 경영과 관련된 경험을 하기란 쉽지 않습니다. 창업의 현실은 스스로에게 경영수업을 시켜야 합니다. 가장 현금 수요가 많은 30~40대에 가족을 부양하면서 창업을 하기란 불가능에 가깝습니다. 경험 없이 책에서 배운 지식으로 경영을 할 수는 없습니다.

창업은 수영에 비유할 수 있습니다. 대기업 예비사장은 미리 체계적인 경영수업을 받습니다. 대기업 오너의 자제와 한 번도 경영 경험이 없는 회사원과는 경쟁이 되지 않습니다. 처음 수영하는 사람에게 박태환과 같은 수영실력을 요구하는 것은 이치에 맞지 않습니다. 수영은 수도 없이 물을 먹어가면서 배우는 것입니다. 시간이 지남에 따라 느낌으로 물결을 타게 됩니다. 창업도 같은 이치입니다. 처음부터 잘 하리라 기대하는 것은 어불성설입니다.

5) 창업까지 최소 2년의 준비기간이 필요하다

창업은 시간이 필요합니다. 3년, 세 번, 1000일, 일 만 시간의 법칙이 있습니다. 최소 3년 동안 하루에 10시간씩 해당 분야에서 치열하게 경쟁하면서 버텨야만 전문가의 반열에 오를 수가 있습니다. 또한, 3번의 시행착오는 기본입니다. 창업은 경험의 시간이 필요합니다. 3번의 실패는 각오하고 임하는 것이 중요합니다. 잘 다니던 회사에서 나와서 창업을 한다는 것은 3년을 수입 없이 지낼 수도 있다는 의미입니다. '나는 회사에서 돌아가는 상황을 잘 알기 때문에 나가서 창업하면 문제 없어'하고 생각할 수도 있습니다. 월급을 받는 입장에서 월급을 주는 입장으로 바뀔 때는 평정심을 잃기 쉽습니다. 그리고 매달 지출되는 고정비를 무시할 수 없습니다. 몇 달간 수입이 없는 상태에서 월 500만 원의 지출은 부담이 됩니다. 구체적인 수입원은 창출되지 않고, 아직 사업계획서도 준비 안 된 상태에서는 답이 없습니다. 다시 회사로 들어가는 수밖에 없습니다.

창업자는 난관을 돌파할 수 있는 능력이 필요합니다. 자신의 능력으로 수익을 창출할 수 있는 능력이 있어야 합니다. 사업에서의 손실을 자신이 직접 아르바이트를 해서라도 막아나갈 수 있어야 합니다. 해당 분야 지인들로부터 도움을 받아 매출을 일으킬 수 있는 마케팅능력도 필요합니다. 이러한 능력이 경영능력입니다.

창업 준비 기간	1개월 미만	1개월 ~3개월	4개월 ~6개월	7개월 ~1년미만	1년 이상 ~2년 미만	2년 이상
전체	14.2 %	23.0 %	23.2 %	13.5 %	8.6 %	17.4 %

창업 준비 소요기간
(자료: 중소기업청)

6) 창업은 시작이 중요하다

창업은 시작이 중요함을 아무리 강조해도 지나치지 않습니다. 창업 프로세스는 정보습득, 업종선택, 가맹상담, 업체선정, 입지상권조사, 임대차계약, 가맹계약, 시설 및 기계장비계약, 가맹점교육, 개점준비 및 개점이 창업의 70%를 차지합니다. 개업 이후에 지속적인 영업은 30%를 차지합니다.

7) 지출이 가장 많은 시기에 하는 창업의 위험

동창회를 다녀오면서 매번 똑같이 만나는 친구지만 명함을 다시 받게 됩니다. 기존의 회사를 떠나 창업이나 이직을 했기 때문입니다.

40대는 가장 지출이 많은 시기입니다. 특히 아파트 담보대출로 인한 이자비용과 원금상환의 부담이 큽니다.

2007년 부동산 상승기에 하루가 다르게 치솟는 아파트가격에 지금 구입하지 않으면 영원히 주택을 소유할 수 없다는 사회적 분위기와 월급보다 뛰는 집값으로 인한 불로소득의 투자심리와 자녀의 공부방을 마련해 주고 싶은 부모 마음에 과도한 대출을 안고 집을 구입을 한 나이가 40대입니다. 저도 집을 구입할 때 4억 3000만 원의 아파트를 1억 9000만 원의 대출을 안고 구입했습니다.

2012년 3월 말 현재 가계부채 911조 원 중에서 390조 원이 주택담보대출이라는 통계청 조사결과가 있습니다. 서울 및 수도권에 있는 아파트 소유자 중 주택담보대출을 안고 있는 경우는 10채 중 6채나 됩니다. 연령별로는 60대가 2억 1000만원, 50대가 3억 3000만 원, 40대가 1

억 8000만 원, 30대가 5800만 원입니다.

2007년 1억 8000만원의 담보대출을 받을 경우, 고정금리일 경우 삼성생명으로부터 3년 거치 15년 분할 상환조건으로 연금리 6.7%의 적용을 받았습니다. 2012년 현재 이자부담은 월 100만에 원금 100만 원으로 월 200만 원을 대출 상환해야 합니다. 40대 평균 연봉이 5000만 원이라고 합니다. 세금과 4대 보험을 제외하면 월급은 400만 원에 못 미칩니다. 대출상환금 200만 원을 제하면 200만 원으로 한 달을 버텨야 하는 구조입니다. 이를 하우스푸어라고 합니다. 4억 3000만 원이던 집값이 현재 3억 5000만 원 이하로 거래됩니다. 집값에서 8000만 원의 손해와 5년 간의 이자비용 6000만 원과 마음고생과 4억 3000만 원 중 전세로 있었다면 운용이 가능했던 2억 3000만 원에 대한 은행이자 5%에 대한 기회비용 5750만 원을 합하면 총 1억 9750만 원의 손해를 보았습니다. 이것이 대한민국 수도권 자가주택을 가지고 있는 40대 가장의 현실입니다.

회사를 다녀도 당장 수입을 창출할 수 없는 상황에서 돌파구로서 창업을 생각하게 됩니다. 창업을 통하여 좀 더 많은 수입을 올릴까 해서입니다. 그러나 창업하자마자 400만 원의 순이익을 올릴 수 있는 곳은 아무데도 없습니다. 12평 커피숍의 경우 1억 4500만 원을 투자하여 자신이 직접 운영하는 경우 150만원의 수입을 올립니다. 또한 기술창업으로 창업준비부터 제품을 준비하여 출시하는데 2년 이상의 시간이 소요됩니다.

그러므로 창업을 하기 전에 우선 집에 대한 담보대출부터 해결하여야 합니다. 담보대출로 인한 빚 상환 압박이 있는 상황에서 매달 수입이 400만 원이 보장되어야 하는 조건에서는 창업을 하면 안 됩니다. 창업은 창업아이템으로 매출이 1년 이상 발생하지 않을 수도 있습니다. 이런 경우 아르바이트 등으로 가족의 생계를 유지해야 합니다. 아르바이트로 400만 원 이상 수입을 올릴 수 있는 곳은 없습니다.

8) 인생사업계획서를 먼저 만들자

급할수록 돌아가야 합니다. 사업 초기에 결과물이 빨리 나오기를 기대합니다. 그리고 최선을 다해 뭔가를 진행하게 됩니다. 그러나 처음부터 사업방향이 잘못되어 있다면 하지 않은 것만 못한 결과가 됩니다.

사업계획서는 크게 두 가지로 나눠야 합니다. 인생사업계획서와 아이템사업계획서입니다. 우선 인생사업계획서를 명확히 작성해야 합니다. 미션과 비전을 정하고 비전을 이루기 위하여 중요한 우선 순위를 결정하고 시간 순서에 따른 실천계획을 만들어야 합니다.

처음 사업계획서를 작성하면서 부딪힌 문제는 아이템사업계획서였습니다. 회사소개에는 회사의 미션과 비전에 대한 명확한 정의가 되어 있어야 합니다. "나는 어떤 목표를 가진 회사를 만들겠습니다. 이를 위해서 직원에게 이러한 비전을 제시하고 어떤 제품이나 서비스를 창출하여 구현하겠습니다."라는 내용이 들어가야 합니다. 그러기 위해서는 인생의 미션과 비전을 먼저 정해야 합니다.

9) 서비스프랜차이즈 창업이란?

우선 서비스프랜차이즈 창업에 대하여 설명하고자 합니다. 서비스프랜차이즈 창업을 한마디로 정의한다면 "함께 가면 멀리 간다"로 정의할 수 있습니다. 무형의 서비스 아이템을 혼자서 진행하기보다는 여럿이 같이 하면 장점이 많습니다. 같은 이름을 사용하는 가맹점이 늘어날수록 홍보효과는 커집니다.

10) 어떤 아이템으로 창업해야 하는가?

창업아이템 선정이 가장 어렵고도 막연한 느낌이 들 것입니다. 제가 현장에서 아이템 발굴에 대한 강의를 하면서 느낀 점은 알면 쉽고 모르면 어렵다는 것입니다.

예전에는 '사'자가 달린 직업이 자신의 브랜드가 되었습니다. 의사, 한의사, 변호사, 검사, 판사, 공인회계사 등 이름 앞의 직함이 자신의 브랜드가 되는 시대가 있었습니다. 그러나 시대가 바뀌고 있습니다. 이혼전문 변호사, 기업M&A전문 변호사 등 변호사 앞에 해당분야 전문가임을 브랜드화 시켜야 하는 세상입니다. '사'자가 아닌 자신의 브랜드가 중요한 시대가 되었습니다. SNS전문가, 홍보마케팅전문가, 소셜큐레이터, 에듀큐레이터 등 자신을 정의하는 브랜드가 미래의 직업이 되고 있습니다.

그러므로 이러한 브랜드를 획득하는 것이 창업의 목표가 되어야 합니다. 창업이 단순히 사업아이템을 상품화함으로써 수익을 창출하는데는 한계가 있습니다. 우연히 한두 번은 매출로 연결될 수 있습니다. 그러나 제품의 품질과 가격만으로 차별화하는 데는 한계가 있습니다.

11) 내가 가장 하고 싶고 원하는 것

서비스프랜차이즈 창업은 특성을 아는 것부터 시작됩니다. 지피지기면 백전백승이라고 합니다. 프랜차이즈 본사를 이해함으로써 본사를 어떻게 활용할 수 있는지 판단할 수 있는 틀을 제공하고자 합니다.

일반적으로 업체에서 주관하는 창업설명회는 장점을 부각하므로 약점이나 단점을 말하지 않습니다. 그러므로 창업과 경영에 대하여 경험이 부족한 창업자는 한쪽만 바라보는 오류를 범할 수 있습니다.

저도 처음에 창업을 하면서 프랜차이즈 업체가 주최하는 사업설명회에 다녀보았지만 제대로 된 정보를 얻기가 어려웠습니다. 기존 나와 있는 프랜차이즈 관련 서적은 대부분이 프랜차이즈 본사의 입장에서 기술된 내용입니다. 프랜차이즈 본사의 창업내용을 간접 홍보하는 내용이 다수입니다.

본 내용은 철저히 창업자의 눈높이에서 책을 기술하고자 합니다. 창업자는 약자의 입장입니다. 프랜차이즈의 현실을 이해하고 창업을 준비한다면 사업성공 확률을 높일 수 있습니다.

서비스프랜차이즈로 창업을 하고자 하는 분들에게 프랜차이즈를 판단할 수 있는 기준을 제시하고자 합니다. 기존 서비스프랜차이즈를 경영하시는 사업주에게는 현재의 사업의 체크리스트 역할을 하고자 합니다. 또한 향후 프랜차이즈의 약점인 짧은 라이프사이클을 극복하고 비전을 재정립하는 시간이 되길 바랍니다.

판단기준은 서비스프랜차이즈 본사의 자격부분입니다. 프랜차이즈를 진행할 수 있는 본사의 능력이 중요한 것 같습니다. 좋은 시스템을 제공할 수 있는지 여부가 중요합니다.

예비창업자로부터 가끔 좋은 업체를 선정해 달라는 요청을 받습니다. 이럴 때마다 프랜차이즈창업 시 판단기준이 될 만한 내용의 책이 있으면 좋겠다는 생각을 했습니다. 그러나 현재 시중에 나온 프랜차이즈 관련 서적들은 창업자의 입장보다는 프랜차이즈 본사가 프랜차이즈사업을 확장하기 위한 지침서가 대부분입니다. 창업자의 입장에서는 이런 서적이 마음에 와 닿지 않습니다.

12) 누구나 한번은 창업을 한다

인구의 변화는 새로운 시장기회를 만들어내고 있습니다. 통계청 자료에 의하면 2060년에는 현재 40~50대가 전체인구에서 차지하는 비율이 더 높음을 알 수 있습니다. 이는 1960년에는 자식들이 부모를 부양하였으나 2060년대에는 노인이 스스로를 책임져야 하는 인구통계적

분포를 이룹니다.

　육십 평생이란 말이 100세 평생으로 바뀌고 있습니다. 통계청에 의하면 현재 한국의 기대수명은 1971년생 남성의 경우 절반은 94세까지 살고, 같은 해 태어난 여성은 절반이 96세를 넘기는 것으로 나타납니다. 이른바 '100세 시대'가 코앞에 닥친 것입니다.

　한국보건사회연구원이 30~69세 남녀 1,000명을 대상으로 한 조사에서 응답자의 43.3%가 90~100세까지 사는 것이 축복이 아니라고 했습니다. 반면 축복이라는 답변은 28.7%에 그쳤습니다. 100세 시대가 재앙일지 모른다는 우울한 자기진단입니다. 100세 시대는 과학과 의학의 진보가 가져다 준 선물이지만 사람에 따라 끔찍한 비극이 될 수도 있습니다. 운 좋게 60세에 퇴직해도 40년을 더 살아야 합니다. 적당한 경제력과 건강이 뒷받침되지 않으면 그 긴 세월이 고통이 될지도 모릅니다. 여기에다 서로 아끼고 사랑하는 주위 사람들이 없다면 누구든 고독한 말년을 보낼 각오를 해야 합니다.

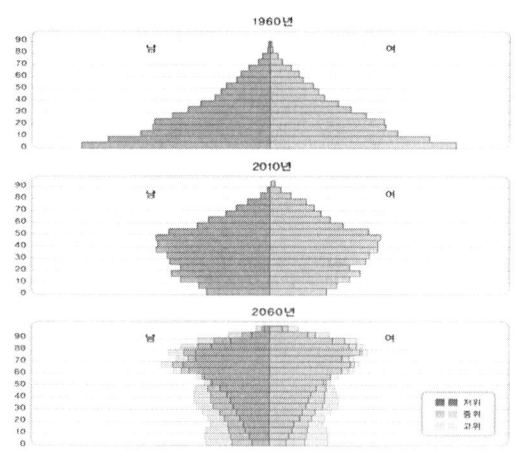

인구피라미드 변화추이
(자료: 통계청)

누구나 퇴직을 합니다. 빨리 퇴사하느냐 아니면 늦게 퇴사하느냐의 차이일 뿐입니다. 한 번은 홀로서기 연습을 하게 됩니다. 최근 베이비부머('55년생~'63년생)들의 은퇴 연령이 도래하는 것과 비례하여 자영업의 창업이 증가하고 있습니다.

통계청 자료에 의하면 2007~2011년에 20~40대 자영업자 수는 감소한 반면 50대는 연평균 2.5%씩 늘어났습니다. 2012년 5월 자영업자는 720만 명을 기록했습니다. 50대 자영업자 수는 186만 명에서 206만 명으로 증가했습니다. 2009년의 경우 창업자의 4분의 1 정도가 1~2년 전에 회사를 퇴직한 사람들이었습니다. 직장에서 소위 '고위직'에 근무하다가 어느 날 갑자기 퇴직하게 되어 준비 없이 혼란에 빠지는 경우들을 종종 보게 됩니다. 직장 속에서는 조직에 의해 이루어지는 혜택들이 많이 있지만, 막상 퇴직하고 나면 버스 노선과 지하철 승차 방법도 익히지 못해 이동의 어려움을 겪는 경우가 있습니다.

연장되는 수명만큼 활동하는 기간, 나이도 늘어나야 합니다. 공무원 정년 나이 60세 기준으로 40년을 더 일해야 하는 환경이 도래하였습니다. 영어로 '은퇴하다'는 '리타이어(retire)'입니다. 속뜻은 '타이어를 다시 바꿔 끼우다'입니다. 현재 대기업의 평균 퇴직나이는 40대 후반입니다.

미래 비즈니스 모델로 서비스프랜차이즈를 꼽을 수 있습니다.

미래의 트렌드는 유형의 제조업에서 무형의 지식산업으로 옮아가고 있습니다. 지금까지 프랜차이즈 대상은 유형의 물류유통 사업이 있었습니다. 음식점 프랜차이즈, 생활용품 프랜차이즈를 대표로 하는 프랜차이즈가 대세였습니다. 반면 서비스프랜차이즈는 가사업, 청소업, 교육업에서 명맥을 유지해왔습니다. 제조업은 기본적으로 품질과 가격 경쟁이 기본이 됩니다. 반면 지식제조업은 측정이 힘든 가치를 제공합니다. 눈에 보이지 않는 가치를 제공한다는 의미는 소비자의 입장에서 만족함을 의미합니다. 무형의 서비스는 경험과 지식을 기반으로 합니다. 그러므로 IT와 접목이 용이합니다. 외식업의 비중은 지나치게 높은 반면, 고부가가치의 서비스업종은 취약합니다.

13) 창업의 목적은 브랜드를 가지는 것이다

창업의 목적은 무엇일까요? 창업의 목적은 브랜드를 가지는 것입니다. 브랜드는 세상이 인정하는 것입니다. 고객의 마음에 깊은 인상을 남기는 것입니다. 창업자 이름 앞의 수식어가 브랜드입니다. 해당분야를 개척하면 그 분야에서 전문가 평가를 받습니다. 브랜드는 강력한 마케팅 수단입니다.

이러한 브랜드를 가지기 위해서는 최소 3년 이상 시간투자가 필요합니다. 또한 처음 창업하면서 단기간에 브랜드를 가지기는 쉽지 않습니다. 남이 하지 않는 분야를 찾아서 고객에게 1등 가치를 제공하는 것입니다. 창업자는 제품이나 서비스를 만들면 잘 팔릴 것이라는 착각을 합니다. 후발주자는 제품의 품질과 가격 경쟁력이 뛰어나도 판매가 쉽지 않습니다. 그러므로 남들이 하지 않는 틈새를 찾아내는 것이 가장 중요합니다. 이를 1등 전략이라고 합니다. 당장 생계를 해결하고, 해당분야에 대하여 학습을 하기 위해서 대안으로 프랜차이즈창업을 선택합니다. 프랜차이즈는 브랜드가 있습니다. 이러한 브랜드를 창업자에게 제공하고 창업자에게 사람, 기술, 마케팅 수단을 제공합니다. 창업자는 대신 자본을 제공합니다. 프랜차이즈사업은 상생모델입니다.

14) 창업의 입문 프랜차이즈 창업

창업의 목적은 독립창업이 되어야 합니다. 창업을 체계적으로 준비하여 창업하기 위해서는 3년 이상의 시간이 필요합니다. 당장 먹고 살아야 하는 입장에 있다면 프랜차이즈창업을 고려해 볼 수 있습니다. 프랜차이즈창업은 사람, 기술, 마케팅을 지원해줍니다. 창업자는 자본을 투자하는 형태입니다. 그러나 프랜차이즈속성상 트렌드 변화가 심합니다. 라이프사이클이 3년 이내입니다. 3년이 지나면 본사로부터 시설투자의 압력을 받게 됩니다. 그러므로 3년 이후에는 프랜차이즈가맹점에서 독립창업을 할 수 있도록 역량을 키워야 합니다.

15) 서비스프랜차이즈 창업 비전

창업자는 자신의 브랜드를 가진 사업체를 원합니다. 그러나 현실은 사업경험이 없는 초기창업자에게는 가시밭길입니다. 창업은 해당분야에서 전문가들이 경쟁합니다. 이러한 전문가로서 자신의 브랜드를 가지기 위해서는 최소 3년 이상의 시간이 필요합니다. 이 말은 최소 3년의 시간 동안은 창업 시 경쟁력이 없음을 의미합니다.

최신 트렌드는 스마트폰을 기반으로 한 소자본 아이디어 창업이 추세입니다. 인터넷을 기반으로 하는 온라인창업이 오프라인보다 고부가가치 산업이 되어 가고 있습니다. 지식서비스업은 초기 창업자에게는 매력적입니다. 그러므로 지식서비스를 제공할 수 있는 성공복제시스템이 초기창업자에게 제공된다면 초기창업자의 성공확률을 높일 수 있습니다. 또한 소자본 온라인 기반의 특성상 사업의 리스크를 줄일 수 있습니다.

창업자는 서비스프랜차이즈의 장점을 이용한 사업기반을 다질 수 있는 비전이 준비되어야 합니다. 서비스프랜차이즈 창업은 초기창업자의 한계를 극복하고 최신 트렌드에 맞는 창업을 시작할 수 있는 수단을 제공합니다. 숙련된 인력 교육시스템과, 서비스품질관리 매뉴얼, 재무관리시스템, 브랜드마케팅 후광효과를 제공합니다.

16) 전문가가 되기 위한 최선의 선택

창업에 대한 잘못된 고정관념을 바꾸고 싶습니다. 창업은 좋은 사업아이템으로 시작한다고 생각합니다. 그러나 창업자의 역량이 더 중요함을 강조하고 싶습니다. 처음 창업을 하기로 마음먹었을 때의 막막했던 기억이 납니다. 회사를 나와서 사무실을 구하고 명함을 만들고 사업자등록을 내고 제품을 개발하고 카탈로그를 만들어서 영업하는 것이 창업인 줄로만 알고 있었습니다. 창업은 많은 준비가 필요합니다. 경영자로서의 능력과 사업아이템에 대한 사업타당성분석과 사업실행계획을 구체화 시킨 사업계획서 준비가 필요합니다. 창업은 전문가들이 경쟁하는 공간입니다. 경영자로서의 능력은 사업에 대하여 전문적인 지식과 경험, 인적 네트워크, 자본조달능력, 마케팅능력이 있어야합니다. 창업이 쉽게 보일 수 있습니다. 프랜차이즈 창업이 요즘 유행합니다. 그러나 이 세세에서도 치열한 창업자의 능력과 아이디어 경쟁을 해야 합니다.

17) 아는 만큼 보인다

사업은 사업아이템에 대한 전문가들이 모여 경쟁하는 곳입니다. 경쟁업체들보다 조금이라도 차별화가 되어야 살아남습니다. 그러므로 사업을 구성하는 사람, 기술, 자본, 마케팅에 대하여 두루 전문가적인 안목을 가져야 합니다. 전문가는 일반인이 보지 못하는 부분을 볼 수 있는 지식을 가졌기에 비즈니스모델이 보이는 것입니다. 그러므로 이러한 안목을 기르기 위해서는 부단한 노력이 필요합니다.

경영자가 갖추어야 할 4가지 안목은 사람의 마음을 움직이는 리더십, 핵심기술을 정의할 수 있는 전문가적 지식, 투자 및 자금조달을 위한 재무관리능력, 고객을 찾아내고 판매할 수 있는 마케팅능력입니다. 이 4가지 요소 중 하나라도 빠지면 사업의 연속성이 떨어집니다. 사장은 오케스트라 지휘자보다 뛰어난 전체를 잘 조율할 수 있는 천재가 되어야 합니다. 부단한 학습을 통하여 다방면에서 안목을 가져야 한다는 것을 강조하고 싶습니다.

물고기를 잡아주기보다는 잡는 방법을 알려주는 것이 낫다고 합니다. 여기서 더 나아가 물고기를 잡는 원리를 아는 것이 중요하다고 생각합니다. 물고기의 심리를 아는 것이 물고기를 잡는 원리입니다. 사업도 마찬가지일 겁니다. 고객의 심리를 안다면 사업의 원리에 접근하기 쉬울 것입니다. 서비스프랜차이즈 창업을 통해 이러한 원리를 알 수 있는 기회를 만드시기 바랍니다.

02 서비스프랜차이즈에 대한 이해

1) 서비스프랜차이즈의 특징

프랜차이즈의 특징은 3가지로 요약됩니다. 시스템, 매뉴얼, 물류로 설명할 수 있습니다. 시스템은 하드웨어입니다. 매뉴얼은 소프트웨어입니다. 물류는 제품입니다. 가맹본부는 가맹점주에게 운영교점이 되는 매뉴얼을 통하여 노하우를 제공하고, 지적재산권 출원을 통하여 법적 서비스를 제공합니다.

서비스프랜차이즈가 외식업, 유통판매업과 차별화되는 부분에 대하여 기술합니다.

2) 프랜차이즈의 공통된 장점과 단점

검증된 사업모델을 선택할 수 있도록 해줍니다. 위험이나 불확실성을 감소시킬 수 있습니다.

권리는 없고 의무만 있는 사업형태가 될 수 있습니다. 자신이 돈을 투자하고도 투자에 대한 권한은 없으며 경영권과 경영의 결과에 대하여 책임을 지는 형태입니다. 어떻게 보면 불합리한 계약이 됩니다. 제2의 노예계약이 될 가능성이 있습니다.

사업의 라이프사이클이 짧습니다. 평균 3년을 넘기지 못합니다. 그러므로 본사는 새로운 사업다각화를 위하여 투자를 하도록 유도합니다. 그러나 본사의 입장에서는 검증되지 않은 아이템에 대하여 가맹점주에게 부담을 지우는 형태가 됩니다. 3년 동안 벌어놓은 순이익을 다시 시설투자를 하게 되면 남는 것이 없습니다. 오히려 투자한 기회비용을 생각하면 손해를 볼 수 있습니다.

프랜차이즈 장점과 단점을 정리하면 다음과 같습니다.

프랜차이즈창업 장점

1. 노하우 전수를 통한 안정적인 운영가능

2. 창업기간 단축, 경비절감

3. 본사에서 대량구매에 따른 원가절감

4. 초기 창업자의 경영능력 미숙 보완

5. 일괄적인 홍보판촉 지원을 통한 브랜드홍보 시너지효과

6. 본사의 신제품개발로 시장변화에 능동적 대처

7. 본사를 활용한 업무의 효율성

8. 경험을 토대로 개인독립창업의 발판이 됨.

프랜차이즈창업 단점

1. 본사 판매정책의 변화에 따른 리스크

2. 본사에 대한 의존성이 높아짐.

3. 가맹점의 창의성 상실

4. 매출에 변화를 주기 어려움.

5. 영세한 가맹본사의 경우 지원 미비

6. 지역실정에 맞지 않아 실패할 가능성 있음.

7. 본사의 사정에 영향을 크게 받음.

8. 본사의 방침 변경에 대한 가맹점의 의사결정 참여 못함.

3) 서비스프랜차이즈 역사

프랜차이즈 개념을 최초로 도입한 회사는 미국에서 1850년대 재봉틀을 제조하는 싱거(Singer)사가 자사제품 판매를 위한 자본확보를 위해 시작하였습니다. 19세기 말 GM이 자동차 소매 아웃렛(Outlet)확보를 위해 자본조달을 위하여 시작하였습니다. 그 이후에 1950년대에 맥도날드, KFC 등의 패스트푸드 업체 등장으로 전세계적으로 확산됩니다. 프랜차이즈 역사를 보면 알 수 있듯이 자본조달이 가장 큰 목적임을 알 수 있습니다.

서비스분야는 가장 늦게 시작되었습니다. 1990년에 대학가를 중심으로 빨래방이 처음 도입되었습니다.

1980년대에는 4000만 원대의 고가장비를 갖추고 빠른 인화와 현상을 장점으로 코닥칼라, 후지칼라 가맹점이 인기를 모았습니다. 2000년대 디지털카메라가 보급되기 전까지 인기를 끌었습니다. 미용분야는 1981년 박준미장, 1983년 박승철헤어스튜디오가 있습니다. 교육분야는 종로엠스쿨, 에듀넷, 리케이온 등의 브랜드를 출시하였습니다. 2000년대에는 대성N스쿨, 어린이 영어교육브랜드인 키즈잉글리시가 있습니다.

1990년대에는 부동산 중개업, 청소용역 사업, 교육사업, 인터넷 관련 사업이 있습니다. 새로운 아이디어를 적용한 신사업이 많이 시도되었습니다. 1989년도 수도권 5대 신도시 개발은 부동산중개업에서 중대한 전환점이 되었습니다. 지역 내에서만 유통되던 부동산 매물정보가 사업이 될 수 있는 시대가 열린 것입니다. 청소용역사업은 건물외벽 청소사업입니다. 이후 국내에 청소용역 시장이 성숙하면서 1997년 최대 청소용역 업체인 미국의 '자니킹'이 국내 시장에 상륙하면서부터입니다. 화장실 청소만 전문으로 하는 업체도 나타납니다. 1990년대 돌풍을 일으킨 사업이 바로 영어교육 사업입니다. YBM시사영어사, 정철외국어학원입니다. 서강대학교의 SLP, 한국외국어대학교의 외대어학원, 연세대학교의 니케이온입니다.

2000년대에는 인터넷의 보급과 함께 PC방 사업입니다. PC방은 기존 당구장을 대체하였습니다. PC방의 선두주자인 사이버리아는 최소 1억 5000만 원 이상의 창업비용이 소요됨에도 300여 개의 가맹점을 개설하였습니다. 무점포 형태의 창업 업종으로는 1000만 원대의 비용으로 창업이 가능한 잉크 충전방이 있습니다. 잉크가이는 오피스가와 일반가정을 상대로 서비스를 제공했습니다.

4) 숫자로 보는 서비스프랜차이즈 시장현황

서비스프랜차이즈 시장은 2011년 기준 총 84조 규모로 외식업이 27조 규모로 전체의 33%이며, 도소매업이 43조 규모로 51%이며, 서비스업이 14조 규모로 16%를 차지하고 있습니다.

서비스업의 매출액 14조원에서 본사의 총매출액은 7.5조이며, 이중 '교육서비스'가 4.5조로 60%를 차지하며, '일반서비스'는 1.9조로 24%이며, '이미용'은 0.67조로 9%를 차지합니다. 국내의 서비스프랜차이즈에서 교육시장이 가장 많음을 알 수 있습니다. 이는 학원프랜차이즈 창업시장이 가장 유망함을 의미합니다.

가맹점 수는 외식업의 경우 71,385개이며, 도소매업은 42,188개이며, 서비스업은 62,515개입니다. 전체는 총 176,088개입니다. 브랜드별 평균 신규개설 점포수는 외식업과 도소매업은 -5%로 줄어드는 반면 서비스업은 매년 17%씩 증가하고 있습니다.

서비스업 총점포수 62,515개 중, '교육서비스'가 42,134개로 67%를 차지하고 있으며, '컴퓨터 관련 서비스'가 8,168개로 13%를 차지하고 있습니다. '일반서비스'가 6,332개로 10%를 차지하고 있으며, '이미용'이 2,386개로 4%, '자동차 관련 서비스'가 2,512개로 4%를 차지하고 있습니다.

서비스업 본사 수는 총 493개로, 이중 '교육서비스'가 214개로 43%, '일반서비스'가 140개로 28%, '이미용'이 54개로 11%이며 이들 3개 업종이 서비스업의 80% 이상을 차지합니다.

2010년 신규개점 점포수는 43,785개로서, 이중 서비스업이 20,408개로 전체의 50%를 차지합니다. 서비스업 신규개점 점포수는 '교육서비스'가 9,843개(48%), '컴퓨터 관련 서비스'가 7,073개(35%)로 두 업종이 82%를 차지합니다.

평균 가맹본부의 존속기간은 2009년도의 5.2년에서 2010년에는 4.2년으로 줄어드는 추세입니다. 이는 트렌드 변화가 심하며, 사업아이템의 수명주기가 짧아지고 있음을 알 수 있습니다.

신규개발 가맹점 폐업률은 외식업은 15%, 도소매업은 12.4%, 서비스업은 11.7%로 평균 13%입니다. 상대적으로 서비스업이 생존율이 높음을 알 수 있습니다.

프랜차이즈 본사의 종사자 수는 외식업이 64,449명, 도소매업은 53,168명, 서비스업은 50,256명입니다. 평균 임직원수는 외식업의 경우 50명, 도소매업은 210명, 서비스업은 103명으로 전체 평균 63명입니다.

가맹점의 평균 연매출액은 외식업은 2.6억, 도소매업은 5억, 서비스업은 0.9억입니다. 서비스업은 외식업과 도소매업에 비해 영업이익률이 높음을 알 수 있습니다.

프랜차이즈산업의 수익성은 본사 직영점의 총 매출액 39.5조에 당기

순이익 2.2조로 수익률은 5.63%임을 알 수 있습니다. 프랜차이즈 성장성은 연평균 10%입니다.

브랜드 수는 2010년 기준으로 외식업이 2010개, 도소매업은 341개, 서비스업은 605개입니다. 브랜드별 평균 점포 수는 외식업은 직영점이 1.5개, 가맹점이 40개이며, 도소매업은 직영점이 13개소, 가맹점이 130개소, 서비스업은 직영점이 5개소, 가맹점은 110개소입니다.

5) 서비스프랜차이즈 업종별 장단점 분석

서비스업은 산업구조가 고도화되는 현대사회의 특성이 가장 많이 반영된 산업분야입니다. 산업이 발전할수록 서비스업의 종류는 다양해지고 세분화되고 전문화될 것입니다.

다양한 서비스 중에서 소자본 창업과 밀접하게 연관된 분야는 생활서비스업입니다. 병원, 한의원 등의 의료서비스업, 헤어숍, 세탁소, 자전거수리, 자동차수리, 대여업, 체육시설, 애완동물병원이 있습니다. 생활서비스는 주로 필수 서비스를 다루므로 안정적인 사업운영이 가능합니다. 반면 경쟁에 취약합니다. 일반적으로 음식점과 유통업은 밀집되는 것이 브랜드상승효과가 있으나, 서비스업은 마이너스효과가 큽니다.

지식서비스업으로 변호사, 회계사, 변리사 등 컨설팅업, 여론조사업, 홍보대행사 등이 있습니다. 지식서비스업은 주로 전문인력에 의해 운영되기 때문에 시설 투자가 많지 않습니다. 그러므로 사업의 신축운영이 가능합니다. 반면 영업을 위해서 네트워크 관리가 중요합니다.

시설서비스업으로 노래방, 비디오방, DVD방, PC방, 오락실, 당구장, 고시원, 독서실, 주차장이 있습니다. 시설서비스의 가장 큰 장점은 관리 인원이 많지 않아도 된다는 점입니다. 반면 시설투자비용이 높습니다. 시설경쟁력이 사업을 좌우합니다. 초기투자비용에 사업 중간에 시설 감가상각에 따른 추가 운영비용 또한 큰 부담입니다.

가사서비스업은 분야가 다양해지고 있습니다. 베이비시터, 노인건강관리사를 파견하는 사업, 택배서비스, 청소서비스, 욕실코팅서비스가 있습니다.

교육서비스업은 학원사업에서부터 방문학습지 서비스, 놀이 및 체험서비스가 있습니다.

사무편의점, 소호사무실 임대업 등과 같은 사업지원서비스가 있습니다.

6) 프랜차이즈 본사의 60%가 4년 안에 폐점한다

사단법인 한국프랜차이즈 협회의 발표자료에 의하면 프랜차이즈 업계는 계속하여 성장하고 있습니다. 2005년 7월말 프랜차이즈 본부 수는 2,211개로 2002년 1,600개에 비해 38.2% 증가했습니다. 프랜차이즈 가맹점 수는 284,182개로 2002년 119,623개에 비해 137.6% 증가했습니다. 수치로는 증가하고 있으나 여기에는 도산업체보다 신규업체가 증가함을 내포하고 있습니다. 현실은 프랜차이즈 본사가 4년도 안 되어 폐업하고 있습니다.

'2006년 대한민국 유망프랜차이즈업체 16, 베스트 프랜차이즈 성공창업'이라는 제목의 책에 소개된 업체 중 2012년 11월 현재 시중에서 영업이 되고 있는 업체는 3곳 정도입니다. 6년 이후에 16개 업체 중 3곳만이 얼굴을 내밀고 있는 정도입니다.

프랜차이즈는 살아있는 생물과 같습니다. 오늘의 우수한 업체가 내일의 우수한 업체라고 보장할 수 없습니다. 2006년 출판된 유망프랜차이즈 16개 업체 중 2012년 현재 남아있는 업체는 3개 밖에 없습니다. 6년 동안 나머지 업체는 우리의 기억에서 사라졌습니다.

국내업체의 4년 이상 생존 업체는 40% 미만입니다.

업종	1년 미만	1 ~ 2 년	2 ~ 3 년	3 ~ 4 년	4 년 이상	계
외식업	18.6 (41)	18.6 (41)	8.1 (18)	7.2 (16)	47.5 (105)	100 (221)
서비스업	27.6 (48)	23.6 (41)	10.9 (19)	10.9 (19)	27.0 (47)	100 (174)
소매업	26.3 (25)	15.8 (15)	11.6 (11)	2.1 (2)	44.2 (42)	100 (95)
계	23.3 (14)	19.8 (97)	9.8 (48)	7.6 (37)	39.6 (194)	100 (490)

자료 : 중소기업청 프랜차이즈 실태조사 (2005)

프랜차이즈 생존기간

7) 프랜차이즈창업 라이프사이클 길어야 3년이다

프랜차이즈창업 라이프사이클은 3년입니다. 창업자가 프랜차이즈 가맹점으로서 창업을 시작했다면 3년 후에는 새로운 트렌드에 맞는 업종으로 변경을 고려해야 함을 의미하며 3년 후에는 재투자해야 함을 의미합니다. 3년 후에는 브랜드의 진부화가 시작됩니다. 특히 프랜차이즈 창업은 더욱 심합니다. 더 좋은 시설과 품질, 가격으로 무장된 신규프랜차이즈 업체가 등장하는 시기입니다. 기존 프랜차이즈 업체는 신규업체의 공세에 맞서기 위해 투자를 하게 됩니다.

8) 가맹본부와 가맹점주의 관계

상호 신뢰를 바탕으로 공동 투자에 의해서 분업의 협력계약을 맺고 본부와 가맹점 간의 명확한 기능 분화와 상호협력을 통해 동일자본의 경영효과를 발휘하는 시스템으로 공존공영관계를 지향하고 있습니다.

가맹본부의 역할은 가맹점에 상표, 상호, 서비스표 등의 사용허락과 지원과 경영노하우를 제공하고 재료를 공급합니다. 입지선정 컨설팅과 상품의 구성과 공급 및 시스템 운영에 필요한 설비와 시설에 대한 지도, 영업전략 수립과 영업지도, 교육, 홍보 등의 역할을 담당합니다.

가맹점주는 가맹본부의 제공 서비스를 가지고 상품 판매와 서비스 제공에만 전념합니다.

프랜차이즈는 계약관계를 기초로 하여 기능을 분담하고 상호 협력함으로써 동일자본으로 조직된 직영점 체인(Regular Chain)과 같은 경영효과를 얻을 수 있습니다.

9) 프랜차이즈 창업의 함정

프랜차이즈 창업 시 창업자는 다음과 같은 함정에 빠질 수 있습니다. 창업에 대한 일부만을 배운다는 점입니다. 프랜차이즈 본사는 모든 것을 알려주지 않습니다. 본사와 가맹점 사이의 거래를 유지하기 위하여 일정 부분 핵심경쟁력은 본사에서 가맹점주에게 공개하지 않는 것이 원칙입니다.

본사는 가맹점주에게 모든 것을 제공한다는 인상을 주기 위해 노력합니다. 그래야 가맹점주가 안심하기 때문입니다. 가맹점주의 입장에서는 자신의 돈을 자신이 쓰지 못하는 함정에 빠집니다. 프랜차이즈의 특성상 본사에 경영을 의존하는 형태입니다. 자금흐름도 본사에서 관리하게 됩니다.

프랜차이즈 창업을 하더라도 일반창업자보다 더 많은 경영수업이 필요합니다.

10) 프랜차이즈 창업자의 한계

프랜차이즈 창업자는 사업확장성에 한계를 가지게 됩니다. 본사 브랜드 통일성을 유지하기 위하여 많은 제약이 있습니다. 다양한 마케팅 및 서비스 기획을 금지하고 있기도 합니다. 그러므로 시키는 일만 해야 하는 경우가 발생합니다. 이는 초기 창업자에게 안전성은 제공하지만 혁신에 의한 성장가능성을 원천적으로 차단합니다. 창업은 자신의 생각을 펼쳐보는 것입니다. 그러나 초기의 안일함에 빠지게 되면 창업자나 사업주의 마인드가 실종될 수 있습니다. 그러므로 초기 시스템을 자신의 것으로 만드는 노력을 해야 합니다.

11) 가맹점 사업을 하기 위한 프로세스

우선 노출된 브랜드를 조사합니다. 다음으로 블로그 및 카페 등에서 브랜드에 대한 평가를 모니터링합니다. 다음으로 최소 5개 이상 매장을 방문하여 손님을 가장하여 현장 조사를 합니다. 가맹점주와 같이 식사를 하면서 심층 인터뷰를 합니다. 이를 통하여 가맹점의 장점과 단점을 가장 정확하게 알 수 있습니다. 그런 후에 체인본사 담당자와 미팅을 통하여 가맹사업의 전반에 걸친 자료를 수집합니다. 이렇게 수집된 자료를 정리하여 프랜차이즈창업 전문가의 조언을 받습니다.

03 서비스프랜차이즈 계약 시 유의사항

1) 계약으로 시작해서 계약으로 끝나는 사업

국가법령정보센터(www.law.go.kr)에서 '가맹사업거래의 공정화에 관한 법률' 전문을 제공합니다. 공정거래위원회에서 제공하는 정보공개서와 표준가맹계약서가 있습니다. '가맹사업거래의 공정화에 관한 법률'은 최초의 가맹사업과 관련된 법률입니다. 일반적으로 줄여서 가맹사업법이라고 합니다. 2002년 처음 만들어졌으며 2008년에 가맹사업자의 권리를 보장해 줄 수 있는 항목이 대폭 보강되었습니다. 가맹본부와 가맹사업자가 대등한 지위에서 상호보완적으로 균형 있게 발전하도록 함으로써 소비자 복지의 증진과 국민경제의 건전한 발전에 이바지함을 목적으로 합니다. 주요내용으로는 정보공개서 제공의 의무화, 정보공개서 등록제도의 도입, 가맹금 예치제도의 도입, 가맹금 반환요건의 확대, 가맹점사업자의 영업구역보호, 가맹계약 갱신요구제도의 도입, 가맹사업거래분쟁조정협의회의 이관, 가맹사업거래상담사제도를 가맹거래서사 제도로의 변경이 있습니다. 관련 내용은 공정거래위원회 (www.ftc.go.kr)에서 확인할 수 있습니다.

프랜차이즈 본사와의 계약 시 가맹점을 보호하기 위한 제도는 아래와 같이 4가지로 요약됩니다.

첫째, 정보공개서 제공의 의무화 및 등록제입니다. 정보공개서는 프랜차이즈 본사의 경영상태, 임직원 과거 경력, 본사가 가맹점에 요구하는 사항에 대하여 자세히 명기하도록 의무화하였습니다. 또한 공정거래위원회에서 지정한 양식을 사용하여 공정거래위원회에 등록하도록 하였습니다. 정보공개란 가맹본부가 예비창업자에게 정보공개서를 제공할 의무를 법적으로 정의하였습니다.

정보공개서의 효력은 가맹본부가 가맹희망자에게 정보공개서를 제공하지 못하였거나 제공한지 14일이 지나지 않을 경우에는 가맹희망자와 가맹계약을 체결하거나 가맹금을 수령해서는 안 된다고 정의하고 있습니다. 정보공개서에 수록해야 하는 내용으로는 가맹본부의 일반현황, 영업활동에 관한 조건과 제한, 가맹사업자의 매출에 관한 사항을 포함하여 가맹본부의 가맹사업 현황, 가맹사업의 영업개시에 관한 상세한 절차와 소요기간, 교육 훈련이 있는 경우 이에 대한 설명, 가맹본부와 임원의 법 위반 사실, 가맹사업자의 부담 등입니다.

둘째, 가맹금 예치제도 도입입니다. 가맹희망자가 프랜차이즈 본사에 낸 가맹금을 회사가 함부로 쓸 수 없도록 반드시 제3의 금융기관에 예치하는 가맹금 예치제도를 시행하도록 하고 있습니다. 예치된 가맹금은 예치된 후 2개월 후 가맹본부에 지급됩니다. 만약 본사가 계약을 이행하지 않거나 추가요구를 한다면 공정거래위원회에 신고하면 공정거래위원회는 가맹점주를 대신해 프랜차이즈 본사가 가맹금을 빼가지 못하도록 조치를 취합니다.

셋째, 가맹계약 갱신요구제도 도입입니다. 프랜차이즈 본사와 가맹점은 계약서에 정해진 계약기간이 만료되면 특별한 사유가 없는 한 10년 범위 내에서 계약을 연장할 수 있는 권리가 있습니다.

넷째, '가맹사업거래 분쟁조정협의회' 설치입니다. 한국프랜차이즈협회에서 2008년에 법안 개정과 함께 공정거래위원회 산하 '한국공정거래조정원' 설치와 함께 업무가 이관되었습니다. 기존은 소액분쟁의 경우 해결까지 많은 시간과 비용이 소요되었으며 실질적인 해결수단이 되지 못하였습니다. 그러나 본쟁조정협의회에 의해 조정이 이루어진 경우에는 조정조서와 동일한 내용의 합의가 이루어진 것으로 간주하여 민법상 화해계약에 해당됩니다.

2) 표준가맹계약서를 활용하자

가맹사업법 및 업종 특성 등을 고려하여 법 위반을 최소화하고 계약서 작성의 편익을 제공할 목적으로 보급하는 표준계약서로서, 공정거래위원회는 이 표준가맹계약서의 사용을 권장하고 있습니다.

국가법령정보센터(www.law.go.kr)에서 '가맹사업거래의 공정화에 관한 법률' 전문을 제공합니다. 공정거래위원회에서 제공하는 정보공개서와 표준가맹계약서가 있습니다. 분류는 교육서비스업, 외식업, 도소매업으로 분류하여 이에 맞는 표준가맹계약서를 제공하고 있습니다.

가맹계약서는 다음과 같이 구성됩니다. 특히 가맹점주가 주의를 기울여야 할 항목으로는 다음과 같습니다.

- 계약당사자
- 전문
- 용어의 정의
- 계약기간과 재계약
- 권리부여
- "을"의 의무(영업상기밀유지)
- 판매지역 제한(상권보호)
- 계약이행 담보(가맹예치금)
- 가맹금
- 광고선전
- '갑'의 경영지원
- 점주 교육훈련

- 점포공사
- 장비, 비품, 소모품
- 상품공급 (취급상품 및 구입처 제한)
- 대금입금
- 반품
- 임의양도 금지
- 계약해지('갑'의 해지사유)
- 계약 종결의 결과
- 계약서의 개정
- 계약의 해석
- 각서
- 날인

표준가맹계약서 내용

3) 대표적인 불공정 가맹계약서 유형

- 계약 중도 해지 시 과도한 위약금을 부과하는 약관내용으로 예를 들어 순매출액의 2개월 치를 위약금으로 납부하는 경우입니다.
- 부당한 계약 해지 조항으로 추상적인 표현을 사용하여 경미한 계약위반에 대해서도 즉시해지사유로 규정하는 경우입니다.
- 계약기간 중 유사한 영업에 대한 겸업금지 조항
- 계약기간 종료 후 동종 및 유사한 영업에 대한 금지 조항
- 가맹점사업자에 대한 리뉴얼 강제 및 리뉴얼 비용의 일방적 부담
- 사유를 불문한 가맹금 반환 금지 조항
- 양수인에 대한 가입비 재 부담 조항으로 양수인을 신규계약자로 간주하고 가입비 등 제반 비용을 납부하도록 강제
- 개점 전 계약해지에 대한 과도한 위약금 부과 조항

이러한 불공정 가맹계약에 대하여 정부는 한국소비자원 약관분쟁조정제도를 운용하고 있습니다. 그러나 현실은 추상적 심사제도의 속성으로 인하여 실질적인 피해구제에는 미흡한 실정입니다. B2C거래는 한국소비자원의 분쟁조정위원회를 활용할 수 있습니다. B2B거래의 경우는 일반적으로 소송 전 조종절차가 없어 민사소송에 의존하고 있습니다.

4) 가맹계약해지 시 알아야 할 지식

본사의 귀책사유로 가맹계약을 해지하여도 본사에 귀속된 지적재산권에 관한 항목을 사용할 수 없습니다.

본사와의 관계 유지가 어렵다면, 재창업을 한다는 마음으로 매장 리모델링을 기획해야 합니다.

거래이행보증금 환불은 본사 상호, 로고, 기획물 철거 후 증거자료를 첨부하여 내용증명을 보내야 하며 언제까지 환불해 줄 수 있는지 확약을 받아야 합니다.

04 성공 창업 아이템 발굴

1) 창업아이템 선정 어떻게 해야 하나?

창업아이템의 선정이 사업의 처음이자 끝입니다. 창업아이템은 창업자가 원하는 목표에 부합하면서 세상이 필요로 하는 일을 해야 합니다. 이를 우리는 비전과 미션이라고 합니다. 미션과 비전을 만족시키는 아이템을 우선 발굴해 냅니다. 일반적으로 프랜차이즈창업의 경우 현재 프랜차이즈 아이템에 대하여 창업자의 미션과 비전의 범위 내에 있는 아이템을 몇 개 선정합니다. 창업아이템 발굴은 창업자가 평소 해 왔던 분야거나 관심이 있고 잘할 수 있는 분야에서 찾아보는 것이 가장 효율적입니다. 관심분야에서 많은 정보를 얻을 수 있습니다.

이렇게 발굴된 창업아이템 중 사업타당성이 가장 높은 아이템을 선정하는 과정을 거칩니다. 사업타당성은 시장성, 기술성, 수익성관점에서 상대적으로 가장 점수가 높은 것이 좋은 아이템입니다. 그리고 수익성 분석결과 은행금리보다 높을 때 사업투자를 결정합니다. 시장성 분석은 시장의 매력도를 도출하기 위하여 외부환경분석을 실시합니다. 외부환경분석은 창업자를 둘러싸고 있는 외부환경을 종합적으로 분석하고 미래를 예측해 보는 것입니다. 외부환경분석은 우선 트렌드 분석을 통하여 향후 3년 내에 시장성이 확보되는 아이템을 예측하는 것입니다. 이를 위하여 정치, 경제, 사회, 문화, 기술, IT관점에서 종합적으로 판단해야 합니다. 이렇게 방향성이 그려지면 창업아이템에 대한 시장의 추정규모와 추정성장률을 도출합니다. 이를 통하여 전체매출 규모를 예측할 수가 있습니다. 다음으로 산업구조 분석을 통하여 경쟁업체의 장단점 분석 결과 추정경쟁력을 도출할 수 있습니다. 또한 업체별 경쟁력은 시장점유율 추정이 가능하게 됩니다. 가맹점의 지역상권내에서 예상매출액 추정이 가능하게 됩니다. 예상매출액과 영업비용을 통하여 추정영업이익을 도출할 수가 있습니다. 창업아이템을 기준으로 시장 내 경쟁업체가 누구인지, 해당아이템을 대체할 수 있는 아이템으로 무엇이 있는지, 이종산업에서 대체할 수 아이템을 가진 업종은 무엇이 있는지, 핵심재료의 구입시 유리한지, 고객에게 판매 시 아이템의 희소성이 있는지를 분석합니다. 이를 산업구조분석이라고 합니다.

다음으로 내부환경분석을 통하여 경쟁업체와 비교한 창업자의 장점과 약점에 대한 분석을 하게 됩니다. 창업아이템에 대하여 창업자의 미션과 비전을 만족시키거나 새로운 분야인 경우 프랜차이즈 창업형태로 사업에 필요한 인력, 기술, 영업부분에서 도움을 받을 수 있습니다.

2) 유망 창업 아이템 서비스프랜차이즈 창업

서비스프랜차이즈 트렌드를 알면 창업의 성공기회를 높일 수 있습니다. 트렌드는 과거의 현상을 분석해 봄으로써 미래의 방향성을 예측할 수 있습니다.

업종은 취급하는 상품에 따른 분류입니다. 업태는 판매방법에 따른 분류입니다. 현재 서비스프랜차이즈의 취급업종을 기준으로 나누면 헤어숍, 두피관리, 피부관리, 헬스장, 건강관리, 차량정비, 차량외형복원, 차량튜닝, 네일아트가 대표적입니다. 업종을 기준으로 역으로 고객을 유추해보면 외모에 관심이 많은 여성과 자동차에 관심이 많은 남성을 대상으로 한 서비스업이 대부분임을 알 수 있습니다.

서비스프랜차이즈는 사회생활을 하는 수익이 있는 젊은층이 주 소비계층임을 알 수 있습니다. 또한 서비스는 사회적 신분상승의 욕구를 만족시켜주는 가치를 제공함을 알 수 있습니다.

서비스프랜차이즈는 실적이 말해주고 있습니다. 정보공개서 기준으로 월평균매출액이 가장 높은 업체를 기준으로 나열해 보면 다음과 같습니다.

(단위: 만 원)

업체명	업종	가맹점수	월평균매출액	개설비용
준오헤어	헤어샵	67	8,329	14,000
웰킨두피/발모센터	두피관리	29	7,437	14,410
엣츠스킨	피부관리	51	3,394	16,255
이용헤어컬러	헤어샵	52	2,340	8,800
아미치 0.3	두피관리	20	2,333	11,538
스킨포유	피부관리	49	1,940	12,260
이브클라인	피부관리	33	1,583	10,890
커브스	여성전용 헬스장	82	1,066	8,360
오토오아시스	자량정비	415	710	6,150
소닉스서비스	자량외형복원	27	461	4155
단월드	건강체조	359	431	6,800
엔진마을	자량정비	119	274	1,100
14일동안	다이어트	27	261	14,100
닥터스탈모	두피관리	15	203	10,930
오토큐	자량정비	826	-	22,397
스피드메이트	자량정비	714	-	8,850
박승철헤어스튜디오	헤어샵	191	-	14,850
리안	헤어샵	164	-	1,600
이철헤어 커커	헤어샵	126	-	22,350
박준뷰티랩	헤어샵	139	-	26,980
매직터치	자량외형복원	193	-	3,825
아가자헤어비스	헤어샵	107	-	15,960
학류노래연습장	노래방	41	-	30,140
카렌	자량정비	307	-	690
케어디씨자동차외형복원	자량외형복원	144	-	4,082
헬짱헬짱	헬스장	102	-	10,510
미랑헬헤어	피부관리	75	-	9,293
카포스	자량정비	-	-	0
최가돌헤어드레서	헤어샵	30	-	15,905
세레니크	피부관리	31	-	10,185
성엔진동자외형복원	자량외형복원	272	-	3,900
지바트	자량외형복원	54	-	3,739
유니에스테틱	피부관리	-	-	8,140
팟요가코리아	건강체조	44	-	19,200
엘스킨	피부관리	50	-	8,685
뷰티콜라겐	피부관리	28	-	5,305
셀리아 뷰티살롱	헤어샵	14	-	20590
별밤지기	노래방	18	-	53,320
이인헤어홈	헤어샵	11	-	12,330
멋진인생 에스테틱 두피센터	두피관리	18	-	9,730
골프타임	골프게임	14	-	40,460
나인짐	헬스장	-	-	47,750
에스찾요가아카데미	건강체조	31	-	16,010
네일클라브	네일아트샵	13	-	5,230
블루핸즈	자량정비	1,436	-	1,607
오일뱅크크롤러스	자량정비	85	-	430
사운드바디사운드스킨	피부관리	11	-	3,530
헤어엘리스	헤어샵	7	-	21,180
머언가	피부관리	7	-	12,400
케어힐라텍스	건강체조	8	-	7,040
골든네일	네일아트샵	33	-	3,360
어제스트	자동자유리코팅	21	-	7,989
덱스쿄루	자량튜닝	19	-	5,503
이미호 eyelash	속눈썹 연장	27	-	3,608

서비스프랜차이즈업체 매출액기준 순위

(자료: 대박상권 앱자료)

3) 사업계획서로 본 프랜차이즈창업 체크리스트

1. 시간이 지날수록 경험이 축적되는 사업인가?
2. 나의 장단기 목표는 무엇인가?
3. 프랜차이즈창업 아이템이 나의 성격에 맞는가?
4. 프랜차이즈창업 아이템이 고객에게 필요한 것인가?
5. 경쟁업체의 현황은 어떠한가? 경쟁이 심한가?
6. 경쟁업체와 비교하여 나의 강점과 약점은 무엇인가?
7. 프랜차이즈 본사가 나의 약점을 보완해 줄 수 있는가?
8. 프랜차이즈 본사와의 계약조건이 독립창업에 도움이 되는가?

4) 작게 시작하고 표 안 나게 많이 망해보자

작게 시작하고 표 안 나게 많이 망해봐야 합니다. 빛이 있으면 그림자가 있습니다. 암흑이 있기에 빛이 있음을 알게 됩니다. 성공과 실패는 양면의 관계입니다. 확률적으로도 성공보다는 실패할 확률이 높습니다. 실패를 감수할 때 성공도 따라옵니다. 실패를 많이 해야 성공의 생리를 이해하게 됩니다. 실패는 세상을 알아가는 리트머스지 역할을 합니다.

실패를 정의하면 Try & Error를 통한 경험의 축적이라고 정의하고 싶습니다. 세상의 생리를 알기 위해서는 많이 시도해 봐야 합니다. 경험을 통해 방향감각이 생깁니다. 성공할 수 있는 방법을 알게 됩니다.

사업은 귀납적 접근법을 취하고 있습니다. 다양한 경우의 수를 경험하고 이들간의 연관성과 공통점을 취합하여 사업노하우가 생기는 것입니다. 반면 연역적 접근법은 이론을 가지고 추론을 통하여 실무에 적용하는 방법입니다. 이론적으로 접근하므로 현실과 맞지 않습니다.

사업은 머리로 하는 것이 아니라 가슴으로 해 나가는 것입니다. 자전거를 잘 타는 방법을 이론적으로 해석하고 타지는 않을 것입니다. 몸으로 체험하면서 감각적으로 페달을 저어나갑니다. 수영도 이론으로 분석하고 부력을 계산해서 하지 않습니다. 일단 물과 친해지면 자연히 수영하는 법을 알게 됩니다. 처음에는 물을 먹게 됩니다. 이게 실패입니다. 실패는 과정에서 발생하는 자연스런 현상입니다. 영어공부도 문법을 알고 접근하면 실패합니다. 언어는 문화의 결과물입니다. 사회의 의사소통 규칙입니다. 규칙이라고 해서 이론에 맞게 정립되어 있지 않습니다. 그러므로 일단은 감각적으로 체화를 시켜야 합니다. 그 다음 좀 더 효율적이고 효과를 추구하기 위하여 문법을 공부하는 것입니다.

그러므로 사업은 실패를 해야 하는 숙명을 가지고 있습니다. 현명하게 실패하면서 성공을 위해서는 어떻게 해야 할까요? 작게 표 안 나게 많이 실패하도록 노력해야 합니다.

5) 앞으로는 지식산업이다

글로 스토리를 만드는 작가처럼 사업가는 기술제품으로 사업을 만드는 설계작가입니다. 미래에는 유형자산보다는 무형자산이 중요하다고 생각합니다. 무형자산은 눈에 보이지 않기 때문에 모방이 어렵습니다. 그러므로 핵심경쟁력을 확보할 수 있습니다. 무형자산은 밑천이 들지 않습니다. 재료비는 들지 않기에 부가가치가 높습니다.

무형자산은 사람의 행복과 관련성이 높습니다. 게임, 오락, 건강, 서비스, SW 등이 있습니다. 주로 3차 산업에 해당됩니다. 클라크의 산업분류에 의하면 1차 산업은 인간의 의식주를 해결하기 위한 농업·어업·임업·광업입니다. 2차 산업은 1차 산업에 기계동력이 결합된 제조업·광업·건설업입니다. 3차 산업은 상업, 운수, 금융, 자유업 등 지식서비스업입니다.

6) 새로운 패러다임, 1인 창조기업

앞으로 선진국 진입을 위해서는 무에서 유를 창조하는 고부가가치 풀뿌리 제조업이 핵심이 될 전망입니다. 제조기술이 필요한 아이디어 제품을 생산하기 위해서는 다양한 인프라가 구축되어야 하기 때문에 개인이 진입하기는 쉽지 않은 것도 현실입니다. 시장 규모가 1,000억 이하의 시장은 대기업이 진출하기 어려운 시장입니다. 이러한 틈새시장을 공략한다면 승산이 있습니다.

기존제조업은 대량생산 체제로 거대한 설비투자와 인력을 필요로 합니다. 따라서 충분한 자본을 지닌 대기업만이 소비시장의 수혜자가 되고, 중소기업들은 자금난에 허덕이다가 현실에 굴복하게 됩니다. 이러한 사회적 상황에서 청년들은 큰 꿈을 꾸지 못하고 도서관에서 대기업 입사를 위해 젊음을 소비합니다. 대기업 입사만이 생계를 유지할 수 있으리라는 믿음이 그들을 지배하고 있습니다. 그러나 막상 대기업에 들어가면 또 다른 고민을 가지게 됩니다. 말단사원으로 작은 분야에 매몰돼 큰 그림을 도저히 볼 수 없게 됩니다.

그러나 로봇기술을 적용한다면 개인도 자신의 아이디어를 쉽게 구현

할 수 있습니다. 저는 스위스시계와 같이 개인이 직접 일관생산이 가능한 환경을 만든다면 자신의 아이디어를 상품화하기 위하여 혼자서도 제조할 수 있을 것이라 생각했습니다. 설계부터 요소품가공, 조립, 출하와 같은 제조프로세스와 창업경영 프로세스를 갖춘다면 가능하기 때문입니다. 1인 제조업은 우리 사회에 새로운 인적자원 활용방안을 제시합니다. 이러한 개념을 발전시켜 기술제조업 기반 창업자에게 제조업 인프라 제공 및 창업서비스를 제공하고자 합니다.

이것이 이루어지면 1인 창조 제조기업과 같은 일자리 창출이 가능해지며 우리시대의 큰 문제인 청년실업의 문제도 해결될 것입니다. 또, 개인적으로는 산업용 로봇과 비산업용 로봇의 기획부터 설계와 상품화를 경험하면서 상상했던 아이템들을 실현하고 싶은 도전 정신도 있습니다. 로봇분야는 한국의 선진국 진입을 위한 고부가가치 패러다임을 제시할 수 있을 것이라 생각하기에 도전하고 싶습니다.

7) 아이템 선정 기준

아이템 선정 기준으로 해당 분야에서 1위가 가장 유리합니다. 새로운 카테고리에서 최초 아이템이 되어야 브랜드를 가질 수 있습니다. 이러한 예를 들어봅니다.

- 새로운 기술을 처음으로 상용화한 아이템인가? 스크린골프방, 그린텐비어
- 어떤 카테고리의 하위 세분화 시장의 최초 아이템인가? 와바
- 새로운 속성을 주장한 첫 번째 아이템인가? 교촌

- 원조 나라에서 수입한 첫 번째 아이템인가? 스타벅스

가치 종류	업종	업태
신분상승	이미용	헤어샵, 두피관리, 피부관리, 네일아트
건강	의료, 건강	병원, 헬스장, 건강관리, 산후조리원
안전	차량관리	차량정비, 차량외형복원, 차량튜닝
지식	교육	대여(완구, 만화, 도서, 비디오, 그림, 게임기)
		교육(학원, 학습지), 보육(어린이집, 특수교육)
유희	오락	오락실, 레저 게임, 실내골프, 실내 스키, 다트
편리함	편의 서비스	세탁업, 구두 수선, 대행(구매, 음식 장보기)
		용역(간판청소,건물청소,가정청소,카펫,욕실코팅,주방리폼,가구리폼)
		배달(꽃, 쌀, 오토바이, 지하철)
	애견관리	동물병원, 애견샵
	부동산	부동산중개

업종별 가치의 종류

8) 모방은 창조의 어머니다

프랜차이즈 특징은 본사가 제공하는 시스템을 그대로 복사하는 것입니다. 본사가 제공하는 시스템의 경쟁력이 사업의 성공에 절대적인 영향을 미칩니다.

프랜차이즈는 잘 정비된 성공복제시스템입니다. 그러므로 가맹점주는 성공복제시스템을 전수받을 수 있는 기회가 됩니다. 프랜차이즈는 본사의 성공경험을 구입하는 것입니다.

9) 업종별 핵심성공요인

구분	업종	업태	핵심성공요소 순서	1차 상권
음식점	전문외식	순두부, 해장국, 갈비	맛, 입지, 서비스	반경 2km
	일반외식	떡볶이 , 분식	입지, 맛, 서비스	반경 0.5km
	패스트푸드	피자, 핫도그	입지, 브랜드, 맛	반경 0.5km
	음료	호프,주점,커피	입지, 시설, 서비스	
유통업	소매업	편의점	입지, 구색	반경 0.5km
		전문점	입지, 상품	반경 2km
	출판	책	아이템, 가격	
서비스	교육	학원	원장, 학부모, 강사	
	오락,스포츠	피트니스센터	입지, 시설, 서비스	
	용역서비스	부동산	입지, 시설	

업종별 핵심 성공요인

 05 서비스프랜차이즈 업체 선정 기준

1) 경영 노하우를 전수받을 수 있는 업체인가?

서비스프랜차이즈 창업의 목적은 사업경험을 전수 받는 것입니다. 그러므로 본사의 체계적인 사업시스템과 본사로부터 받을 수 있는 교육시스템이 가장 중요한 선택 기준이 됩니다.

2) 본사가 직영점 경험이 있는가?

본사가 직영점 경험이 있는지가 중요합니다. 프랜차이즈 시스템은 본사의 직접 사업 경험을 가맹점에 전달하는 구조입니다. 직영점은 본사에서 단일자본으로 직접 경영을 하는 방식입니다. 직영점을 운영해봄으로써 완성도 높은 프랜차이즈시스템을 제공할 수 있습니다. 본사의 각종 새로운 경영기법을 직영점에서 실험한 뒤 가맹점에 전달하는 구조가 갖춰져 있는 것이 중요합니다.

3) 해당 분야에서 5년 이상 운영되고 있는가?

동일 업종에서 운영경력이 중요합니다. 현재 업종으로 5년 이상 운영되고 있는 업체라면 상당한 경쟁력을 갖고 있다고 판단됩니다. 국내업체의 4년 이상 생존 비율은 40% 미만입니다.

4) 본사 대표자와 운영진을 믿을 수 있는가?

프랜차이즈사업은 기업윤리가 가장 중요합니다. 사기 등의 경력을 가진 대표자나 임원진이 과거 행적을 감추고 다시 사업을 하는 경우가 많습니다. 이러한 경우 프랜차이즈 정보공개서를 통해 대부분 확인할 수 있습니다.

5) 프랜차이즈 계약서의 영업권 설정 범위

본사에서 유사업종을 제2의 브랜드로 개설할 경우 문제가 됩니다. 그러므로 생각할 수 있는 여러 경우를 모두 고려하여 가맹계약서에 명기해야 합니다. 만약 현재 계약서에 포함되어 있지 않다면 특약사항으로 별도로 포함시켜야 합니다.

6) 핵심재료의 직접공급 여부

본사가 가맹점에 공급하는 재료 가운데 핵심재료의 직접공급 여부입니다. 핵심재료의 외부의존이 높다면 원재료비 상승이 높을 수 있습니다.

---

06 프랜차이즈 창업 프로세스에 대한 이해

프렌차이즈 창업 프로세스는 다음과 같습니다. 프로세스는 창업문의, 창업상담, 가계약, 상권분석 및 점포개발, 점포 본계약, 본사 가맹 본계약, 인테리어 및 시설공사, 직원 및 가맹점주 교육, 시설집기 입고, 가오픈, 오픈 및 영업개시, 오픈 후 관리를 거칩니다.

1. 창업문의
   - 전화, 홈페이지, 이메일문의
   - 유망 아이템 중 최소 3개 이상 상담
   - 창업자환경(적성, 인력, 자금, 운영시간)에 맞는 업종
   - 참고자료 조사기간: 한국프랜차이즈협회(ikfa.or.kr), 한국창업경

영연구소(icanbiz.co.kr), 한국가맹거래사협회(fea.or.kr)

2. 창업상담
- 정보공개서 제공요청과 열람
- 공정거래위원회 site에서 정보공개서 열람
- 가맹계약서 사전 점검
- 현 운영중인 가맹점 최소 5개 이상 방문

3. 가계약
- 일정기간 상권에 대한 우선 창업권리 부여
- 상권 내 입지 및 브랜드 출점에 따라 선지위확보계약
- 계약파기 시 계약금 환불규정에 대한 점검

4. 상권분석 및 점포개발
- 추천점포에 대한 상권 분석표와 전수조사 자료 요청 및 검토
- 최소 3개 이상 점포 선정 추정 손익계산서 자료 점검

5. 점포 본 계약
- 매매가격, 임차료, 권리금 확인
- 점포상태 확인: 정화조, 전기용량, LNGLPG, 상하수도, 간판규격규제
- 점포 등기부등본 열람: 상가일 경우 번영회의 업종이상 유무 점검
- 임차기간, 명도일, 점포 특약사항 확인

6. 본계약

- 가맹계약서 확인
- 가맹사업 공정화에 대한 법률 조항점검, 계약기간
- 인테리어 설계 및 시공내용 점검
- 계약금 납부, 중도금, 잔금일정 확인
- 점포회생전략 프로그램과 폐지지원프로그램 가동유무 확인
- 슈퍼바이저활동점검
- 양도양수 시 규제사항 점검
- 시설이나 원재료에 대한 공급의 범위 점검

7. 인테리어 및 시설공사

- 시공업체
- 목공사, 전기공사, 배관공사, 바닥공사, 도장공사, 인테리어 간판 공사, 감리, 준공

8. 직원 및 가맹점주 교육

- 시스템, 매뉴얼, 조리실습 교육
- 직원선발 및 교육
- 시스템, 메뉴, 접객, 서비스 교육
- 업종별 관련인허가
- 위생교육, 사업자등록증 신청
- 세부교육
- 부가가치세, 종합소득세

9. 시설 집기 입고

    - 주방집기, 상품집기, 조리기계 입고

    - 전체시설에 대한 예비가동과 점검

    - 원부자재(초도물류, 비품), 홍보물 입고

    - 집기비품 및 초도상품 이상 유무 점검

10. 가오픈

    - 매장 현장시스템 시뮬레이션을 통한 문제점 점검

    - 매뉴얼 교육 미숙지시 재교육요청

11. 오픈 및 영업개시

    - 오픈 이벤트 홍보행사, 고객 판촉행사 실시

    - 이벤트 프로그램 검토

    - 사은품 및 판촉계획의 지원여부 점검

12. 오픈 후 관리

    - 슈퍼바이저의 정기방문 영업지도 및 직원현장교육영업환경 점
      검 및 개선방향 제시

    - 신메뉴 개발 능력검토

    - 브랜드 홍보 전략실행점검

서비스프랜차이즈 대표업종

1) 학원프랜차이즈 창업에 대한 이해

학원은 교육서비스를 기반으로 하는 사업입니다. 교육서비스의 성공요인은 통계자료에 의하면 학원장, 학부모, 교사의 평가가 핵심성공요인입니다. 학원프랜차이즈 창업시장은 2011년 기준으로 서비스프랜차이즈 매출액 14조원에서 본사의 총매출액 7.5조 중 '교육서비스'가 4.5조로 60%를 차지합니다. 서비스업 본사 수는 총 493개로, 이중 '교육서비스'가 214개로 43%이며, 서비스업 총점포수 62,515개 중, '교육서비스'가 42,134개로 67%를 차지합니다. 이는 학원프랜차이즈 창업시장이 가장 유망함을 의미합니다.

학원장의 역량은 기본역량과 전문역량으로 구분합니다. 기본역량은 관계역량, 실행역량, 신체역량, 전문역량으로 구분하며 전문역량은 교육시장분석, 조직관리, 고객관리, 교수학습시스템관리, 홍보판촉실행역량으로 구분할 수 있습니다. 이를 통해 알 수 있는 결론은 학원서비스 창업은 브랜드가 가장 중요하다는 것입니다. 브랜드 관리를 위해서는 매우 높은 퀄리티를 유지해야 합니다. 교육, 입시정책에 대하여 정확한 정보를 확보하고 이를 기반으로 분석하여 대응전략을 가지고 있어야 합니다. 또한 학부모의 욕구에 부응하기 위해 항상 노력하고 연구하는 자세로 임해야 합니다.

학원의 핵심경쟁력은 가르치는 것과 학습방법에 있습니다. 가르치는 것은 강사가 학생에게 지식이나 기술을 전달하고, 가치관 등을 형성시키는 교육활동입니다. 학습방법은 학생이 공부하는 방법을 지도하는 것입니다. 전통적인 교육 방법인 일방적인 내용 전달에서 다양해진 가르치는 것과 학습방법을 통해 학생들이 효율적이고 효과적인 공부를 하도록 변화되고 있습니다.

가르치는 방법은 강의식, 대화토론식, 개별첨삭, 프로젝트발표식, 팀제협동학습 등 다양합니다. 강의식 수업은 전통적인 방식으로 교사가 강의하고 학생들이 수강하는 형태로 내용전달에 있어서 명확하고 정확한 방법입니다. 대화토론식 수업은 학생 스스로 주제에 대하여 대화, 토론을 통하여 문제를 해결하는 수업방식입니다. 개별첨삭 수업은 강사가 학생을 상대로 개별적으로 개념, 원리를 이해시키는 수업으로 일반적으로 1대1 또는 1대2 방식으로 진행합니다. 프로젝트발표식 수업은 어떤 주제에 대하여 학생들이 연구하고 결과를 발표하면서 다른 학생들과 교류하는 수업방식입니다. 팀제협동학습은 대화, 토론식 수업과 유사합니다. 학생들간 팀을 이루어서 경쟁을 하면서 수업을 진행합니다. 팀 안에서 학생들간의 협동으로 학생들간에 다양한 협력을 유도하는 수업방식입니다.

교사, 학습방법은 학생연령, 학습과목, 수강료, 학습공간에 따라 최적화된 방법을 적용하여 만족감을 극대화시켜야 합니다. 이를 위해서 전략적 접근이 요구됩니다. 학원창업은 구체적인 전략여부에 따라 성공과 실패가 갈립니다. 실패유형의 대부분이 사업계획서를 작성하지 않았거나 관련 준비를 철저히 하지 않은 경우입니다. 학원창업을 통해 성공하기를 희망한다면 반드시 학원창업에 필요한 교육을 받아야 합니다. 사업계획을 구체적이고 전략적으로 준비해야 성공할 확률이 높아집니다.

학원창업은 교육정책, 입시정책에 영향을 받습니다. 최근 변화된 주요 교육 및 입시정책 분석을 통하여 학원 트렌드를 꿰뚫고 있어야 합니다.

학원은 지역상권 분석이 중요합니다. 저학년은 집 근처일수록 집객 효과가 높습니다. 그러므로 거리요소가 중요한 요소입니다. 해당지역 의 인구증감률, 공교육정책 및 지원여부, 사교육 활성화 여부 및 현황 파악, 소득수준, 주거형태, 아파트밀집도, 교통, 편의시설에 대하여 파악해야 합니다.

학원프랜차이즈 창업의 위치 선정 시 고려사항입니다.

대상학생수	예: 초4-중3학년 대상 학원창업시 실제 해당학년 학생수를 기준으로 입지평가
인구 증감률	해당 지역입지에 인구증감여부를 파악하여 입지의 미래가치성 판단
공교육정책	해당지역 공교육 정책 및 지원여부 파악
사교육현황	해당지역 사교육 활성화 여부 및 현황파악
소득수준	해당지역 소비자의 소득수준 파악
주거형태	아파트, 주택, 기타 등의 거주 형태 파악
상권발달 현황	아파트 밀집도, 교통, 편의시설 등에 대한 파악

학원창업을 위한 입지 선정 시 조사항목

아파트 단지 상가 입지의 장점은 아파트의 거주 고객에 대한 독점적 인 상권 형성이 가능합니다. 또한 저연령층에 대한 교육은 아파트 단지 내에 있는 학원을 선호합니다. 그러므로 주로 유치원생, 초등학교 저학년을 대상으로는 영어, 수학, 미술, 음악, 태권도 아이템이 적합합니다. 단점으로는 아파트 학부모들간의 정보교환이 원활하여 학원 문제점 발생 시 쉽게 입소문을 타므로 매출에 영향을 받을 수 있습니다. 또한 초기 투자비가 주택상가, 근린상가보다 많이 소요됩니다.

주택지역 상가 입지의 장점은 초기투자비가 아파트상가보다 저렴합니다. 소비자들의 눈높이가 높지 않습니다. 그러므로 까다롭지 않은 편입니다. 초기 확보된 고객은 학원에 대한 신뢰도가 높은 편입니다. 단점으로는 학원수강료에 대하여 민감한 편입니다. 또한 초기 학생모집이 아파트 지역보다 어려움이 있습니다. 주택지역내 학부모들간 정보교환이 원활하지 않습니다. 이는 구전마케팅이 어려움을 의미합니다. 학원상권이 적게 형성되어 안정적인 고객확보에 어려움이 있습니다.

근린상가 입지의 장점은 대로변에 위치할 경우 학원 인지도가 높습니다. 넓은 상권을 보유할 수 있으며 다양한 종류의 학원으로 형성 시에는 학생교류가 많아지며 활성화됩니다. 중대형 학원으로 성장할 수 있는 기반을 마련할 수 있습니다. 초등학교 고학년부터 고등학교까지를 대상으로 전문학원, 어학원 아이템이 적합합니다. 단점으로는 넓은 상권을 보유함으로 차량운행이 필수입니다. 차량운행 비용 등 유지비용이 많이 듭니다. 학원 홍보, 판촉은 넓은 지역을 대상으로 실시하므로 많은 비용이 발생합니다. 학생들의 다양한 요구수준으로 인하여 학원 경영이 복잡해질 수 있습니다.

학원창업 단계는 학원창업 아이템 선정, 학원프랜차이즈 본사선정, 학원창업자금 조달, 학원 입지선정 및 상권분석, 학원임대차 계약, 가맹계약, 예비학원장의 자기 분석, 학원 사업계획서 작성, 학원인테리어 공사실시, 학원집기와 비품구입, 차량계획, 직원 및 강사구인과 교육, 학원 경영노하우 이수교육, 학원 인허가, 사업자등록증 신청, 학원 홍보의 순으로 진행됩니다.

학원창업아이템 선정은 학원창업 시 교육시장 트렌드, 지역상권, 학원장 역량에 따라서 학원창업 아이템을 선정하는 단계입니다. 예를 들어 초등영어전문학원, 초등미술학원, 어린이영어학원, 초중어학원, 수학전문학원 등입니다.

학원프랜차이즈 본사선정단계는 우수한 프랜차이즈 본사 선택여부에 따라 학원창업 성공여부와 매우 밀접한 관계가 있습니다. 학원창업의 첫째 성공요인은 브랜드이기 때문입니다.

학원창업자금 조달은 우선 학원창업에 필요한 소요자금을 먼저 산출합니다. 이후에 필요조달 자금을 자기자본과 타인자본으로 구성합니다. 타인자본의 비율이 자기자본비율보다 높지 않도록 해야 합니다. 과도한 부채는 학원운영에 부담으로 작용하게 됩니다.

학원의 입지선정 및 상권분석은 학원창업을 할 최적의 입지를 선택하고 해당 상권에 대한 분석을 통하여 고객의 욕구를 파악하는 단계입니다.

학원임대계약과 가맹계약은 반드시 본사에 대한 정보공개서, 표준가맹계약서의 약관을 확인하고 계약을 진행해야 합니다.

예비학원장의 자기분석은 학원장 스스로 학원사업을 진행하는데 필요한 역량에 대하여 점검하고 부족한 부분을 교육을 통하여 준비하는 단계입니다. 기본역량과 전문역량의 보완할 부분에 대하여 분석하고 단계적인 보완계획을 수립하고 실천해야 합니다.

학원사업계획서 작성은 학원을 경영하는데 필요한 전략을 수립하는 단계입니다. 학원을 경영하는데 필요한 시장분석, 학원장 역량강화, 조직관리, 학습시스템관리, 고객관리, 홍보관리, 재무관리에 대한 계획을 구체적으로 수립하여야 합니다. 이를 통하여 모든 현안에 대한 가치판단 기준을 마련할 수 있습니다.

학원인테리어 공사실행은 학원의 브랜드와 일치하도록 디자인하여야 합니다. 학생들을 가르치는 공간과 학부모상담 공간을 구성하는 단계입니다.

학원 집기와 비품구입 및 차량계획은 학원브랜드를 구현하는 단계입니다. 그러므로 콘셉트가 반영되도록 신경을 써야 합니다.

직원 및 강사구인과 교육은 학원 개원 전에 충분한 시간을 두고 사전에 진행해야 합니다. 학원사업은 교육서비스업 특성상 직원 및 강사의 퀄리티가 매출에 직접적인 영향을 줍니다. 특정브랜드 가맹 시 일반적으로 프랜차이즈 본사에서 강사에 대한 사전면접 및 교육, 훈련을 진행시켜 주는 곳이 많습니다. 이를 잘 활용하면 됩니다.

학원 경영노하우 이수 교육은 학원을 경영하는데 필요한 다양한 이론과 사례를 통하여 노하우를 습득하는 단계입니다. 특정브랜드 가맹 시 일반적으로는 프랜차이즈 본사에서 학원장에 대한 교육, 훈련을 진행시켜 주는 곳이 많으니 잘 활용하면 됩니다. 또한 본사에서 제공하는 운영매뉴얼을 사전에 충분히 숙지하도록 합니다.

학원 인허가는 다음의 기관에서 진행합니다. 건물용도변경은 관할 구청, 소방필증은 소방서, 외국인 강사 채용 시는 경찰서 및 출입국관리사무소, 인허가여부는 교육구청, 세무관련은 세무서에 관련서류를 제출하고 인허가여부를 확인합니다.

학원의 홍보판촉은 학원 개원 전에 계획을 수립하고 단계적으로 실행합니다. 주의할 점은 적극적인 홍보판촉 활동이 마이너스가 되는 경우가 많습니다. 그러므로 간접 구전 마케팅이 효과적일 수가 있습니다. 홍보판촉전략은 우수한 교육기관이라는 점을 잘 인식시키는 것이 중요합니다.

전략적인 학부모설명회를 실시합니다. 학원 개원 시 학부모설명회, 간담회는 필수적인 행사입니다. 학원의 경영철학, 교수학습방법을 고객에게 효과적으로 전달하여 초기 학생모집에 성공해야 하는 단계입니다.

학원 개원 및 개강은 충분한 준비가 진행된 상태에서 진행하는 것이 중요합니다. 개강 준비가 원활하지 못하면 학원 개강일자를 뒤로 미루는 편이 좋습니다.

2) 미용, 헤어, 피부, 네일, 메이크업에 대한 이해

2011년 기준으로 서비스프랜차이즈 본사의 총매출액 7.5조에서 '이미용'은 본사 매출액이 0.67조로 9%를 차지합니다. 서비스업 본사 수는 총 493개로 이중 '이미용'이 54개로 11%를 차지합니다. 이미용업은 서비스프랜차이즈 창업에서 차지하는 비중이 10%정도 됩니다. 헤어숍 8만 개, 피부관리숍 3만여 개, 네일아트숍 1만 2천여 개, 메이크업숍 2천여 개가 있습니다.

이미용업의 업종 특성은 초보와 경력의 차이가 큽니다. 그러므로 꾸준한 자기 개발이 필요한 분야입니다.

업종별 특징을 요약하면 다음과 같습니다.

헤어숍은 기술을 익힌 후 평생을 직업으로 삼을 수 있는 최고의 아이템입니다. 남자나 여자 모두 정기적으로 두발 손질을 하므로 매출이 꾸준합니다. 업종 특성상 기초체력과 끈기를 필요로 합니다. 업종의 허가조건으로 미용일반 국가자격증 및 면허증이 있어야 합니다.

네일아트숍은 젊은 여성 창업자가 많은 편입니다. 수요는 여성이 대부분입니다. 고객이 여성으로 한정되어 있는 만큼 전문성이 중요합니다. 시술하는 공간이 한정되어 있는 만큼 집중이 요구되는 업종이며 소자본 창업이 가능합니다. 허가조건으로 미용일반 국가자격증 및 면허증이 있어야 합니다.

피부관리숍은 청결이 최우선입니다. 쉬운 창업과 높은 폐점률을 기록합니다. 피부미용학, 피부학, 해부생리학, 화장품학 등 피부에 관련한 전문적인 지식을 많이 요구합니다. 관리 만족도에 따라 평생 고객을 확보할 수 있는 좋은 아이템입니다. 허가조건으로 미용피부 국가자격증 및 면허증이 필요합니다.

메이크업숍은 미용업 중 가장 화려하지만 지역적 한계성과 수요의 한계로 창업이 많이 이뤄지고 있지 않습니다. 예식장, 전문메이크업숍, 숍인숍형태의 창업을 하고 있습니다.

이미용업의 트렌드를 요약하면 다음과 같이 요약됩니다.
· 여성 사회 진출, 지위향상, 소득증대
· 남성고객 증가
· 선택이 아닌 필수
· 개인, 프랜차이즈, 전문화, 대형화, 다양화

경쟁력 확보 방안으로 경연대회 참가를 통해 상장이나 트로피를 수상하는 방법과 세미나와 콘퍼런스 참가를 통해 새로운 기술과 최신 유행을 익혀야 합니다. 그러므로 꾸준하고 지속적인 노력이 가장 필요한 아이템입니다.

3) 피트니스, 골프, 짐에 대한 이해

체육 활동에 지속적으로 이용되는 시설과 그 부대시설, 영리를 목적으로 체육시설을 설치, 경영하는 업에 대해서는 '체육시설의 설치 이용에 관한 법률 제2조'에서 법으로 규성하고 있습니다.

등록 체육시설업으로는 골프장, 스키장, 자동차 경주장이 있습니다. 신고 체육시설업으로는 요트장, 조정장, 카누장, 빙상장, 승마장, 종합체육시설, 수영장, 체육도장, 골프연습장, 체력단련장, 당구장, 썰매장,

무도학원, 무도장이 있습니다. 등록이나 신고가 필요없는 자유업종으로는 볼링장, 탁구장, 테니스장, 에어로빅장이 있습니다.

피트니스의 정의는 헬스클럽을 고급화시키고 프로그램을 확장한 형태입니다. 세분화시키면 일반체력단련장과 특수체력단련장으로 나뉩니다. 일반체력단련장은 주로 피트니스센터, 헬스센터로 구분됩니다. 반면 특수체력단련장은 보디빌딩센서, 클라이밍센터, 단전호흡센터로 구분됩니다.

문화체육관광부자료에 의하면 2010년 전국 등록 신고 체육시설업현황은 체력단련장 총수는 6,128개소로 지도자수는 6,517명입니다. 업소당 평균 73.3평의 운동공간을 확보하고 있습니다.

체육시설업의 핵심경쟁요소로는 입지, 시설, 서비스 순입니다. 입지가 가장 중요합니다. 편리한 접근성은 가장 중요한 고려요소가 됩니다. 다음으로 시설입니다. 피트니스센터의 운영을 위한 법적 기준은 운동면적은 최소 $66m^2$ 이상에 5종 이상의 기초체력단련기구와 10종 이상의 연습용구가 갖추어져야 합니다. 이를 시장, 군수 또는 구청장에게 신고해야 합니다. 또한 바닥면은 운동 중 발생하는 충격을 흡수할 수 있어야 합니다. 운동 전용면적 $300m^2$ 이하는 1명 이상의 지도자를 배치하여야 하며 $300 m^2$ 초과는 2명 이상의 지도자를 고용해야 합니다.

마케팅전략은 장기 계약 회원 우대제도 실시, 월별 마일리지 제공 혜택 강화, 시간대별 할인제도 실시로 분산 이용 유도, 건강클리닉교실 운용, 초중고생들의 특기 적성교육 유치 강화, 피트니스클럽 내의 소모임 활성화 지원, 피트니스 관련용품 판매장 병행 운영이 있습니다.

골프연습장은 2010년 현재 총 7,446개 운영 중입니다. 실내골프연습장은 일반이 4,118개이며 스크린이 2,393개입니다. 실외골프연습장은

1,235개입니다.

　골프연습장을 개설하기 위해서는 시설기준을 갖추어 시장, 군수 또는 구청장에게 신고합니다. 20타석 이상 50타석 이하는 1명 이상의 지도자를 고용해야 하며, 50타석 초과는 2명 이상의 지도자를 고용해야 합니다. 마케팅전략은 피트니스센터 마케팅전략과 동일합니다.

　짐은 체육도장을 말합니다. 일반적으로 태권도장, 권투체육관, 짐네이지엄으로 불려집니다. 문화관광부 2010년 전국 등록 신고 체육시설업 현황에 따르면 체육도장 수는 권투 389개, 레슬링 3개, 유도 404개, 검도 892개, 태권도 11,272개, 우슈 152개로 총 13,112개입니다. 관련 종사자 수는 13,311명입니다.

　짐을 개설하기 위해서는 운동면적은 최소 66m² 이상에 3.3 m²당 수용인원이 1명 이하가 되도록 체육도장업 시설기준에 갖추어 시장, 군수 또는 구청장에게 신고해야 합니다. 체육도장업은 제1종 근린생활시설에 설치 운영할 수 있습니다.

　운동 전용면적 300m² 이하는 1명 이상의 지도자를 배치하여야 하며 300 m² 초과는 2명 이상의 지도자를 고용해야 합니다.

공정거래위원회

프랜차이즈(외식업) 표준계약서

이 표준계약서의 목적은 외식업을 운영하는 가맹사업에 있어서 가맹본부와 가맹점사업자 간에 공정한 계약조건에 따라 가맹계약(프랜차이즈계약)을 체결하도록 하기 위한 표준적 계약조건을 제시함에 있습니다.

이 표준계약서에서는 외식업 가맹사업의 운영에 있어서 표준이 될 계약의 기본적 공통사항만을 제시하였습니다. 따라서 실제 가맹계약을 체결하려는 계약당사자는 이 표준계약서의 기본 틀과 내용을 유지하는 범위에서 이 표준계약서보다 더 상세한 사항을 계약서에 규정하거나 특약으로 달리 약정할 수 있습니다.

또한 이 표준계약서의 일부 내용은 현행 「가맹사업거래의 공정화에 관한 법률」 및 그 시행령을 기준으로 한 것이므로 계약당사자는 이들 법령이 개정되는 경우에는 개정내용에 부합되도록 기존의 계약을 수정 또는 변경할 수 있으며 특히 개정법령에 강행규정이 추가되는 경우에는 반드시 그 개정규정에 따라 계약내용을 수정하여야 합니다.

이 표준계약서는 하위가맹본부(지사 등)가 가맹본부로부터 계약체결권을 부여받아 가맹점사업자를 모집할 경우에도 그 하위가맹계약의 표준이 될 수 있습니다.

제 1 장 총 칙

제1조 (목 적)

이 표준계약서는 외식업을 영업으로 하는 가맹사업에 있어서 가맹본부와 가맹점사업자 간에 공정한 계약조건에 따른 가맹계약을 체결하도록 하기 위한 표준적 계약조건을 제시함을 목적으로 한다.

제2조 (용어의 정의)

이 계약서에서 사용된 용어는 다음 각 호와 같은 의미를 갖는다.

1. "가맹사업"이라 함은 가맹본부가 가맹점사업자(가맹희망자를 포함한다)로 하여금 자신의 상표·서비스표·상호·간판 그 밖의 영업표지(이하 "영업표지"라 한다)를 사용하여 일정한 품질기준이나 영업방식에 따라 외식업을 영위함과 아울러 이에 따른 경영 및 영업활동 등에 대한 지원 · 교육과 통제를 하고, 가맹점사업자는 이에 대한 대가로 가맹본부에 가맹금을 지급하는 것을 내용으로 하는 계속적인 거래관계를 말한다.

2. "가맹본부"라 함은 가맹계약과 관련하여 가맹점사업자에게 가맹점운영권을 부여하는 사업자를 말한다.

3. "가맹점사업자"라 함은 가맹계약과 관련하여 가맹본부로부터 가맹점운영권을 부여받은 사업자를 말한다.

4. "가맹금"이라 함은 명칭이나 지급형태의 여하에 관계없이 가맹점사업자가 가맹계약에 따라 가맹본부에 지급하는 대가를 말하며, 최초가맹금, 계속가맹금, 계약이행보증금을 포함한다.

5. "최초가맹금"이라 함은 가입비·입회비·계약금·할부금·오픈지원비·최초교육비 등 명칭을 불문하고 가맹점사업자가 가맹점운영권을 부여받아 가맹사업에 착수하기 위하여 가맹본부에 지급하는 대가를 말한다.

6. "계속가맹금"이라 함은 상표사용료, 교육비, 경영지원비 등 명칭을 불문하고

가맹점사업자가 가맹사업에 착수한 이후 가맹사업을 유지하기 위하여 영업 표지의 사용과 영업활동 등에 관한 지원·교육, 그 밖의 사항과 관련하여 가맹본부에 정기적으로 또는 비정기적으로 지급하는 모든 대가를 말한다.

7. "계약이행보증금"이란 가맹점사업자가 가맹본부로부터 공급받는 상품의 대금 등에 관한 채무액이나 이와 관련한 손해배상액의 지급을 담보하기 위하여 가맹본부에 지급하는 대가를 말한다.

8. "영업비밀"이라 함은 공공연히 알려져 있지 아니하고 독립된 경제적 가치를 가지는 것으로서, 가맹본부의 상당한 노력에 의하여 비밀로 유지된 생산방법, 판매방법, 그 밖에 영업활동에 유용한 기술상 또는 경영상의 정보를 말한다.

제3조 (계약당사자의 지위)

① 가맹본부와 가맹점사업자는 상호간에 독립한 사업자로서 대등한 관계에서 이 건 가맹계약을 체결한다.

② 가맹본부와 가맹점사업자 사이에는 상호간에 대리관계나 위임관계, 사용자와 피용자 관계, 동업자 관계 등 어하한 특별한 관계도 존재하지 아니한다.

제4조 (신의성실의 원칙)

가맹본부와 가맹점사업자는 이 가맹계약에 따라 가맹사업을 영위함에 있어서 각자의 업무를 신의에 따라 성실하게 수행하여야 한다.

제5조 (가맹본부의 준수사항)

가맹본부는 이 계약에서 정한 의무 외에 다음 각 호의 사항을 준수한다.

1. 가맹사업의 성공을 위한 사업구상

2. 상품이나 용역의 품질관리와 판매기법의 개발을 위한 계속적 노력

3. 가맹점사업자에 대하여 합리적 가격과 비용에 의한 점포설비의 설치, 상품 또는 용역 등의 공급

4. 가맹점사업자와 그 직원에 대한 교육·훈련

5. 가맹점사업자의 경영·영업활동에 대한 지속적인 조언과 지원

6. 정보공개서에서 달리 밝힌 경우가 아닌 한, 가맹계약기간 중 가맹점사업자의 영업지역에서 자기의 직영점을 설치하거나 가맹점사업자와 유사한 업종의 가맹점을 설치하는 행위의 금지

7. 가맹점사업자와의 대화와 협상을 통한 분쟁해결 노력

제6조 (가맹점사업자의 준수사항)

가맹점사업자는 이 계약에서 정한 의무 외에 다음 각 호의 사항을 준수한다.

1. 가맹사업의 통일성 및 가맹본부의 명성을 유지하기 위한 노력

2. 가맹본부의 공급계획과 소비자의 수요충족에 필요한 적정한 재고유지 및 상품진열

3. 가맹본부가 상품 또는 용역에 대하여 제시하는 적절한 품질기준의 준수

4. 제3호의 규정에 의한 품질기준의 상품 또는 용역을 구입하지 못하는 경우 가맹본부가 제공하는 상품 또는 용역의 사용

5. 가맹본부가 사업장의 설비와 외관, 운송수단에 대하여 제시하는 적절한 기준의 준수

6. 취급하는 상품·용역이나 영업활동을 변경하는 경우 가맹본부와의 사전 협의

7. 상품 및 용역의 구입과 판매에 관한 회계장부 등 가맹본부의 통일적 사업경영 및 판매전략의 수립에 필요한 자료의 유지와 제공

8. 가맹점의 업무현황 및 제7호의 규정에 의한 자료의 확인과 기록을 위한 가맹본부의 임직원 그 밖의 대리인의 사업장 출입 허용

9. 가맹본부의 동의를 얻지 아니한 경우 사업장의 위치변경 또는 가맹점운영권의 양도금지

10. 가맹계약기간 중 가맹본부와 동일한 업종을 영위하는 행위의 금지

11. 가맹본부의 영업기술이나 영업비밀의 누설 금지

12. 가맹본부의 영업표지 기타 지적재산권에 대한 침해사실을 인지하는 경우

가맹본부에 대한 침해사실의 통보와 금지조치에 필요한 적절한 협력

제7조 (불공정거래행위의 금지)

가맹본부는 다음 각 호의 어느 하나에 해당하는 행위로서 가맹사업의 공정한 거래를 저해할 우려가 있는 행위를 하거나 다른 사업자로 하여금 이를 행하도록 하는 행위를 하지 아니한다.

1. 영업지원 등의 거절, 부당한 계약갱신 거절, 부당한 계약해지 등의 방법으로 가맹점사업자에 대하여 상품이나 용역의 공급 또는 영업의 지원 등을 부당하게 중단 또는 거절하거나 그 내용을 현저히 제한하는 행위

2. 가격구속, 거래상대방 구속, 상품 또는 용역의 판매제한, 영업지역 준수강제 등의 방법으로 가맹점사업자가 취급하는 상품 또는 용역의 가격, 거래상대방, 거래지역이나 가맹점사업자의 사업활동을 부당하게 구속하거나 제한하는 행위

3. 구입강제, 경제적이익제공 또는 비용·부담 강요, 부당한 계약조항의 설정 또는 변경, 경영간섭, 판매목표강제 기타 불이익제공 등의 방법으로 거래상의 지위를 이용하여 부당하게 가맹점사업자에게 불이익을 주는 행위

4. 가맹계약을 위반하여 부당하게 가맹계약기간 중 가맹점사업자의 영업지역 안에서 가맹점사업자와 동일한 업종의 자기 또는 계열회사(「독점규제 및 공정거래에 관한 법률」 제2조 제3호에 따른 계열회사를 말한다)의 직영점이나 가맹점을 설치하는 행위

5. 부당하게 경쟁가맹본부의 가맹점사업자를 자기와 거래하도록 유인하는 행위 등 제1호 내지 제4호 외의 행위로서 가맹사업의 공정한 거래를 저해할 우려가 있는 행위

제 2 장 개점의 준비

제8조 (가맹점의 표시)

이 계약에 의하여 가맹점사업자가 개설하게 되는 가맹점의 표시는 다음과 같다.

   (1) 점포 명 :

   (2) 상호 및 대표자 :

   (3) 점포 소재지 :

   (4) 점포 규모 : m^2

   (5) 영업지역 : 별첨[1]에 표시된 지역

제9조 (가맹점운영권의 부여)

① 가맹본부는 가맹점사업자가 계약기간 중에 가맹본부의 영업시스템에 따라 외식업을 운영하도록 하기 위하여 필요한 범위에서 가맹점사업자에게 다음 각 호의 권리를 부여한다.

   1. 가맹본부의 영업표지의 사용권

   2. 가맹사업과 관련하여 등기·등록된 권리나 영업비밀의 사용권

   3. 상품 또는 원·부재료(이하 "원·부재료 등"이라 한다)를 공급받을 권리

   4. 노하우(know-how) 전수, 지도, 교육 기타 경영지원을 받을 권리

   5. 기타 가맹본부가 본 계약상의 영업과 관련하여 보유하는 권리로서 당사자가 사용허가의 대상으로 삼은 권리

 ② 이 계약에서 가맹점사업자에게 사용이 허가된 영업표지의 표시는 별첨[2]와 같다.

제10조 (지식재산권의 확보)

① 가맹본부는 가맹사업에 사용하는 영업표지에 대한 배타적 독점권을 확보하여야 한다.

② 가맹본부는 가맹점사업자에게 사용을 허가한 각종 권리의 진정성과 적법성 및 대항력에 대하여 책임을 진다.

③ 가맹본부가 사용을 허가한 지식재산권이 기간 만료 등으로 인하여 더 이상 사용할 수 없게 된 경우 가맹본부는 가맹본부의 책임과 비용으로 가맹점사업자에게 이를 대체할 수 있는 수단을 제공하여야 하며 이로 인하여 발생한 손해를 배상할 책임을 진다.

제11조 (계약의 발효일과 계약기간)

이 계약은 20 년   월   일부터 발효되며 그 기간은 계약 발효일로부터 20 년   월   일까지 (   )년간으로 한다.

제12조 (영업지역의 보호)

① 가맹본부는 정당한 사유 없이 계약기간 중 별첨[1]에 표시된 가맹점사업자의 영업지역에서 직영점이나 가맹점을 개설할 수 없다.

② 가맹계약의 당사자는 계약기간 중 상대방의 동의 없이 영업지역을 변경할 수 없다. 가맹본부는 도로사정의 변경이나 재개발 등으로 인하여 영업지역이 충돌되는 경우에는 가맹점사업자 상호간의 이해관계를 합리적으로 조정할 수 있다.

③ 가맹점사업자는 가맹본부와 약정한 영업지역을 준수하며, 영업지역을 벗어나 다른 가맹점의 영업지역을 침범하지 아니한다. 가맹점사업자가 자신의 영업지역을 벗어나 다른 가맹점사업자의 영업지역에 속한 고객에게 영업활동을 하는 경우 가맹본부는 다음 각 호의 어느 하나의 조치를 취하여 가맹점사업자 상호간의 이해관계를 합리적으로 조정할 수 있다.

  1. 가맹본부가 두 가맹점사업자 간의 보상금 지불에 대한 중재안을 제시

  2. 영업지역을 침해받은 가맹점사업자의 영업지역 조정 요구가 있는 경우 매출액 현황 조사 등 필요한 조치 수행

  3. 특정 가맹점사업자가 다른 가맹점사업자의 영업지역을 반복적으로 침해

하여 다른 가맹점사업자의 영업과 가맹본부의 가맹사업 경영에 심각한 손해를 가한 경우 그 가맹점사업자에게 행위의 시정을 요구하고 손해배상 청구

제13조 (점포의 설비)

① 가맹점사업자의 점포설비(인테리어)는 가맹사업 전체의 통일성과 독창성을 유지할 수 있도록 가맹본부가 정한 사양에 따라 설계·시공한다(기존시설을 변경하는 경우에도 같다). 가맹본부는 기본적인 설계도면과 시방서를 마련하고 계약체결 이후 가맹점사업자에게 이를 제공하여야 한다.

② 가맹점사업자는 가맹본부가 정한 사양에 따라 직접 시공하거나 가맹본부가 지정한 업체를 선정하여 시공할 수 있다. 이 경우 가맹본부는 공사의 원활한 진행을 위하여 자신의 비용으로 직원을 파견할 수 있고, 영업설비기간·공사세부내역·구체적인 부담액·담보기간 등 구체적인 내용은 별도로 협의하여 정한다.

③ 가맹점사업자의 의뢰가 있는 경우에는 가맹본부가 직접 시공할 수 있다.

④ 점포설비에 따른 제반 인·허가는 이 계약체결일로부터 (   )일 이내에 가맹점사업자가 자신의 책임과 비용으로 취득한다. 다만, 가맹본부가 직접 시공한 경우 또는 가맹본부가 지정하거나 권유한 업체를 통하여 시공한 경우에는 당사자 간 협의하여 그 책임과 비용을 분담할 수 있다.

⑤ 가맹본부는 가맹사업의 개선을 위하여 필요한 때에는 점포의 실내장식, 시설, 각종의 기기를 교체·보수할 것을 요구할 수 있다. 이 경우 비용분담은 가맹본부와 가맹점사업자가 협의하여 결정한다.

제14조 (가맹점사업자 피해보상보험계약 등의 체결)

① 가맹본부는 가맹점사업자의 피해를 보상하기 위하여 다음 각 호의 어느 하나에 해당하는 계약(이하 "가맹점사업자 피해보상보험 등"이라 한다)을 체결할 수 있다.

1. 「보험업법」에 따른 보험계약

2. 가맹점사업자 피해보상금의 지급을 확보하기 위한 「금융감독기구의 설치 등에 관한 법률」 제38조에 따른 기관의 채무지급보증계약

3. 공정거래위원회의 인가를 받아 설립된 공제조합과의 공제계약

② 가맹본부가 가맹점사업자 피해보상보험 등을 체결한 경우, 가맹본부는 가맹점사업자로부터 최초가맹금을 직접 수령할 수 있다.

제 3 장 가맹점사업자의 부담

제15조 (최초가맹금)

① 가맹점사업자가 가맹본부에 지급하여야 할 최초가맹금의 내역은 다음 표와 같다.

최초가맹금 내역	금액 (단위: 천원)	포함내역	지급 기한	반환 조건	반환될 수 없는 사유
가입비		장소선정 지원비, 가맹사업운영매뉴얼 제공비, 오픈지원비 등			
최초교육비					
합계					

② 가맹점사업자는 가맹점 영업이 개시되거나 계약체결일로부터 (   )일이 경과할 때까지 제1항의 최초가맹금 중 다음 표에 기재된 내역을 가맹본부가 지정하는 아래 금융회사에 예치하여야 한다. 다만, 가맹본부가 제14조의 가맹점사업자 피해보상보험 등을 체결한 경우에는 가맹본부가 직접 지급받을 수 있다.

예치가맹금 내역	금액(단위: 천원)
가입비	
최초교육비	
합계	

* 예치금융회사:　　　　　은행　　　　지점　　　　부

계좌번호:　　　　　　　　　　　　　예금주:

③ 가맹본부는 다음 각 호의 어느 하나에 해당하는 경우에 위 예치기관의 장에게 예치가맹금의 지급을 요청할 수 있다.

1. 가맹점사업자가 영업을 개시한 경우

2. 가맹계약 체결일로부터 2개월이 경과한 경우

제16조 [가맹금의 반환]

① 가맹점사업자 또는 가맹희망자는 다음 각 호의 어느 하나에 해당하는 경우에 이 계약의 체결일로부터 2개월 이내(제3호의 경우 가맹본부의 영업중단일로부터 2개월 이내)에 가맹본부에 서면으로 가맹금의 반환을 청구할 수 있다. 이 경우 반환하는 가맹금의 금액은 가맹계약의 체결 경위, 금전이나 그 밖에 지급된 대가의 성격, 가맹계약기간, 계약이행기간, 가맹사업당사자의 귀책정도 등을 고려하여 당사자의 협의에 의하여 결정한다.

1. 가맹본부가 등록된 정보공개서를 제공하지 아니하거나 정보공개서를 제공한 날로부터 14일(제41조에 따라 변호사 또는 가맹거래사의 자문을 받은 경우에는 7일)이 지나지 아니하였음에도 가맹금을 수령(가맹금을 예치하는 경우에는 예치)하거나 가맹계약을 체결한 경우

2. 가맹본부가 가맹희망자에게 정보를 제공함에 있어 허위 또는 과장된 정보를 제공하거나 중요사항을 누락하여 계약 체결에 중대한 영향을 준

것으로 인정되는 경우

3. 가맹본부가 정당한 사유 없이 가맹사업을 일방적으로 중단한 경우

② 가맹점사업자는 계약기간 내에 자기의 귀책사유 없는 사유로 계약이 해지되는 등 가맹계약이 중도에 종료되는 경우에는 영업표지 사용료, 영업시스템의 계속적 이용료 등과 같이 전체 계약기간에 대한 선급금의 성질을 갖는 가맹금 중 미경과 잔여계약기간의 비율에 해당하는 금액의 반환을 청구할 수 있다. 다만, 이는 손해배상의 청구에 영향을 미치지 아니한다.

③ 제2항의 경우에 최초교육비 등과 같이 계약기간에 따른 선급금의 성질을 갖지 않는 가맹금 중 이행이 완료된 급부의 대가에 해당하는 가맹금에 관하여는 공평의 관념에 어긋나지 않는 범위에서 당사자의 약정에 따라 반환하지 아니할 수 있다.

④ 제2항에 의해 가맹본부가 가입비의 일부를 반환해야 하는 경우에는 가맹점사업자의 청구가 있는 날로부터 (   )일 이내에 반환하여야 한다.

※ 가맹사업법 제10조 제2항에 의하여 가맹점사업자의 청구가 있는 날로부터 1개월을 초과할 수 없음

제17조 (계속가맹금)

① 가맹점사업자가 가맹본부에 지급하여야 할 계속가맹금의 내역은 다음 표와 같다.

계속가맹금 내역	금액 (단위: 천원)	지급기한	반환조건	반환될 수 없는 사유
영업표지 사용료				
수시교육비				
광고비				
판촉비				
합계				

② 가맹점사업자는 분기 종료 후 (   )일 까지 직전 분기의 총매출액을 서면 또는 POS시스템을 통하여 가맹본부에게 통지하여야 한다.

제18조 (계약이행보증금)

① 가맹점사업자는 영업표지 사용료, 광고·판촉비(가맹점사업자가 부담하게 되는 금액에 한한다) 등 계속가맹금 및 상품 등의 대금과 관련한 채무액 또는 손해배상액의 지급을 담보하기 위하여 계약이행보증금으로 (   )원을 가맹본부에게 지급하거나 이에 상당하는 계약이행보증보험증권 또는 담보를 제공하여야 한다.

② 전항의 계약이행보증금을 금전으로 지급하는 경우, 가맹점사업자는 가맹점 영업이 개시되거나 계약체결일로부터 (   )일이 경과할 때까지 위 금전을 제15조 제2항에 지정된 금융기관에 예치하여야 한다. 다만, 가맹본부가 제14조의 가맹점사업자 피해보상보험 등을 체결한 경우에는 가맹본부에 직접 지급할 수 있다.

③ 계약이 기간만료 또는 해지 등의 사유로 인하여 종료된 경우 가맹본부는 기간만료일 또는 해지일로부터 (   )일 이내에 가맹점사업자에게 계약이행보증금으로 잔존 채무액과 손해배상액을 정산한 잔액을 상환하고 정산서를 교부하여야 한다.

④ 물적담보가 제공된 경우에는 가맹본부는 가맹점사업자로부터 잔존 채무액과 손해배상액을 지급받음과 동시에 물적담보의 말소에 필요한 서류를 담보권설정자에게 교부하여야 한다.

제 4 장 영업활동의 조건

제19조 (교육 및 훈련)

① 가맹본부가 정한 교육 및 훈련과정을 이수하지 아니하는 자는 가맹점의 관리자로 근무할 수 없다.

② 가맹본부의 교육훈련은 다음 표와 같이 구분하여 실시한다.

교육훈련과정	실시시기	가맹점사업자 부담비용 (단위: 천원)
최초교육		
정기교육	연 ( )회	
특별교육		

③ 정기교육은 이를 실시하기 (   )일 전에 그 교육계획을 수립하여 가맹점사업자에게 서면으로 통지한다.

④ 특별교육은 이를 실시하기 (   )일 전에 장소와 시간을 정하여 서면으로 통지한다.

⑤ 가맹본부는 실비를 기준으로 교육비용을 산출하고, 그 산출근거를 명시한 서면에 의하여 가맹점사업자에게 그 지급을 요구하여야 한다.

⑥ 가맹점사업자는 자신이 비용을 부담하여 가맹본부에게 교육 및 훈련요원의 파견을 요청할 수 있다.

제20조 (경영지도)

① 가맹본부는 가맹점사업자의 경영활성화를 위하여 경영지도를 할 수 있다.

② 가맹점사업자는 자신의 비용부담으로 가맹본부에게 경영지도를 요청할 수 있다. 다만, 가맹점사업자가 부담하여야 할 비용은 가맹금에 포함된 통상의 경영지도 비용을 초과한 부분에 한한다.

③ 제2항의 요청을 받은 가맹본부는 경영지도계획서를 가맹점사업자에 제시하여야 한다.

④ 제3항의 경영지도계획서에는 경영지도내용, 기간, 경영진단 및 지도관계자의 성명, 소요비용 등이 포함되어야 한다.

⑤ 가맹본부는 경영지도결과 및 경영개선방안을 가맹점사업자에게 서면으로 제시하여야 한다.

제21조 (감독 및 통제)

① 가맹본부는 가맹점사업자의 경영상태를 파악하기 위하여 월(주)(   )회 점포를 점검하고 가맹점사업자에 그 결과를 지체 없이 통지하여야 하며 기준에 위반하는 사항에 대해 시정을 요구할 수 있다.

② 점포의 점검은 청결, 위생, 회계처리, 각종설비관리, 원·부재료관리 등의 상태를 대상으로 한다.

③ 가맹본부는 점포관리기준을 가맹점사업자에게 제시하고, 제시 후 (   )일부터 그 기준에 의하여 점검한다. 점포관리기준을 변경하는 경우에도 같다.

제22조 [주방기기의 설치 및 유지]

① 가맹점사업자는 가맹본부가 제시한 모델과 동일한 주방기기를 설치 및 사용하여야 한다.

② 가맹점사업자가 주방기기를 설치하는 경우 공사의 원활한 진행을 위하여 가맹본부는 자신의 비용으로 직원을 파견하여 지원할 수 있다.

③ 가맹본부는 가맹사업의 통일적인 운영을 위하여 가맹점사업자에게 일정 사양의 주방기기를 직접 공급하거나 업체를 지정하여 공급하도록 할 수 있다.

④ 제3항의 경우 가맹점사업자는 가맹본부 또는 가맹본부가 지정한 업체로부터 공급받은 주방기기의 수리를 가맹본부에 의뢰할 수 있다.

⑤ 제4항의 경우 가맹본부는 수리비의 견적 및 수리에 소요되는 기간을 즉시 통지하여야 하고, 수리가 불가능한 때에는 이유를 명시하여 소정기일 내에

회수하여야 하며 이유 없이 신품의 교체를 강요할 수 없다.

제23조 (POS 등 설비 및 기기)

① 가맹점사업자는 가맹점운영에 필요한 POS 등 설비 및 기기를 구비하여야
   한다.

② 가맹본부는 가맹점사업자의 요청이 있는 경우 가맹점 영업에 필요한 설비 ·
   기기를 유상으로 대여할 수 있다. 이 경우 대여할 설비 및 기기의 내역, 대여
   비용 등 구체적인 사항은 당사자 간에 합의하여 별도로 결정한다.

③ 가맹점사업자는 대여 받은 설비·기기를 제3자에게 양도하거나 담보로 제공
   할 수 없다.

④ 가맹점사업자는 대여 받은 설비·기기를 자신의 비용으로 유지·보수한다.

⑤ 가맹점사업자가 대여 받은 설비·기기를 멸실·훼손한 경우에는 구입가격에
   서 감가상각한 금액으로 배상한다.

제24조 (광고)

① 가맹본부는 가맹사업 및 가맹점 영업의 활성화를 위하여 전국단위 및 지역
   단위로 광고를 시행할 수 있다. 다만, 해당지역 가맹점사업자 과반수의 반대
   가 있는 경우에는 그러하지 아니하다.

② 광고의 목적·횟수·시기·매체 등에 관한 기본적 사항은 가맹본부가 정하는
   바에 의한다. 이와 관련하여 필요한 세부사항은 가맹본부가 합리적으로 결
   정하여 시행하고 위 세부사항을 기재한 서면으로 가맹점사업자에게 사후
   통지한다.

③ 전국단위 광고에 소요되는 비용은 가맹본부가 (   )%, 해당 가맹점사업자
   가 (   )%씩 각각 분담한다. 가맹점사업자 간의 개별 분담액은 광고시행 직
   전 분기의 각 가맹점사업자의 총매출액 비율에 따라 산정한다.

④ 가맹본부는 당해분기에 지출한 광고비 중에서 각 가맹점사업자가 부담해야
   할 금액을 다음 분기 첫달의 말일까지 명세서를 첨부하여 통지하고, 가맹점

사업자는 그 통지를 받은 날로부터 (   )일 이내에 지급한다.

⑤ 가맹점사업자는 자기의 비용으로 영업지역 내에서 광고를 시행할 수 있다. 이 경우 가맹점사업자는 광고의 계획과 문안, 기타 광고와 관련된 세부사항에 관하여 사전에 가맹본부의 승인을 받아야 한다.

제25조 (판촉)

① 가맹본부는 가맹사업 및 가맹점 영업의 활성화를 위하여 전국단위 및 지역단위로 할인판매, 경품제공, 이벤트 등과 같은 판촉활동을 시행할 수 있다. 다만, 해당지역 가맹점사업자 과반수의 반대가 있는 경우에는 그러하지 아니하다.

② 판촉활동의 횟수·시기·방법·내용 등에 관한 기본적 사항은 가맹본부가 정하는 바에 의한다. 이와 관련하여 필요한 세부사항은 가맹본부가 합리적으로 결정하여 시행하고 위 세부사항을 기재한 서면으로 가맹점사업자에게 사후 통지한다.

③ 가맹점에서 판매하는 상품의 할인비용이나 제공하는 경품·기념품 등의 비용은 당해 가맹점사업자가 부담하며, 판촉활동을 위한 통일적 팜플렛·전단·리플렛·카달로그 등의 제작비용 등은 가맹본부가 부담한다.

※ 이 계약에서 위와 달리 부담비율을 명시하여 달리 정할 수 있음

④ 제3항에서 규정하지 않은 그 밖의 판촉행위에 소요되는 비용은 가맹본부와 가맹점사업자가 균등하게 분담한다. 이 경우 가맹본부는 분담액 산출근거를 서면으로 제시하여 해당 가맹점사업자 과반수의 동의를 얻어야 한다.

※ 이 계약에서 위와 달리 부담비율을 명시하여 달리 정할 수 있음

⑤ 가맹점사업자는 자기의 비용으로 자기 지역 내에서 판촉활동을 할 수 있다. 이 경우 가맹점사업자는 판촉활동의 구체적 내용에 관하여 가맹본부와 사전에 협의하여야 한다.

제26조 (원·부재료 등의 조달과 관리)

① 가맹본부가 가맹점사업자에게 공급하여야 할 원·부재료 등의 내역 및 가격은 별첨[3]와 같다. 다만, 물가인상 기타 경제여건의 변동으로 인하여 원·부재료 등의 공급내역, 가격의 변경이 필요할 경우 가맹본부는 변경내역, 변경사유 및 변경가격 산출 근거를 가맹점사업자에 서면으로 제시하고 양 당사자가 협의하여 결정한다.

② 가맹본부는 가맹사업의 목적달성에 필요한 합리적 사유가 있는 경우에는 원·부재료 등의 공급원을 자기 또는 특정한 제3자로 한정할 수 있다.

③ 가맹본부와 가맹점사업자는 관련 법률에서 정한 설비와 장비를 갖추고 원·부재료 등의 성질에 적합한 방법으로 운반·보관하여야 한다.

④ 가맹점사업자는 공급받은 원·부재료 등을 가맹본부의 허락 없이 타인에게 제공하거나 대여할 수 없다.

제27조 [원 · 부재료 등의 직접 조달]

① 가맹본부가 공급하지 아니하거나 합리적 사유 없이 공급을 지연하는 원·부재료 등 및 가맹본부로부터 사전에 승인을 얻은 원·부재료 등은 가맹점사업자가 직접 조달하여 판매할 수 있다. 이 경우 가맹점사업자는 브랜드의 동일성을 해치지 않도록 하여야 한다.

② 가맹본부는 가맹점사업자가 제2항에 의하여 직접 조달하는 원·부재료 등에 대하여 품질관리기준을 제시하고 그 기준의 준수여부를 검사할 수 있다. 이 경우 가맹점사업자는 가맹본부의 품질검사에 협조하여야 한다.

제28조 (원·부재료 등의 검사와 하자통지의무)

① 가맹점사업자는 원·부재료 등을 공급받는 즉시 수량 및 품질을 검사하여야 하고, 하자를 발견하였을 경우 지체 없이 이를 서면으로 가맹본부에게 통지하여야 한다.

② 가맹점사업자가 원·부재료 등의 성질상 수령 즉시 하자를 발견할 수 없는

경우에는 6개월 이내에 이를 발견하여 통지하고 완전물로 교환을 청구할 수 있다.

③ 가맹점사업자가 제1항 및 제2항의 검사를 태만히 하여 이로 인한 손해가 발생한 경우에는 가맹본부에 대하여 반품·수량보충 또는 손해배상을 청구할 수 없다. 다만, 가맹본부가 상품 등에 하자가 있음을 알면서 공급한 경우에는 제2항의 기간과 상관없이 가맹본부에 손해배상 등을 청구할 수 있다.

④ 가맹본부는 그의 상표를 사용하여 공급한 원·부재료 등의 하자로 인하여 소비자 등 제3자가 입은 손해에 대하여 책임이 있다. 다만, 가맹본부가 공급하지 않은 원·부재료 등을 가맹점사업자가 판매하여 제3자에게 손해를 가한 경우나 가맹점사업자의 보관상의 주의의무위반, 가맹점사업자의 상품제공상의 별도 과실로 인한 경우에는 이에 대한 책임을 지지 아니한다.

⑤ 계약이 기간만료, 해지 등으로 인하여 종료한 때에는 가맹점사업자는 공급된 원·부재료 등의 중에서 완전물을 가맹본부에 반환할 수 있고, 이에 대하여 가맹본부는 공급가격으로 상환하여야 한다. 다만, 가맹점사업자의 책임 있는 사유로 인하여 해지된 경우에는 그러하지 아니한다.

⑥ 제5항의 경우에 하자 있는 원·부재료 등에 대하여는 그 상태를 감안하여 가맹본부와 가맹점사업자의 협의에 의하여 상환가격을 결정한다.

제29조 (원·부재료 등 공급의 중단)

① 가맹본부는 다음 각 호의 어느 하나에 해당하는 경우에는 (   )일 전에 해당사유를 적시한 서면으로 예고하고 가맹점사업자에 대한 원·부재료 등의 공급을 중단할 수 있다. 다만, 위 기간 중 가맹점사업자가 해당사유를 시정한 경우에는 그러하지 아니하다.

　1. 가맹점사업자가 (   )개월에 걸쳐 3회 이상 원·부재료 등에 관한 대금 등의 지급의무를 지체하는 경우

　2. 가맹점사업자가 2회 이상 정기납입경비의 지급을 연체하는 경우

　3. 가맹점사업자가 정기납입경비의 산정을 위한 총매출액 또는 매출액 증가

비율을 3회 이상 허위로 통지하는 경우

4. 가맹본부의 품질관리기준을 (   )개월에 걸쳐 3회 이상 위반하는 경우

5. 가맹점사업자가 가맹본부와의 협의 없이 점포 운영을 3일 이상 방치하는 경우

6. 가맹점사업자가 가맹본부와 약정한 판매촉진활동을 이행하지 않는 경우

7. 가맹점사업자가 정당한 사유 없이 제13조 제5항에 의한 노후 점포설비의 교체·보수 요청에 따르지 않는 경우

8. 가맹점사업자가 가맹본부로부터 본 계약상의 의무위반을 지적받고 상당한 기간 내에 시정조치를 취하지 않는 경우

② 가맹본부는 다음 각 호의 어느 하나에 해당하는 경우에는 즉시 원·부재료 등의 공급을 중단할 수 있다.

1. 가맹점사업자에게 파산 신청이 있거나 강제집행절차 또는 회생절차가 개시된 경우

2. 가맹점사업자가 발행한 어음·수표가 부도 등으로 지급거절된 경우

3. 천재지변, 중대한 일신상의 사유 등으로 가맹점사업자가 더 이상 가맹사업을 경영할 수 없게 된 경우

4. 가맹점사업자가 공연히 허위사실을 유포함으로써 가맹본부의 명성이나 신용을 뚜렷이 훼손하거나 가맹본부의 영업비밀 또는 중요 정보를 유출하여 가맹사업에 중대한 장애를 초래한 경우

5. 가맹점사업자가 가맹사업의 운영과 관련되는 법령의 위반사실을 통보받은 후 10일 이내에 이를 시정하지 아니한 경우

6. 가맹점사업자의 가맹사업과 관련한 가맹본부의 시정요구에 따른 후에 다시 같은 위반행위를 2회 이상 반복한 경우

7. 가맹점사업자가 가맹점 운영과 관련된 행위로 형사처벌을 받은 경우

8. 가맹점사업자가 공중의 건강이나 안전에 급박한 위해를 일으킬 염려가 있는 방법이나 형태로 가맹점을 운영하는 경우

9. 가맹점사업자가 정당한 사유 없이 연속하여 7일 이상 영업을 중단한 경우

③ 제1항 및 제2항의 경우 가맹본부는 원·부재료 등의 공급중단조치를 취함과 동시에 재공급조건을 가맹점사업자에 서면으로 통지하여야 한다.

제30조 (영업)

① 가맹점사업자는 주 (   )일 이상 월 (   )일 이상 개장하여야 하고, 연속하여 (   )일 이상 임의로 휴업할 수 없다.

② 가맹점사업자가 특정일에 점포를 열지 못할 특별한 사정이 있는 경우에는 이를 3일 전부터 매장 입구에 개시하여 고객이 알 수 있도록 하여야 한다.

③ 가맹점사업자가 일정기간 휴업할 경우에는 사전에 가맹본부에게 그 사유를 서면으로 통지하고 가맹본부의 승인을 얻어야 한다.

제31조 (복장)

① 가맹점사업자와 종업원은 가맹점영업과 관련하여 가맹본부가 지정한 복장을 착용하여야 한다.

② 가맹본부는 복장의 색상, 규격을 가맹점사업자에게 서면으로 통지한다.

③ 가맹본부는 가맹점사업자의 청구에 따라 종업원의 복장을 공급할 수 있다.

④ 가맹점사업자는 임직원 및 종업원이 외식업소에 근무하는 자로서의 품격에 어긋나지 않는 복장상태를 유지하도록 하여야 한다.

제32조 (보고의무)

① 가맹점사업자는 가맹점 영업과 관련하여 영업장부와 회계자료를 성실히 작성·유지하여야 한다.

② 가맹점사업자는 년(월, 주) (   )회 매출상황과 회계원장 등을 가맹본부에 서면 또는 POS시스템을 통하여 보고하여야 한다.

③ 가맹점사업자는 가맹본부가 파견한 경영지도원의 서면에 의한 요구가 있을 때에는 영업장부 등 관련서류를 제시하여야 한다.

④ 가맹점사업자는 가맹본부로부터 사용허가를 받은 영업표지와 특허권 등에

대한 침해를 이유로 제3자가 소를 제기한 경우에는 이를 가맹본부에 보고하여야 한다.

제33조 (보험)

① 가맹본부는 가맹점사업자가 영업상 과실, 상품의 하자, 점포의 화재 등으로 가맹점 이용 고객이나 제3자에게 부담하는 손해배상책임을 보장하기 위하여 책임보험에 가입할 것을 권유할 수 있다.

② 가맹점사업자는 자신의 책임으로 보험업자, 보험의 종류, 피보험자를 정한다.

제34조 (영업양도 및 담보제공)

① 가맹점사업자는 가맹본부의 승인을 얻어 영업을 양도, 임대하거나 영업재산을 담보로 제공(이하 "영업양도 등"이라 한다)할 수 있다.

② 제1항의 경우 가맹점사업자는 영업양도일(또는 영업임대일, 담보제공일. 이하 같다)(   )일 전에 가맹본부에 대하여 서면으로 영업양도 등의 승인을 요청하여야 한다.

③ 가맹본부는 전항의 승인을 요청받은 날로부터 (   )일 이내에 그 사유를 명시한 서면으로 승인 또는 거절의 의사를 표시하여야 한다. 가맹본부가 이 기간 중에 이유를 적시하여 거절하지 않으면 영업양도 등을 승인한 것으로 본다.

④ 영업양도의 경우 영업양수인은 가맹점사업자의 가맹본부에 대한 권리와 의무를 승계한다.

⑤ 영업양수인, 영업임차인은 제15조의 최초가맹금의 지급의무가 면제된다. 다만, 양도 등에 따라 가맹본부에게 초래된 행정적 실비 및 소정의 교육비, 계약이행보증금은 면제되지 아니한다.

⑥ 가맹본부는 영업양수인이 요청하는 경우에는 영업양도인의 잔여 계약기간 대신에 완전한 계약기간을 영업양수인에게 부여할 수 있다. 이 경우에는 신규계약을 체결하여야 한다.

⑦ 가맹본부가 가맹사업을 타인에게 양도하는 경우 가맹점사업자는 가맹계약을 종료하고 계약관계에서 탈퇴할 수 있다. 이 경우 가맹본부는 가맹점사업자에 대하여 제16조 제2항의 금원을 반환하여야 한다.

⑧ 가맹본부는 가맹점운영권의 양도와 관련된 분쟁을 예방하기 위하여, 승인 전후를 불문하고 양도인의 투자비 내역, 영업 현황 등의 자료를 양수희망자 또는 양수인에게 제공할 수 있다.

제35조 (영업의 상속)

① 가맹점사업자의 상속인은 가맹점 영업을 상속할 수 있다.

② 상속인이 영업을 상속할 경우에는 상속개시일로부터 3개월 이내에 상속사실을 가맹본부에게 통지하여야 한다.

③ 상속인이 미성년자, 금치산자, 한정치산자에 해당하거나 이에 준하는 사유가 있는 경우 가맹본부는 영업의 상속을 승인하지 아니할 수 있으며, 이 경우 가맹계약은 종료한다. 다만, 가맹본부는 상속인에게 제38조 제2항 및 제3항의 금원을 지급하여야 한다.

④ 상속인에 대해서는 제15조의 최초가맹금이 면제된다. 단, 소정의 교육비, 계약이행보증금은 면제되지 아니한다.

제 5 장 계약의 갱신, 해지, 종료

제36조 (계약의 갱신과 거절)

① 가맹본부는 가맹점사업자가 가맹계약기간 만료 전 180일부터 90일까지 사이에 가맹계약의 갱신을 요구하는 경우에는 정당한 사유가 없으면 이를 거절하지 못한다. 다만 가맹점사업자가 다음 각 호의 어느 하나에 해당하는 경우에는 갱신을 거절할 수 있다.

  1. 가맹계약상의 가맹금 등의 지급의무를 지키지 아니한 경우

  2. 다른 가맹점사업자에게 통상적으로 적용되는 계약조건이나 영업방침을 가맹점사업자가 수락하지 아니한 경우

  3. 가맹점의 운영에 필요한 점포·설비의 확보나 법령상 필요한 자격·면허·허가의 취득에 관한 가맹본부의 중요한 영업방침을 지키지 아니한 경우

  4. 상품의 품질을 유지하기 위하여 필요한 조리법, 식자재 구입 및 관리 또는 서비스기법의 준수에 관하여 가맹본부가 정한 영업방침을 지키지 아니한 경우

  5. 가맹본부의 가맹사업 경영에 필수적인 지식재산권의 보호에 관하여 가맹본부가 정한 영업방침을 지키지 아니한 경우

  6. 다른 가맹본부가 통상적으로 요구하는 비용에 의하여 가맹본부가 가맹점사업자에게 정기적으로 실시하는 교육·훈련의 준수에 관한 가맹본부의 영업방침을 지키지 아니한 경우.

② 제1항의 가맹점사업자의 계약갱신요구권은 최초 가맹계약기간을 포함한 전체 가맹계약기간이 10년을 초과하지 아니하는 범위 내에서만 행사할 수 있다.

③ 가맹본부가 제1항에 따른 갱신요구를 거절하는 경우에는 갱신을 요구받은 날로부터 15일 이내에 가맹점사업자에게 거절사유를 적은 서면으로 통지하여야 한다.

④ 가맹본부가 제1항 단서의 어느 사유를 들어 계약만료 전 180일부터 90일까

지 갱신하지 않는다는 사실을 서면으로 통지하거나 제3항의 거절통지를 한 경우가 아니면, 가맹계약은 종전계약과 동일한 조건으로 (   )년간 갱신된 것으로 본다.

⑤ 다음 각 호의 어느 하나에 해당하는 경우에는 제4항을 적용하지 아니한다.

1. 가맹점사업자가 계약만료 60일전까지 이의를 제기한 경우

2. 천재지변 등 양 당사자에게 책임 없는 사유로 인하여 가맹계약을 유지하기 어려운 경우

3. 가맹본부나 가맹점사업자에게 파산신청이 있거나 강제집행절차 또는 회생절차가 개시된 경우

4. 가맹본부나 가맹점사업자가 발행한 어음·수표가 부도 등으로 지급거절된 경우

5. 가맹점사업자에게 중대한 일신상의 사유가 발생하여 더 이상 가맹사업을 경영할 수 없게 된 경우

제37조 (계약의 해지)

① 가맹본부는 가맹점사업자에게 제29조 제1항 각호의 사유가 있는 경우에는 가맹계약을 해지할 수 있다. 이 경우 가맹계약을 해지하기 위해서는 가맹점사업자에게 2개월 이상의 유예기간을 두고 계약의 위반사실을 구체적으로 밝히고 이를 시정하지 아니하면 그 계약을 해지한다는 사실을 서면으로 2회 이상 통지하여야 하고, 이 절차를 거치지 아니한 가맹계약의 해지는 그 효력이 없다.

② 가맹본부는 가맹사업의 거래를 지속하기 어려운 경우로서 다음 각 호의 어느 하나에 해당하는 경우에는 제1항의 절차를 거치지 아니하고 계약을 해지할 수 있다.

1. 가맹점사업자에게 파산신청이 있거나 강제집행절차 또는 회생절차가 개시된 경우

2. 가맹점사업자가 발행한 어음·수표가 부도 등으로 지급거절된 경우

3. 천재지변, 중대한 일신상의 사유 등으로 가맹점사업자가 더 이상 가맹사업을 경영할 수 없게 된 경우

4. 가맹점사업자가 공연히 허위사실을 유포함으로써 가맹본부의 명성이나 신용을 뚜렷이 훼손하거나 가맹본부의 영업비밀 또는 중요정보를 유출하여 가맹사업에 중대한 장애를 초래한 경우

5. 가맹점사업자가 가맹사업의 운영과 관련되는 법령의 위반사실을 통보받은 후 10일 이내에 이를 시정하지 아니한 경우

6. 가맹점사업자가 제1항 후문에 따른 가맹본부의 시정요구에 따른 후 다시 같은 위반행위를 2회 이상 반복한 경우

7. 가맹점사업자가 가맹점운영과 관련된 행위로 형사처벌을 받은 경우

8. 가맹점사업자가 공중의 건강이나 안전에 급박한 위해를 일으킬 염려가 있는 방법이나 형태로 가맹점을 운영하는 경우

9. 가맹점사업자가 정당한 사유 없이 연속하여 7일 이상 영업을 중단한 경우.

③ 가맹점사업자는 가맹본부가 약정한 원·부재료 등의 공급, 경영지원 등을 정당한 이유 없이 이행하지 않거나 지체하는 경우 등 이 계약상의 의무를 불이행하는 경우에는 상당한 기간을 정하여 서면으로 그 시정을 요구하고 그래도 시정하지 않을 경우에는 가맹계약을 해지할 수 있다.

④ 가맹점사업자는 다음 각 호의 어느 하나에 해당하여 재정상태가 객관적으로 악화됨에 따라 본 계약의 유지가 어렵다고 합리적·객관적으로 판단되는 경우에는 최고 없이 즉시 계약을 해지할 수 있다.

1. 가맹본부가 파산한 경우

2. 가맹본부가 발행한 어음·수표가 부도 등으로 지급거절된 경우

3. 가맹본부가 (가)압류, 가처분, 강제집행, 체납처분 또는 이와 유사한 법적·행정적 처분을 당한 경우

4. 천재지변으로 가맹점 운영이 곤란한 경우

⑤ 가맹본부와 가맹점사업자는 계약기간 중에도 서면에 의하여 양 당사자가 합의하여 해지할 수 있다. 다만, 해지를 원하는 당사자는 상대방에 대하여 「

약관의 규제에 관한 법률」 제8조(손해배상액의 예정)에 위반되지 아니하는 범위 내에서 금 (   )원을 위약금으로 지급하여야 하며, 이는 손해배상액의 예정으로서의 성격을 갖는다.

제38조 (계약의 종료와 조치)

① 계약이 기간만료나 해지로 인하여 종료된 경우, 가맹점사업자는 지체 없이 가맹본부의 상호·간판 등 영업표지의 사용을 중단하고 이를 철거 내지 제거하여야 하며, 가맹본부가 제공한 설비, 전산시스템 등 영업관련 자산을 가맹본부에 반환하여야 한다.

② 제1항의 규정에도 불구하고 가맹점사업자가 계약이행보증금을 지급한 경우에는 가맹본부로부터 제18조 제3항의 정산잔액과 정산서를 받을 때까지(계약이행보증보험증권이나 물적 담보를 제공한 경우에는 잔존 채무·손해배상액의 통지서를 받을 때까지) 제1항의 의무이행을 거절할 수 있다. 가맹본부가 제16조 제2항에 의하여 가맹금의 일부를 반환해야 하는 경우에도 또한 같다.

③ 제1항의 철거·원상복구의 비용은 계약이 가맹점사업자의 귀책사유로 종료되는 경우에는 가맹점사업자가 부담하고 가맹본부의 귀책사유로 종료되는 경우에는 가맹본부가 부담한다. 다만, 합의해지의 경우에는 가맹본부와 가맹점사업자가 협의하여 비용을 분담할 수 있다.

④ 가맹본부는 가맹계약서를 가맹사업의 거래가 종료된 날부터 3년간 보관하여야 한다.

제 6 장 기 타

제39조 (가맹점사업자의 비밀유지, 경업금지 의무)

① 가맹점사업자는 계약 및 가맹점 운영상 알게 된 가맹본부의 조리법 등 영업비밀을 계약기간은 물론 계약종료 후에도 제3자에게 누설해서는 안 된다.

② 가맹점사업자는 가맹본부의 허락 없이 교육과 세미나 자료 기타 가맹점운영과 관련하여 가맹본부의 영업비밀이 담긴 관계서류의 내용을 인쇄 또는 복사할 수 없다.

③ 가맹점사업자는 계약의 존속 중에 가맹본부의 허락 없이 자기 또는 제3자의 명의로 가맹본부의 영업과 동종의 영업을 하지 않는다.

제40조 (지연이자)

계약의 일방당사자가 본 계약과 관련하여 상대방에게 부담하는 일체의 금전지급의무를 지체하는 경우에는 미지급액에 대하여 지급기일의 다음날부터 지급하는 날까지 연 ( )%의 비율에 의한 지연이자를 가산하여 지급한다.

제41조 (손해배상)

이 계약의 당사자는 상대방의 계약위반이나 불법행위로 인한 손해에 대하여 본 계약상 구제수단 외에 별도로 손해배상을 청구할 수 있다.

제42조 (분쟁의 해결)

① 이 계약의 당사자는 이 계약의 해석 또는 이 계약에 의하여 명시되지 아니한 사항에 관하여 다툼이 있을 경우 우선적으로 대화와 협상을 통하여 분쟁을 해결하도록 최선을 다한다.

② 제1항에 의한 해결이 되지 아니한 경우에는 「가맹사업거래의 공정화에 관한 법률」 제22조에 따라 한국공정거래조정원의 가맹사업거래분쟁조정협의

회에 조정을 신청하거나 다른 법령에 의하여 설치된 중재기관에 중재를 신청할 수 있다.

③ 가맹본부 및 가맹점사업자의 협의에 의하여 제2항에 의한 중재를 신청하지 아니하는 경우, 이 계약에 관한 분쟁의 관할법원은 가맹점사업자의 주소지나 점포소재지를 관할하는 법원으로 한다. 다만, 가맹본부와 가맹점사업자가 합의하여 관할법원을 달리 정하는 경우에는 그러하지 아니하다.

제43조 (정보공개서의 자문)

① 가맹본부는 이 계약을 체결하기 전에 가맹희망자에게 정보공개서를 제공하고 충분한 숙고기간을 부여하여야 하며 정보공개서의 이해를 돕기 위하여 가맹거래사 또는 변호사의 자문을 받을 수 있다는 사실을 고지하여야 한다.

② 가맹점사업자는 제1항의 자문을 받은 경우 자문일자가 기재된 확인서를 가맹본부에 제출하여야 한다.

제44조 (정보공개서 및 가맹계약서의 수령일)

① 가맹점사업자는 가맹금의 일부를 지급하거나 이 계약을 체결하는 날로부터 14일(제43조의 자문을 받은 경우에는 7일) 이상 이전인 20 년 월 일에 가맹본부로부터 관련 정보공개서를 제공받았음을 확인한다.

② 가맹점사업자는 가맹본부가 가맹금을 최초로 수령한 날(가맹금을 예치한 경우에는 예치한 날, 예치하기로 합의한 경우에는 예치 예정일)과 이 계약을 체결한 날 중 빠른 날 전인 20 년 월 일에 이 계약서를 사전제공 받았음을 확인한다.

별첨 [1] : 영업지역의 표시

별첨 [2] : 가맹점사업자에게 사용이 허가된 영업표지의 표시

별첨 [3] : 공급 원·부재료 등의 내역

 가맹본부와 가맹점사업자는 이 가맹계약서에 열거된 각 조항을 면밀히 검토하고 충분히 이해하였으며, 이 계약의 체결을 증명하기 위하여 계약서 2통을 작성하여 각각 기명·날인한 후 각 1통씩 보관한다.

20 년 월 일

[가맹본부]

대   표   자 :   (인)
사업자등록번호 :
상   호 :
주   소 :
연   락   처 :

[가맹점사업자]

성   명 :   (인)
사업자등록번호 :
점   포   명 :
주   소 :
연   락   처 :